场内外金融衍生品的功能、效应与监管

刘 玄 著

中国财富出版社有限公司

图书在版编目（CIP）数据

场内外金融衍生品的功能、效应与监管／刘玄著.—北京：中国财富出版社
有限公司，2021.5
ISBN 978－7－5047－7433－0

Ⅰ.①场… Ⅱ.①刘… Ⅲ.①金融衍生产品－研究 Ⅳ.①F830.95

中国版本图书馆 CIP 数据核字（2021）第 089428 号

策划编辑	李彩琴	**责任编辑**	张红燕 杨白雪	**版权编辑**	李 洋
责任印制	梁 凡	**责任校对**	孙丽丽	**责任发行**	董 倩

出版发行	中国财富出版社有限公司		
社 址	北京市丰台区南四环西路 188 号 5 区 20 楼	**邮政编码**	100070
电 话	010－52227588 转 2098（发行部）	010－52227588 转 321（总编室）	
	010－52227588（24 小时读者服务）	010－52227588 转 305（质检部）	
网 址	http：//www.cfpress.com.cn	**排 版**	宝蕾元
经 销	新华书店	**印 刷**	宝蕾元仁浩（天津）印刷有限公司
书 号	ISBN 978－7－5047－7433－0/F·3347		
开 本	710mm×1000mm 1/16	**版 次**	2023 年 2 月第 1 版
印 张	14.25	**印 次**	2023 年 2 月第 1 次印刷
字 数	241 千字	**定 价**	62.00 元

序 言

20 世纪 70 年代初开始，欧美国家的金融市场发生了深刻变化。1971 年，布雷顿森林体系正式解体，浮动汇率制逐渐取代固定汇率制，汇率波动幅度明显加大。同期，各国也在不断推进利率市场化进程。随着欧美国家利率、汇率市场化程度的提升，利率、汇率风险逐渐成为市场风险的主要来源，经济主体的风险管理需求大幅增加，金融期货、期权就是在这样的背景下产生的。与此同时，另一类金融创新也在美国市场悄然兴起。1970 年美国市场首次发行住宅抵押贷款转付证券，拉开了资产证券化的序幕。到了 20 世纪 90 年代初期，在普通资产支持证券的基础上创造出了 CDO、CDS 等一系列更为复杂的场外金融衍生品并在全球其他地区得到快速发展。

金融衍生品市场是金融市场发展到一定阶段的必然产物，发达的金融衍生品市场是金融市场成熟的重要标志。金融衍生工具的分析涉及对虚拟经济和实体经济关系的研究，现代经济体系的一个重要特征就是虚拟经济作用的增强和规模的扩张，其对实体经济的发展和稳定起着持久的影响。一方面，虚拟经济的存在和发展对实体经济有显著的拉动作用；另一方面，一旦失去控制会导致泡沫经济之类的宏观风险。

虚拟经济的这种双重作用在金融衍生品市场上体现得尤为明显。金融期货期权自诞生以来，对全球经济发展起到了积极的促进作用。宏观层面，其显著提升了金融市场的深度和流动性，提高了金融市场的资源配置效率，有效改善了宏观经济的整体绩效；微观层面，为金融机构提供了有效的风险管理工具，能够及时对冲经营活动中产生的风险敞口。但是，伴随着金融衍生品的发展，有关金融衍生品的争议一直也没有停止。例如，美国 1987 年的股灾以及中国 2015 年股市异常波动期间，都会有批评指向股指期货。2007 年的次贷危机也有人认为与CDO、CDS等场外衍生品关系密切。

基于金融衍生品的复杂性，不断加深对金融衍生品功能和效应的研究认识，并对其进行有效规制和监管以达到趋利避害的目的便具有重要意义，也是个重大课题。刘玄博士的这本专著对此问题进行了深入研究，形成了有价值的成果。

一是本书从场内和场外两个角度对金融衍生品进行了区分。从交易场所来看，金融衍生品可以分为场内和场外两类，金融期货、期权这类标准化的产品均在交易所场内交易，并有三个重要特征：成员资格、操作服从制度安排；集中进行交易、清算和结算；发生违约情况下的风险分担机制。而远期、互换等则属于场外衍生品，交易分散、监管环境较为宽松。两类产品各具特色与优势，服务于不同类型投资者的需求，但也正因为特点不同，形成风险的机制也各异，深入了解两者的差异是进行后续分析的基础。同时，将场内和场外金融衍生品的特征进行对比分析也是本书的特色之一，在国内有关衍生品的专著中是不多见的。

二是本书从宏观视角分析金融衍生品的功能。金融衍生品自诞生以来，被各类机构及个人投资者的广泛使用，充分发挥了其在价格发现与风险管理方面的独特作用，成为全球市场极为重要的投资工具之一。长期以来，对于金融衍生品的研究大量集中于定价原理、套保效率、投资策略等微观层面，而对其宏观效应关注极少。然而，大量微观个体交易金融衍生品的行为必然会在宏观层面呈现一定的规律，而理解、掌握和使用这些规律可以加深对金融衍生品的认识。本书着重分析了几种类型的金融衍生品的宏观作用，并给宏观经济和金融管理当局的调控行为提出了一些决策建议。这些分析很有创见和新意，体现了作者具有一定的宏观视野，填补了此类研究的空白。

三是结合具体的金融危机事例深入剖析金融衍生品在其中的作用机理。通过对次贷危机的研究揭示了场外信用衍生品与危机的关系，通过对美国"87股灾"的回顾以及不同研究结论间的对比观察股指期货的表现，澄清了一些长期以来对于金融期货的误解。在此基础上梳理了次贷危机之后全球金融衍生品监管改革进展，并提出了推动我国场内外金融衍生品市场健康平稳发展的若干政策建议。

本书的作者是我指导的博士生，他先后在中央银行和中国金融期货交易所工作，既具有扎实的理论功底，又具有丰富的金融管理和衍生品领域实践经验，这使他得以将规范的宏观经济和金融分析工具熟练运用于复杂的金融衍生品调控实践之中，写出了这本既有理论价值又有实践意义的专著，的确可喜可贺。

当前，我国经济已经进入一个新的发展阶段，新的发展阶段面临新的重大发展问题，我们要明确进入新的发展阶段以后所处的历史方位和发展任务，以及转向新的发展阶段所需要的理论更新。在低收入阶段，经济增长主要依靠要素驱动和投资驱动，在新发展阶段，创新就成为了引领发展的第一动力，这其中应该包括金融创新。党的十八大以来，习近平同志高度重视金融在经济发展和社会生活中的重要地位和作用，强调金融是现代经济的血液，要建立稳定、可持续、风险可控的金融保障体系，为实体经济发展创造良好金融环境，金融创新必须在审慎监管的前提下进行。金融衍生品市场必须牢牢把握稳健可控、服务实体经济和资本市场大局的原则，最终成为推动发展创新驱动力的重要组成部分，在这过程中，还有大量重要问题需要我们深入研究，有大量谜团等待我们去破解，这本书提供了借鉴和启示，我愿意把它推荐给读者。

是为序。

洪银兴

2022 年 10 月 6 日

目　　录

第一章　导　论

本书试图对场内和场外金融衍生品做一个全景式的梳理，包括衍生品的类型、特点、功能、宏观效应以及监管等。本章介绍全书的结构安排，提出本书的创新点以及不足。

第一节　问题的提出

20 世纪 70 年代，全球经济环境动荡不定，汇率、利率、股票价格和物价水平大幅波动，市场参与者的风险管理需求使得金融衍生工具应运而生。40 多年来，金融衍生品不断推陈出新，在风险管理、资产配置、金融产品设计中发挥着不可替代的作用，广泛而深刻地影响着经济金融体系的各个领域。

伴随着金融衍生品的发展，有关金融衍生品的争议也一直没有停止，特别是当金融市场出现危机时，总有声音将责任指向金融衍生品。1987 年 10 月 19 日，美国华尔街股票市场爆发了一次巨大的崩盘事件，被称为"黑色星期一"。虽然大部分专家认为这次股灾的根源是宏观经济基本面表现欠佳以及股市本身存在缺陷，但也有不少人认为股市崩盘主要是股指期货造成的，人们对金融衍生品充满恐惧与不信任，这是金融衍生品产生以来第一次如此强烈地遭到人们的质疑。股灾之后，美国政府成立了以财政部部长尼古拉斯·F. 布雷迪为首的总统工作小组，并于 1988 年发布了《布雷迪报告》，将股灾的爆发归咎于股指期货市场。为回应《布雷迪报告》的指责，1991 年，以诺贝尔经济学奖得主默顿·米勒（Merton Miller）为首的工作小组经过大量翔实的调查，否定了该报告中关于股指期货引发股灾的结论，认为将股灾的爆发归咎于股指期货市场的看法并不符合事实。该调查使人们对金融衍生品有了更深层次的认识。

然而，2007 年爆发的次贷危机再次敲响了金融衍生品的警钟。与 1987 年股灾不同的是，这次的主角是 ABS（Asset–Backed Security，资产支持证券）、MBS（Mortgage–Backed Security，抵押支持证券）、CDO（Collateralized Debt Obligation，担保债务凭证）、CDS（Credit Default Swap，信用违约掉期）等一系列场外金融衍生品，由于缺乏妥善监管与规范运作，这些场外金融衍生品的确对危机起到了推波助澜的作用，这一点已经成为理论界和实务界的共识。值得注意的是，股指期货等场内金融衍生品却在次贷危机中充分体现了规避风险、稳定市场等方面的积极作用，突出表现为产品交易量不断提高，市场规模进一步扩大，满足了投资者的避险需求，与场外金融衍生品的表现形成了鲜明的对比。这促使人们对场内外金融衍生品的特点、功能、监管等进行再反思、再认识，从而推动了危机后一系列金融监管改革措施和政策的出台。

研究金融衍生品的发展历程，必须围绕金融衍生品的方方面面深入研究一些基本问题。这些问题包括以下几方面。

第一，按交易场所划分，金融衍生品可分为场内和场外两类，这两类产品的特征和发展现状如何？分别具备怎样的优缺点？

第二，金融衍生品自诞生以来，得到了各类机构及个人投资者的广泛使用，充分发挥了其在价格发现与风险管理方面的独特作用，成为全球市场重要的投资工具之一。长期以来，对于金融衍生品的研究大多集中于定价原理、套保效率、投资策略等微观层面，而对其宏观效应关注极少。然而，就像微观经济学与宏观经济学的区别和联系一样，大量微观个体交易金融衍生品的行为必然会在宏观层面上呈现一定的规律，这些规律是什么？如何理解、掌握和使用这些规律并且给宏观经济和金融管理当局的调控行为提供决策参考？

第三，次贷危机的形成、发酵和扩散是由众多因素共同造成的，但与次级抵押贷款相关的场外金融衍生品的过度发展以及监管当局对这类衍生品的监管不力无疑是其中的重要因素，这是得到理论界和实务界普遍认可的。那么，与次贷危机相关的主要是哪些场外金融衍生品？这些衍生品引发或推动次贷危机的机理是什么？

第四，股指期货和股市异常波动之间到底存在怎样的关系？股指期货市场的升贴水代表了什么？历次危机期间股指期货市场的运行和功能发挥情况如何？

　　第五，2008 年次贷危机演变为国际金融危机，引发了全球范围内针对金融机构和金融市场的监管改革。金融市场方面，对金融衍生品的监管改革最为引人关注。危机后金融衍生品市场的改革包含哪些内容？根据场内和场外金融衍生品各自的特点，又分别采取了哪些针对性政策？

　　显然，这些问题明确包含了以下观点：金融衍生品是分场内和场外的，和国际金融危机相关的主要是结构复杂、疏于监管的场外金融衍生品。股指期货不是股市出现异常波动的推手，相反，次贷危机期间，在一系列场外金融衍生品崩溃并引发巨大风险的背景下，股指期货等场内金融衍生品却充分体现了引导现货交易、规避风险、稳定市场等方面的积极作用。危机后，场外金融衍生品监管改革的方向就是借鉴场内金融衍生品的优点，提高市场透明度。

第二节　本书的结构安排

　　第一章导论。提出本书所要研究的主要问题，介绍本书的结构安排和各章的主要内容。

　　第二章场内外金融衍生品特征比较。该章从交易模式、清算模式和监管模式三个方面对场内外金融衍生品的特征进行对比分析，并简单介绍了我国的场内外金融衍生品市场。

　　第三章场内外金融衍生品现状。该章详细介绍了股权类、利率类、外汇类、信用类以及其他类衍生品，每类产品均按照场内和场外的标准进行区分。

　　第四章从宏观视角分析金融衍生品的功能。长期以来，对于金融衍生品的研究大多集中于定价原理、套期保值效率、投资策略等微观层面，而对其宏观效应关注极少。然而，就像微观经济学与宏观经济学的区别和联系一样，大量微观个体交易金融衍生品的行为必然会在宏观层面上呈现一定的规律性，而理解、掌握和使用这些规律可以加深对金融衍生品的认识。该章着重分析了几种类型的金融衍生品的宏观作用，并给宏观经济和金融管理当局的调控行为提出了一些决策建议。

　　第五章场外金融衍生品与次贷危机。次贷危机的形成、发酵和扩散是由众多因素共同造成的，但与次级抵押贷款相关的场外金融衍生品的过度发展以及监管当局对这类衍生品的监管不力无疑是其重要因素之一。该章从资产支持证券 ABS 开始，介绍了 CDO、CDS 等各类信用衍生品的结构，然后从多个角度详细研究了这些场外金融衍生品与次贷危机的关系。

第六章股指期货与股票市场异常波动。首先，该章回顾了股指期货的产生与发展过程，并以 1987 年美国股灾为例，对比了美国财政部的《布雷迪报告》、美国商品期货交易委员会（CFTC）的报告和芝加哥商品交易所（CME）聘请独立调查委员会完成的《米勒报告》，对股指期货在股灾中扮演的角色进行了全方位剖析，澄清了若干强加于股指期货的污名。其次，股指期货升贴水是反映股票期、现货市场价格关系的重要指标之一，受到市场广泛关注，但部分市场观点曲解了这一价格关系，尤其是错误地将贴水现象当作看空股市的标志，甚至指责由于贴水而导致了股价下跌。为此，该章以沪深 300 股指期货升贴水为研究对象，剖析了其影响因素，并与国际主要品种开展历史及当前时点对比，分析其运行有效情况。最后，该章还考察了次贷危机期间的股指期货市场。与场外市场形成鲜明对比，股指期货经受住了严峻考验，总体运行平稳，不但没有推波助澜，反而促进了市场流动性加强，交易量翻倍增长，满足了投资者的避险需求，成为市场的避风港。

第七章全球金融衍生品监管改革进展与趋势。该章对 2008 年次贷危机之后全球金融衍生品监管改革进行了梳理，并提出了推动我国场内外金融衍生品市场健康平稳发展的若干政策建议。

第三节　创新、不足与困难

本书的创新之处主要体现在以下方面。

第一，从分析框架来看，本书明确而又清晰地将场内与场外金融衍生品做对比研究，并通过对比揭示了两类金融衍生品的区别和联系以及宏观效应，从而得出发展与监管的建议。这在国内现有关于金融衍生品的著作中是鲜见的。

第二，从分析内容来看，本书从宏观视角分析金融衍生品的功能并以此为基础提出金融衍生品的发展思路以及完善宏观调控方式的建议，这在目前国内相关领域的研究中极具新意。

第三，从分析方法来看，本书收集了大量美国资产证券化市场和其他经济金融数据，对场外金融衍生品和次贷危机关系采用了数理模型和计量检验相结合的实证分析方法。与此同时，使用博弈论和信息经济学中的相关经典模型说明场外金融衍生品市场中的逆向选择和道德风险问题，这和目前国内大量仅从定性角度分析次贷危机的研究相比是个突破。

第四，对于中国金融衍生品市场如何更好地平衡发展与稳定的关系，本书利用大量的研究成果和危机后金融监管改革的最新趋势提出了具有针对性和实践意义的对策。

当然，本书也存在一些不足和困难。

第一，金融衍生品的发展日新月异，市场上有关衍生品合约、规则和监管制度的变化层出不穷，本书在写作过程中时常面临着理论落后于现实的困扰，这使得有些内容很难准确反映现实的变动。

第二，随着软硬件技术的飞速进步，高频交易近些年来获得了极大发展，有大量基于复杂算法的交易策略对市场的影响处于争论之中，利弊兼有，是非常重要的论题。但限于作者的专业背景，本书只对高频交易的监管原则进行了简要介绍，缺乏有深度的研究，这是一大遗憾。

第三，和国外发达市场相比，我国的金融衍生品市场发展水平仍然较低，因此本书的研究特别是实证部分多使用国外的数据。希望随着国内市场发展，数据积累丰富后能有更多立足本土金融衍生品市场的深入研究。

第二章 场内外金融衍生品特征比较

按照交易场所不同，金融衍生品分为场内和场外两类。场内金融衍生品主要包括期货、场内期权、场内互换等。交易所作为交易中间方，收取交易保证金并承担履约担保责任。在交易所交易的金融产品一般为事先设计好的标准化合约，投资者根据自身的需求选择合约进行交易。由于合约标准化、交易场地集中，一般情况下，场内金融衍生品的市场流动性较高。场外金融衍生品主要包括远期、场外期权、互换等。在场外市场中，投资者通过私下直接议价的方式进行交易，以区别于交易所的集中交易方式。其优势在于可以根据投资者的不同需求设计不同的产品，满足投资者个性化的风险管理、投资等需求。在传统的场外交易市场，交易双方通过电话或者电脑终端协商确定价格进行交易。如今，部分场外市场也可以公开竞价。具体而言，场内外金融衍生品在交易模式、清算模式和监管模式三方面存在区别。

第一节 交易模式的比较

一、场内金融衍生品交易模式

场内金融衍生品是指买卖双方都集中在交易所进行竞价交易的金融衍生品，其交易对象是交易所事先设计的标准化金融合约。交易所为场内金融衍生品交易提供交易场所和必要的交易设施，制定交易制度和规则，监督交易过程，控制市场风险，保证各项制度和规则的实施，提供交易的信息，承担着组织、监督交易的重要职能。

交易所一般实行会员制，只有交易所的会员才能直接进场交易，而非会员交易者只能委托具有会员身份的期货经纪商进行交易。场内金融衍生品交易的方式分为做市商和竞价两种。做市商方式又称报价驱动方式，是指交易的买卖价格由做市商报出，交易者在接受做市商的报价后，即可与做市商进行买卖，完成交易，而交易者之间的委托不直接匹配撮合。竞价方式又称指令驱动方式，是指交易者的委托通过经纪公司进入撮合系统后，按照一定的规则（如价格优先、时间优先）直接匹配撮合，完成交易。无论采取哪种方式，交易必须遵循"公开、公平、公正"原则，以保证交易正常、有序地进行。

为了控制场内交易的风险，提高效率，交易所设计了一系列制度，主要包括以下内容。

保证金制度。保证金制度是指在期货交易中任何交易者必须按照其所买卖期货合约价值的一定比例缴纳保证金，用于结算和保证履约。

每日无负债结算制度。期货交易所实行每日无负债结算制度，又称每日盯市制度，它是指每日交易结束后，交易所按当日结算价结算所有合约的盈亏、交易保证金及手续费、税金等费用，对应收和应付的款项同时划转，相应增加或减少会员的结算准备金。当期货交易所会员的保证金不足时，应当及时追加保证金或者自行平仓。

每日价格最大波动限制制度。每日价格最大波动限制制度包括涨跌停板制度和熔断机制两种形式。涨跌停板制度是指期货合约在一个交易日中的交易价格波动不得高于或者低于规定的涨跌幅度，超过该范围的报价将被视为无效报价，不能成交。涨跌幅度一般是以该合约上一交易日的结算价为基准确定的。熔断机制是指在股票市场的交易时间中，当价格波动的幅度达到某一个限定的目标（熔断点）时，对其暂停交易一段时间的机制。熔断机制一般有两种形式，即"熔即断"与"熔而不断"。前者是指当价格触及熔断点后，随后的一段时间内交易暂停；后者是指当价格触及熔断点后，随后的一段时间内买卖申报在熔断价格区间内继续撮合成交。国际上采用得比较多的是"熔即断"的形式。

持仓限额制度。持仓限额制度是指交易所规定会员或客户可以持有的，按单边计算的某一合约投机头寸的最大数额。实行持仓限额制度的目的在于防范操纵市场价格的行为和防止期货市场风险过度集中于少数投资者。

大户报告制度。大户报告制度是与持仓限额制度紧密相关的另一种防范大户操纵市场价格、控制交易风险的制度。通过实施大户报告制度，可以使交易所对持仓量较大的会员或投资者进行重点监控，了解其持仓动向、意图，对于有效防范市场风险起到积极作用。

交割制度。交割制度是指期货合约到期时，按照交易所的规则和程序，交易双方通过该合约所载标的物所有权的转移，或者按照规定结算价格进行现金差价结算，了结到期未平仓合约的过程。以合约所载标的物所有权转移进行的交割为实物交割，按规定结算价格进行现金差价结算的交割为现金交割。一般来说，商品期货以实物交割为主，金融期货以现金交割为主。

强行平仓制度。强行平仓制度是指当出现会员或客户的交易保证金不足且未在规定时间内补足、会员及投资者违规等情况时，交易所对有关持仓实行平仓的一种强制措施。强行平仓制度也是交易所控制风险的手段之一。

风险准备金制度。风险准备金制度是指期货交易所从自己收取的会员交易手续费中提取一定比例的资金，作为确保交易所担保履约的备付金的制度。风险准备金的收取是为了维护期货市场正常运转而提供财务担保和弥补因不可预见风险带来的亏损。

信息披露制度。信息披露制度是指期货交易所按相关规定定期公布有关期货交易信息的制度。期货交易所公布的信息主要包括在交易所期货交易活动中产生的所有上市品种的期货交易行情、交易所发布的各种公告信息以及监管当局要求披露的其他相关信息等。

二、场外金融衍生品交易模式

场外金融衍生品市场的发展是一个不断演进的过程，如今的场外金融衍生品市场的主要参与者由投资者、交易商、第三方清算机构（中央对手方，CCP）、监管机构和自律组织组成。场外金融衍生品市场是一个分散的、没有固定交易场所的市场，且各个市场也存在差异，通常有以下三种交易方式。

1. 双边询价交易

传统的场外金融衍生品市场通常由一个或多个交易商（Dealer）组成，这些交易商相当于做市商，为市场参与者提供买卖报价。虽然通过电子报价板可以提高交易商报价的效率，但是报价和协商实际交易的价格往往还是通过电话来确定。由于无论是交易商之间还是交易商与终端客户之间，都是通过电话完成交易的，整个流程仅有两个市场参与者直接参与，这类交易被称为双边询价交易。

2. 电子经纪平台交易

如今，场外交易市场的交易方式更加多样化，一些场外金融衍生品可以通过电子经纪平台（类似于交易所的电子交易平台）公开竞价交易，交易商更类似于一个经纪商（Broker）。电子经纪平台本身是不参与交易的，不持有任何头寸，构成了类似于交易所的多边交易环境。交易商把客户的需求递交至电子经纪平台，进行公开竞价交易，并从中赚取手续费。

3. 混合模式交易

一些场外交易市场将传统做市商模式与电子经纪平台相结合，交易商建立了自己的电子交易平台，交易商既是经纪商又是做市商，即经纪自营商（Broker-Dealer）。经纪自营商独自在电子交易平台上提供买卖报价，市场的参与者都与其交易，这就构成了"单向"多边市场。这个市场是单向的，只有交易商的报价是可以被看到的，市场上所有的参与者只能与交易商进行交易。交易商在电子交易平台上提供买卖报价，客户通过电子交易平台与交易商交易。

第二节　清算模式的比较

一、场内金融衍生品清算模式

场内金融衍生品市场是由交易所、会员、客户逐级构成的，具有一个分层化的市场结构，相应的清算体系也是分层次的。第一层次是清算所或交易所的清算部门对会员清算，第二层次是会员对客户清算。不论哪个层次的清算，均包括以下三个方面的内容。

1. 交易处理和头寸管理

交易处理和头寸管理，即清算所或交易所的清算部门负责对所有交易进行配对并登记。在合约到期交割时，对采取实物交割的合约来说，交易所为空头指定多头并帮助交割；对采取现金交割的合约来说，交易所以交割结算价为基准，划付持仓双方的交割盈亏，了结所有未平仓合约。

2. 财务管理

财务管理，即每天要对头寸进行无负债的盈亏清算。每日交易结束后，交易所按当日结算价对每位会员的盈亏、交易保证金、交易手续费、税金等款项进行清算，计算盈亏。清算后，对应收、应付款项同时划转，相应增加或减少会员保证金账户的资金数量。

3. 风险管理

风险管理，即对清算对象评估风险，计算需要收取的保证金，在一定的置信度下确保收取的保证金能覆盖清算对象可能发生的最大损失。当交易者连续亏损，保证金余额不足以维持最低水平时，交易所会发出追加保证金的通知，要求交易者在规定时间内追缴保证金至初始保证金水平。交易者如果不能在规定时间内补足保证金，交易所有权将交易者的期货合约平仓了结，所产生的亏损由交易者承担。

可以看出，场内金融衍生品合约成交后，买卖双方都无须了解自己的交易对手是谁，因为所有的交易都记载在清算账户上，交易所成为所有交易者的对手，既是所有买方的卖方，又是所有卖方的买方；当合约对冲或到期平仓时，交易所又负责一切盈亏清算。因此，交易所成了所有成交合约的履约担保者，并承担了所有的信用风险，这样既可以省去成交双方对交易对手的财力、资信情况的审查，也不必担心对方是否会按时履约。这种清算制度使场内金融衍生品市场通常没有信用风险，从而提高了市场的流动性和安全性。

从场内清算组织模式看，场内交易清算模式还可分为垂直清算模式和水平清算模式。

垂直清算模式是指清算所作为交易所的一个附属部门或控股子公司（全资或绝对控股）为该交易所进行清算的业务模式。在这种模式中，交易所自身承担交易、清算和结算业务，控制着金融产品交易的价值链。目前，全球大部分交易所都选择这种一体化的交易清算模式，如芝加哥商品交易所（CME）、欧洲期货交易所（Eurex）、印度国家证券交易所（NSE）和香港交易所（HKEx）等。目前我国（不包括港澳台地区）四家期货交易所①的交易标的及组织形式有所不同，但在清算机构设置上则基本统一，即都在交易所内部设置结算部门，负责交易所与结算会员之间的清算和结算工作，以便管理保证金等风险管理所需资金。除中金所采取分级结算制度，即结算会员的结算部门负责该结算会员与交易所、客户、交易会员之间的结算工作，交易

---

① 截至完稿日，此处只分析中金所、上期所、大商所、郑商所的交易标的，余同。

会员的结算部门负责该交易会员和结算会员、客户之间的结算工作，其他三家商品期货交易所采取全员结算制度。在业务范围上，目前国内四家期货交易所的结算部门仅为在本交易所进行交易的期货合约提供清算和结算服务，属于典型的垂直清算模式。

水平清算模式对交易与清算进行了分离，将清算业务外包给专门的清算所，清算所与交易所之间呈水平关系，是一家清算所为多家交易所进行清算的业务模式。采取独立经营的清算所一般不从属于任何一家交易所，而是有自己独立的经营目标，所有权与治理结构都独立于交易所；尽管交易所常常会拥有清算所的部分股权，但没有一家交易所在清算所的发起者、所有者、管理者或者使用者中占有支配地位；对于独立的清算所来说，它们通常拥有许多清算会员单位，同时为多家交易所提供清算服务。例如，美国的诸多期权交易所都通过期权清算公司（OCC）进行清算。

二、场外金融衍生品清算模式

目前，场外金融衍生品清算主要有非标准化双边清算、标准化双边清算及中央对手方清算三种模式。

1. 非标准化双边清算模式

场外金融衍生品市场的优势在于可以根据投资者的不同需求设计不同的产品，满足投资者个性化的风险管理、投资等需求。早期的场外金融衍生品市场的交易是在交易双方之间完成的，或是在第三方信用机构的协助下完成的，往往采用非标准化的双边清算，交易双方仅凭各自的信用或者第三方信用作为履约的担保，因而面临着巨大的信用风险，特别是进行多笔交易时要承担多个对手的信用风险。

2. 标准化双边清算模式

非标准化的金融衍生品交易虽然在满足个性化需求方面有优势，但由于合约的高度定制化使交易者在提前退出时比较困难，且在合约签署前的谈判细节上需要耗费大量的时间，这就增加了企业的运营成本和时间成本。自20世纪80年代开始，以互换为代表的场外金融衍生品市场快速发展起来。随着企业参与度的深化，违约的连锁放大风险不断累积，整个市场曾充满极大的系统性风险。国际互换与衍生品协会（ISDA）在1987年发布了ISDA主协议。一方面，将场外金融衍生品合约的内容进行标准化处理，减少了交易双方的谈判时间和起草协议的法律风险，降低了法律成本；另一方面，在定制的基础上引入标准化元素，方便交易双方净额结算，降低交易成本，即当交易双方不止一笔交易时，盈亏可以相互抵销，按照净额进行结算即可。另外，增加了抵押金的措施，可降低交易双方的违约风险，提高市场效率。由于交易者长久以来形成的习惯，ISDA 主协议的应用并不广泛，直到 20 世纪 90 年代，新英格兰银行等多家金融机构相继破产、倒闭引起了市场信用风险集中爆发后，ISDA 主协议才开始真正意义上的普及，推动了以做市商为核心的标准化双边清算模式的发展。ISDA 主协议成为市场主流，使做市商能够方便地对冲风险，从而为市场提供流动性，赚取信用利差。

3. 中央对手方清算模式

以做市商为核心的标准化双边清算模式并没有消除交易者之间的信用风险，而是将信用风险集中在做市商身上。做市商一般是资金实力雄厚、规模较大、信誉良好的机构，违约风险较低，但是如果做市商违约，就会给市场带来巨大冲击。2001 年的安然破产事件就为整个场外金融衍生品市场敲响了警钟。安然的破产使得市场中大量的交易者受到牵连，暴露出标准化双边清算模式的缺陷。2002 年，纽约商品交易所（NYMEX）和洲际交易所（NYSE：ICE）宣布以其清算所作为场外金融衍生品的中央对手方（CCP），市场开始步入中央对手方清算模式，即"场外交易，场内清算"。中央对手方清算模式的核心是合约替换，即清算所作为中央交易对手为场外合约进行统一清算。清算所作为交易双方的法定对手方，原来的场外成交合约就转化为交易双方与中央对手方的清算合约。中央对手方清算模式与做市商模式在性质上有相似之处，但最大的区别在于中央对手方永远不承担交易风险，而做市商则需要在市场上寻找相反交易方向的交易者来对冲风险。

中央对手方清算模式在交易所的推动下得到快速发展。次贷危机爆发时，尽管雷曼兄弟参与了大量的场外金融衍生品交易，但是由于大部分交易均采用中央对手方清算模式，其破产并没有引发系统性违约风险。2010 年之前，美国市场中央对手方清算模式与标准化双边清算模式几乎各占50%。但 2010 年以后，以《多德-弗兰克法案》为代表的监管法律强制要求场外金融衍生品合约采用中央对手方清算模式。如今，中央对手方清算模式已经在场外金融衍生品市场中占据了绝对优势。

第三节　监管模式的比较

一、场内金融衍生品监管模式

与场外金融衍生品相对宽松的监管环境不同，场内金融衍生品的监管体系相对完善。世界各国金融期货监管体制按监管职能划分，大致可分为统一监管模式和多边监管模式。统一监管模式是指由一个监管部门统一负责对金融期货市场（包括交易所、机构、产品、投资者）进行监管。多边监管模式是指不设立全国统一的期货监管机构，有关的期货监管工作由各相关政府部门负责。

1. 统一监管模式

目前，世界上大多数国家，如美国、德国等都实行了统一的监管模式（见表 2 - 1）。

表 2 - 1　　主要金融期货市场政府监管模式比较

国家（地区）	监管模式类型	主要监管机构	监管机构隶属机构
美国	单一机构监管	商品期货交易委员会（CFTC）	美国国会
德国	单一机构监管	联邦金融监管局（BaFin）	联邦财政部
韩国	单一机构监管	金融服务委员会（FSC），下设金融监督院（FSS）	政府内阁
澳大利亚	单一机构牵头	金融监管委员会牵头，由财政部、储备银行（RBA）、审慎监管局（APRA）和证券与投资委员会（ASIC）协调监管	政府内阁
加拿大	单一机构监管	金融机构监管署（OSFI）	财政部
新加坡	单一机构监管	金融管理局（MAS）下设的证券期货署及其他机构协调监管	政府内阁
法国	单一机构监管	金融市场管理局（AMF）负责证券和期货市场监管，但银行业和保险业未包含在其中	财政部

续表

国家（地区）	监管模式类型	主要监管机构	监管机构隶属机构
意大利	单一机构监管	全国证券交易所监察委员会（CONSOB）	政府内阁
印度	单一机构监管	证券市场由证券交易所委员会（SEBI）负责；在金融衍生品市场的监管中，商品期货市场由印度农业和消费者事务、食品和公共分配部下的远期市场委员会（FMC）监管	财政部
巴西	单一机构牵头	证券交易委员会（CVM）在国家货币委员会的牵头下与其他机构协调监管	财政部
墨西哥	单一机构牵头	全国银行及证券监察委员会（CNBV）与财政部、中央银行、公共信用部协调监管	国家政府
中国香港	单一机构监管	证券及期货事务监察委员会（SFC）负责对交易所、交易所会员、结算所和结算所会员的监管	财政司

2000 年美国制定的《商品期货现代化法案》（CFMA）重新规定了商品期货交易委员会（CFTC）为美国期货市场最高监管机构，其中第三部分"CFTC 监督下的有效自律管理体系"列出四个监管目标：①确定和预防价格操纵或其他破坏市场公正性的行为；②保证该法案所涵盖的全部交易的公正性，避免系统风险；③保护所有市场参与者免受欺诈、盗卖和挪用客户资金行为的损害；④促进行业协会、其他市场和市场参与者进行有利的创新和公平竞争，改变美国金融市场交易衍生品的方式。为达到此目的，CFTC 有权对股票期货交易所、结算所、经纪商等从事与股票期货交易有关的行为进行规范。①

---

① 李俊平. 英美股票期货交易法律监管比较研究［D］. 长沙：湖南师范大学，2006.

美国上市金融期货的交易所主要负责以下方面：①审定修改交易规则和细则，经核准后成为期货交易的行为准则。②市场准入方面，审核批准会员资格。审核的内容主要是集中调查会员申请者的信用状况、财务责任范围、个性以及廉洁性等问题。由于交易所会员的席位是有限的，购买会员席位的价格不菲，因而只有财力雄厚的申请者才可能获得会员资格。高额的会员席位费为管理会员提供了财务保障。除财务要求外，还要求申请者的交易历史必须清白，即在其以往的交易史中必须没有不良记录，追溯期通常为 10 年。③对市场违法违规行为进行行政处罚及刑事申诉，通过仲裁协调交易纠纷，监督法律法规的执行情况。交易行为监督，即不允许场内交易人进行如下违规交易：场内交易人之间私下协议买卖合约；与其他场内交易人联合起来，操纵市场价格以谋取私利；不顾客户的指令先交易自己的合约而延误客户指令的执行。根据规定，场内交易人应赔偿因人为错误造成的客户损失。④监控会员最低保证金及持仓限额，收集和发布期货价格信息。

1974 年，美国商品期货交易委员会（CFTC）成立，管理政府和交易所不便管理的事务。1981 年 9 月，美国全国期货协会（NFA）注册成立，美国全国期货协会由 42 位理事组成，其中 13 位来自期货经纪商及中介经纪商，10 位来自期货交易所，10 位来自其他期货业（如商品交易顾问、基金经理、商业公司、银行等），3 位为社会公正人士。每一届理事任期为 3 年。[①] 根据美国国会的特别立法规定，凡是在美国从事期货交易的期货公司与经纪人，都必须加入美国全国期货协会，成为该协会的会员，否则不能从事期货交易。因此该协会会员涵盖面广，包括期货经纪商、期货交易顾问、基金组织、结算银行、交易所、社会公众及有关商业机构。协会根据全体成员制定的行为规范，自我约束、自我保护，代表行业主体的切身利益，真实反映行业的呼声和要求。这种行业的自律监管已经成为市场监管的重要组成部分，在和政府分工监管的基础上，相互配合，相互补充。

2. 多边监管模式

多边监管是指不设立全国统一的期货监管机构，有关的期货监管工作由各相关的政府部门负责，如商品期货由各商品现货的归属部门管理，金融期

---

① 黄泰岩. 美国期货市场的规范化管理 ［J］. 财贸经济，1997（11）：37-38.

货由金融监管部门管理。日本的期货监管体系就是多边监管模式的典型代表（见图 2 – 1）。

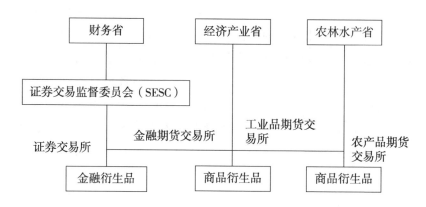

图 2 – 1　日本的期货监管体系

多边监管模式下，多个监管机构对不同金融产品、不同金融机构和不同金融市场进行监管，各监管机构间没有行政隶属关系，在各自的职权范围内履行监管职责，针对期货市场特定类型的金融机构（期货交易所、期货经纪公司、投资银行、期货自营商、结算机构等）进行监管。期货市场的机构监管包含以下三个方面：①机构进入期货市场的"准入"制度及相应的管理资格；②对机构日常运作行为的监管；③监管者对机构的整体性监管，确保机构符合法规要求。与统一监管模式相比，多边监管模式有可能导致监管"真空"和多重监管。

二、场外金融衍生品监管模式

场外金融衍生品市场自产生以来，凭借其不受合约标准化、保证金、信息披露以及相关规则约束的优势，得到投资者的青睐。20 世纪 90 年代后，随着全球经济不确定因素的增加，场外金融衍生品更是因其具有多样化、灵活性等特征得到快速发展，规模巨大。但与之形成鲜明对比的是，各个国家、经济体、国际组织关于场外金融衍生品市场的立法和监管制度却相对滞后甚至缺位。

美国期货市场第一部立法是 1922 年 9 月 21 日实施的《谷物期货交易法》，但该法很快被 1936 年通过的《商品交易法》所取代。《商品交易法》加强了联邦政府对期货交易的直接监管力度，并设立专门监管期货市场的商品交易所委员会。1947 年商品交易所委员会改组为商品交易管理局。1974年，美国国会针对期货市场不断出现的新情况、新问题，对《商品交易法》进行了修订和补充，颁布实施了《商品期货交易委员会法》，并依据该法成立了美国商品期货交易委员会（CFTC），取代原商品交易管理局。《商品期货交易委员会法》扩大了"商品"的范围，将有关货物、服务、权利、利益等期货合同都囊括进来，但规定该法不适用于外币、政府债券、证券期权、抵押证券等金融工具的场外交易。为了促进金融创新、维持美国在快速发展的全球金融市场的领导权，2000 年，美国通过了《商品期货现代化法案》（以下简称《现代化法案》）。其中明确规定，只要交易满足以下条件，就不受 CFTC的监管：在达成协议、合同或交易时，缔约双方都属于"合格缔约者"；缔约双方都属于个别协商完成交易；不在统一平台上完成或进行交易。而"合格缔约者"包括富有的投资者、经验丰富的机构投资者以及在合格"购买者代表人"的协助下被认定的投资者。这样，利率、汇率、货币、证券、股票指数、信用风险等种类的衍生品交易，由于都是发生在"合格缔约者"之间，因此被排除在监管之外。这就意味着，《现代化法案》明确排除了 CFTC 对OTC（场外交易）市场的监管。针对次贷危机期间对经济和金融体系破坏性最强的金融衍生产品——信用违约掉期等产品，《现代化法案》也明确规定，包括信用违约掉期在内的"掉期协议"不受联邦证券法管辖。

但是，金融危机的爆发证明这种对"合格缔约者"之间进行的场外金融衍生品交易实行豁免监管的"去规则化"的做法是失败的。随着金融工程科学的快速发展，金融工具不断创新，一些金融衍生品几经结构化后变得非常复杂。这些复杂的、结构化的金融衍生品由于全部发生在"合格缔约者"之间，根据法律规定，几乎不受任何监管，完全是一个不透明的"黑暗"市场。

长期以来，自律监管在场外金融衍生品市场监管中发挥着重要作用。目前，全球场外金融衍生品市场的自律组织主要有国际互换与衍生工具协会（ISDA）、国际证监会组织（IOSCO）和巴塞尔银行监管委员会（BCBS），其中以 ISDA 最为重要。

ISDA 是全球最大的金融交易协会，自 1985 年成立以来，就致力于为场外金融衍生品市场参与者提供交易合同的标准，从源头上控制场外金融衍生品市场的风险。ISDA 最主要的贡献是制定了场外金融衍生品交易的行业标准，并为合约条款提供了法律定义，其中 ISDA 主协议是当今国际场外金融衍生品市场交易中最重要的标准化协议，并得到广泛应用。通常情况下，衍生品交易者进行交易前先签订 ISDA 主协议，确定双方的权利和义务；主协议签订后，双方再签订书面确认函，确定交易的特定条款。ISDA 根据场外金融衍生品市场的发展，不断修订和完善主协议的内容。

ISDA 制定的 ISDA 主协议在增加合约的流动性、减少交易不匹配现象、节省谈判和达成协议的时间、降低交易成本、加强风险控制等方面发挥了重要作用。然而，由于其提出的原则和措施对各个国家不具有强制执行力，其建议很难转化为相应的监管措施，而且，因为 ISDA 主要由少数大交易商控制，所以 ISDA 主协议维护的是交易商的利益，这一点在交易商和终端用户的协议中体现得更为明显。因此，自律组织在规范全球场外金融衍生品市场交易行为方面的作用非常有限。金融危机的爆发也说明了这一点。

总体上来看，金融危机前，全球场外金融衍生品市场立法和监管处于非常薄弱的状态，金融危机使得这些缺陷充分暴露出来。为了加强场外金融衍生品市场监管、避免类似事件再次发生，金融危机后，大多数国家、经济体和国际组织都开始反思场外金融衍生品市场监管体制的缺陷，并因此掀起了一场场外金融衍生品市场监管体制改革的浪潮。

第四节　我国的场内外金融衍生品市场

一、我国的场外金融衍生品市场

1997 年 1 月 18 日，随着《中国人民银行远期结售汇业务暂行管理办法》的颁布，揭开了我国场外金融衍生品交易的历史新篇章，国内银行开始启动人民币远期结售汇的试点工作。随后，各大商业银行相继开展远期业务。

1994 年 4 月 18 日，中国外汇交易中心暨全国银行间同业拆借中心（以下简称交易中心）成立。交易中心最初仅从事外汇交易，随着市场发展迅速，交易主体不断增加，交易品种不断丰富，业务范围不断扩大。1996 年，全国银行间同业拆借市场依托交易中心系统运行并生成全国统一的同业拆借市场利率（Chibor），开展本币业务。2005 年 5 月 18 日，交易中心开办了 8 种外币交易；6 月 15 日，推出银行间债券远期交易；8 月 15 日，推出银行间远期外汇交易。2006 年 1 月 4 日，开始即期交易增加询价方式，并正式引入做市商制度；4 月 24 日，推出银行间外汇掉期业务。2006 年 2 月 9 日，推出人民币利率互换试点交易；2007 年 11 月 12 日，推出债券借贷和远期利率协议业务交易模块；2010 年 11 月 29 日，信用风险缓释凭证在银行间市场报价并开始交易；2011 年 4 月 1 日，推出人民币对外汇期权交易。

目前，我国场外金融衍生品交易主要集中在银行间市场、外汇交易中心和银行柜台市场。2012 年 12 月 21 日，中国证券业协会发布《证券公司柜台交易业务规范》，证券公司逐步进入场外金融衍生品市场，有利于我国构建全方位、多层次的场外交易市场。

1. 银行间市场简介

中国外汇交易中心暨全国银行间同业拆借中心是我国银行间外汇市场、货币市场、债券市场以及汇率和利率衍生品市场的具体组织者和运行者。2005 年以后，交易中心顺应我国金融体制改革趋势，围绕人民币汇率、利率改革和金融市场发展持续创新，特别是在本外币市场基础设施建设、产品和机制方面的创新。新的金融衍生品序列被推出，银行间本外币市场交易量也屡创新高，市场参与的主体在数量和类型上不断增加，服务内容涵盖交易、清算、信息、监管等方面。银行间市场已经成为我国金融市场中交易量最大的一个市场，交易品种包括外汇、货币、债券和金融衍生品等。

2. 如何参与银行间市场

银行间市场的参与者主要包括银行、非银行金融机构和非金融企业等。

（1）银行间市场的准入机制。不同业务有不同的准入机制，例如，外汇衍生品交易实行会员制管理，需要申请会员资格，开展不同的外汇衍生品业务所需资格并不一样。入市的基本流程如下。

①向交易中心提出申请，提交相关表格和材料。

②交易中心审批（或报国家外汇管理局备案）。

③经审核符合入市要求的机构，由交易中心批准其成为外汇市场会员，同时发布市场公告。

④签署相关协议。

⑤收到批准文件后，会员应指派交易员参加交易中心组织的培训。交易员参加培训时须提交登记表。培训合格的交易员，交易中心将颁发资格证书。

⑥申请与交易系统连接的专线，准备交易终端所需的软硬件设备。

⑦申领数字证书。

再如，利率衍生品的交易实行备案制管理，市场参与者需要满足中国人民银行的相关规定，再经相关监督管理机构批准，才能开办衍生品交易业务。有做市商或结算代理业务资格的金融机构、其他金融机构、非金融机构划有不同的交易权限。一般来说，具有做市商或结算代理业务资格的金融机构可与其他所有市场参与者进行交易，其他金融机构可与所有金融机构进行出于自身需求的交易，非金融机构只能与具有做市商或结算代理业务资格的金融机构进行以套期保值为目的的交易。另外，金融机构开展利率衍生品交易时，需签订中国银行间市场交易商协会发布的《中国银行间市场金融衍生产品交易主协议》，并将其利率衍生品交易的内部操作规程和风险管理制度报送中国银行间市场交易商协会和交易中心备案。

（2）银行间市场的交易机制。银行间市场的外汇衍生品业务实行双边询价交易模式。交易会员选择有授信关系的做市商，双边协商交易的币种、金额、价格、期限等要素，达成交易后再协商清算方式。会员也可以和有授信关系的非做市商会员进行询价交易。

利率衍生品市场中，利率互换和远期利率协议实行询价交易和点击成交两种交易模式，其他利率衍生品仅支持询价交易。在询价交易中，只有会员可以向全国市场或自选的部分机构发送交易意向，寻找对手方，并通过对话报价、双边交谈最终达成交易。点击成交是直接点击所看到的报价，交易瞬间达成，适合对市场变化极为敏感的交易员。另外，除手动点击外，交易员还可以指定价位在系统中发送限价报价，若市场上的点击成交报价的价格到达限价报价的价位，则自动成交，适合对市场走势有一定预期，或有特定要求的交易员。

（3）我国场外金融衍生品交易主协议。中国银行间市场交易商协会（NAFMII）作为银行间市场的自律组织首次将 ISDA 主协议引入中国，2007 年制定了《中国银行间市场金融衍生产品交易主协议》（简称 2007 年版 NAFMII 主协议）。同年，中国外汇交易中心也发布了《全国银行间外汇市场人民币外汇衍生产品主协议》（简称 CFETS 主协议）的标准文本，适用范围为通过中国外汇交易中心系统进行的人民币外汇衍生品交易。由于两份协议存在重叠管辖的问题，人民银行决定对二者进行合并。2009 年 3 月 16 日，中国人民银行和国家外汇管理局同意中国银行间市场交易商协会发布新的《中国银行间市场金融衍生产品交易主协议》（2009 年版 NAFMII 主协议，简称 NAFMII 主协议）。为了统一市场标准，与 ISDA 主协议类似，NAFMII 主协议同样采用了单一协议制度和净额结算制度，其文件群包含主协议、补充协议、交易有效约定、履约保障文件及定义文件。其中，主协议的内容以及细则规定既接近于 ISDA 主协议，又与国内实情紧密相连。

NAFMII 主协议覆盖了大部分种类的金融衍生品，具有广泛的适用性。以定义文件为例，它以适用性为基本出发点，对于市场上已推出的产品，注重其概念的周延性和精确性，并进行了适度扩展，以引导市场惯例的制度化。对于尚未推出但具有市场前景的产品，也充分考虑到国内市场的特点，作出了框架性的选择，具有一定的先导性作用。

NAFMII 主协议明确了违约或终止事件发生时的净额结算制度。终止净额结算缩小了交易对手方之间的信用风险敞口，也降低了金融机构监管所需的风险匹配资本要求，从而提高了整个市场的效率，降低了系统风险和处理成本。

NAFMII 主协议为履约保障提供了开放性选择机制，安排了交易双方之间提供履约保障品、第三方担保等形式。其中，转让式履约保障和质押式履约保障制度充分吸收了我国市场的实践基础（质押担保仍占重要地位），使其覆盖范围较 ISDA 主协议更为广泛，具有鲜明的原创性和本土性。

金融机构在银行间市场开展利率和汇率衍生品交易时需签订中国银行间市场交易商协会发布的 NAFMII 主协议。NAFMII 主协议是供银行间金融衍生品交易双方使用的规范、标准合同文本。主协议通过了为金融衍生品交易设立的相对固定的交易条件以及较为明确的违约处理机制，方便共同采用主协议的市场参与者便捷地达成交易，减少了大量重复性劳动和文本制作成本，提高了交易效率，降低了法律风险。主协议中关于单一协议和终止净额结算等基础制度的安排，也可以有效降低金融衍生品的系统风险。采用同一主协议的市场参与者范围越广，这一作用的效果就越明显。国际上许多场外金融衍生品交易市场均存在由自律组织制定和发布的标准化场外金融衍生品交易主协议。

二、我国的场内金融衍生品市场

1. 中国金融期货交易所简介

中国金融期货交易所（以下简称中金所）是经国务院同意，中国证监会批准设立的，专门从事金融期货、期权等金融衍生品交易与结算的公司制交易所。中金所由上海期货交易所、郑州商品交易所、大连商品交易所、上海证券交易所和深圳证券交易所共同发起，于 2006 年 9 月 8 日在上海正式挂牌成立。成立中金所、发展金融期货，对于深化金融市场改革，完善金融市场体系，发挥金融市场功能，适应经济新常态，具有重要的战略意义。其主要职能是组织安排金融期货等金融衍生品上市交易、结算和交割，制定业务管理规则，实施自律管理，发布市场交易信息，提供技术、场所、设施服务，以及中国证监会许可的其他职能。

中金所采取全电子化交易方式，以高效、安全的技术系统为强大后盾，在借鉴国内外交易所先进技术成果和设计理念的基础上，建立了一个结构合理、功能完善、运行稳定的金融期货交易运行平台。

中金所实行会员分级结算制度，保障市场安全运行。目前，中金所共有会员 153 家，其中，期货公司会员 148 家，包括交易会员 26 家，交易结算会员 95 家，全面结算会员 27 家；非期货公司会员 5 家，均为交易结算会员，这 5 家分别为工商银行、农业银行、中国银行、建设银行、交通银行。①

2. 中金所现有产品

中金所按照"高标准、稳起步"的原则，积极推动金融期货期权新品种的上市，努力完善权益、利率、外汇三条产品线，满足参与者多样化的风险管理需求。目前，中金所已上市三大类七个金融期货期权品种（见图 2 - 2）。

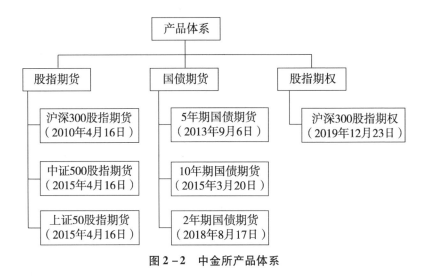

图 2 - 2　中金所产品体系

---

① 截至 2021 年 12 月 31 日，数据转自中国金融期货交易所官方网站。

股指期货方面，中金所已上市 3 个品种，分别为沪深 300 股指期货（IF）、中证 500 股指期货（IC）、上证 50 股指期货（IH）。2010 年 4 月 16 日，经过漫长而艰苦的筹备，境内首个金融期货品种——沪深 300 股指期货在中金所挂牌交易，实现了境内金融期货市场从无到有的艰难跨越。2015 年 4 月 16 日，股指期货家族再添新成员，中证 500 股指期货、上证 50 股指期货的上市，有助于完善股指期货产品体系，为投资者提供更多风险管理工具，并进一步捋顺期、现货市场发展进程。

2020 年上半年，股指期货市场日均成交 28.7 万手，日均持仓 39.6 万手，同比分别增长 27.2% 和 53.4%（见表 2－2）。无论是从成交还是从持仓的角度，在 3 个品种中，中证 500 股指期货都最为活跃，增长也最为显著。究其原因，是中证 500 指数成分股中科技类公司占比较大，使得现货指数成长性较高、波动性较大、交易性较强，因此投资者使用中证 500 股指期货进行对冲策略和增强策略的需求较大。

表 2－2　　　　2020 年上半年股指期货市场日均成交与持仓状况　　　　单位：万手

品种	日均成交量	日均成交同比增长率	日均持仓量	日均持仓同比增长率
沪深 300 股指期货	11.3	7.4%	14.4	32.6%
上证 50 股指期货	4.1	-7.5%	6.4	28.5%
中证 500 股指期货	13.3	74.8%	18.8	88.4%
合计	28.7	27.2%	39.6	53.4%

国债期货方面，中金所已上市 3 个品种，分别为 5 年期国债期货（TF）、10 年期国债期货（T）、2 年期国债期货（TS）。2013 年 9 月 6 日，5 年期国债期货正式上市，这是继股指期货之后，我国期货市场的又一重要突破，是金融衍生品市场的又一里程碑。2015 年 3 月 20 日，10 年期国债期货正式上市，进一步提升了反映市场供求关系的国债收益率曲线的准确性和有效性。2018 年 8 月 17 日，2 年期国债期货上市，标志着覆盖短、中、长期的国债期货产品体系基本形成，也标志着以权益类、利率类为核心的金融期货产品体系初步形成，为助力多层次资本市场健康发展发挥了积极作用。

2020 年上半年，国债期货市场日均成交 9.8 万手，日均持仓 14.3 万手，同比增长率分别为 113.0% 和 77.3%（见表 2－3）。从绝对水平来看，10 年期国债期货的成交和持仓水平远高于 5 年期国债期货和 2 年期国债期货，仍然是最活跃的品种。究其原因，10 年期国债收益率是目前市场公认的利率市场风向标，被投资者普遍认定为判断利率走势、经济走势乃至宏观调控政策的标杆性指标，以其为标的的国债期货产品具有巨大的市场需求。从相对增长来看，2 年期国债期货的成交和持仓同比分别增长了 50 多倍和 10 多倍，远远高于 5 年期国债期货和 10 年期国债期货。这主要得益于国债期货做市商制度的推出。2019 年 5 月 16 日，为提升市场流动性，促进市场功能发挥，中金所正式启动国债期货做市交易。在引入做市商制度之后，2 年期国债期货的流动性出现明显改善，而在此之前，2 年期国债期货的成交情况和持仓情况则一直处于较低水平。

表 2 - 3 　　　　2020 年上半年国债期货市场日均成交与持仓状况　　　单位：万手

品种	日均成交量	日均成交同比增长率	日均持仓量	日均持仓同比增长率
2 年期国债期货	1.1	5285.9%	1.8	1112.6%
5 年期国债期货	2.3	294.4%	4.0	121.1%
10 年期国债期货	6.4	59.5%	8.5	39.2%
合计	9.8	113.0%	14.3	77.3%

股指期权方面，中金所已上市一个品种，即沪深 300 股指期权（IO）。2019 年 12 月 23 日，沪深 300 股指期权挂牌上市，意义深远。作为国际上发展成熟的风险管理工具，股指期权功能充分发挥后，能够反映标的指数波动率，帮助投资者灵活调整投资组合的风险收益结构，丰富交易策略，有助于吸引不同风险偏好的投资者进入股票市场。随着沪深 300 股指期权等更多风险管理工具的推出及平稳运行，期、现货市场的联系会更加紧密，资本市场风险管理的功能将进一步发挥。

截至 2020 年 6 月底，股指期权市场日均成交 4.2 万手，其中看涨期权 2.3 万手，看跌期权 1.9 万手；日均持仓 7.2 万手，其中看涨期权 3.8 万手，看跌期权 3.4 万手。自上市以来，股指期权市场运行稳定，成交逐渐活跃，风险管理功能进一步发挥，正逐步成为国内资本市场风险管理的重要工具之一。

3. 中金所业务规则

中金所建立了一系列业务规则和制度，以保障市场安全稳定运行。交易所业务规则可划分为交易规则、实施细则、指引通知三个层次。

第一个层次：交易规则，在业务规则体系中起统领作用，是所有业务规则的制定基础和依据。它确立了股指期货、国债期货、股指期权交易的基本制度，涉及交易、结算、交割、风控、异常情况处理等多个方面，是针对各业务环节的一个总体性规则。

第二个层次：实施细则，分为业务体系和产品体系两个维度。业务体系主要涉及交易、结算、监察等模块，是针对业务共性内容进行的规范，适用于交易所所有上市产品。产品体系主要涉及股指期货、国债期货、股指期权，以及未来将会推出的外汇期货产品，是针对产品特性内容进行的规范，具体体现为产品合约和合约细则两类。

第三个层次：指引通知，包括业务指引和业务通知，是根据上级监管要求和金融期货市场整体发展情况制定的指导性文件。指引通知会涉及很多非常具体、细节的内容，不适宜在交易规则和实施细则中进行明确，如合约上市通知等，都属于指引通知的范畴。

随着衍生产品的逐步丰富、市场交易机制的逐渐完善，交易所业务规则不断优化，但在上述业务规则体系架构下，业务规则的修订并不会引起大幅度的变动，说明交易所的业务规则体系具有较好的延展性与扩充性。

4. 上证 50ETF 期权和沪深 300ETF 期权

除了中金所之外，上海证券交易所（以下简称上交所）和深圳证券交易所（以下简称深交所）也分别上市了相关的 ETF（交易型开放式指数证券投资基金）期权。其中，在上交所上市的是华夏上证 50ETF 期权和华泰柏瑞沪深 300ETF 期权，在深交所上市的是嘉实沪深 300ETF 期权。与中金所股指期权最后以现金交割不同，两家证券交易所的 ETF 期权采用实物交割。

2021 年 5 月，沪深 300 股指期权日均成交 12.75 万张，日均持仓量为 18.91 万张，日均成交持仓比为 0.67。上交所华泰柏瑞沪深 300ETF 期权日均成交 199 万张，日均持仓 199 万张，日均成交持仓比为 1；深交所嘉实沪深 300ETF 期权日均成交 33 万张，日均持仓 36 万张，日均成交持仓比为 0.92；上交所华夏上证 50ETF 期权日均成交 263 万张，日均持仓 296 万张，日均成交持仓比为 0.89（见表 2-4）。

表 2 - 4	2021 年 5 月国内金融期权品种成交持仓概况			单位：张
期权标的	涨跌幅	日均成交量	日均持仓量	成交持仓比
沪深 300 指数	4.06%	12.75 万	18.91 万	0.67
沪 300ETF	4.10%	199 万	199 万	1
深 300ETF	4.05%	33 万	36 万	0.92
沪 50ETF	4.51%	263 万	296 万	0.89

注：表中沪深 300 指数对应中金所沪深 300 股指期权，沪 300ETF 对应上交所华泰柏瑞沪深 300ETF 期权，深 300ETF 对应深交所嘉实沪深 300ETF 期权，沪 50ETF 期权对应上交所华夏上证 50ETF 期权。

数据来源：Wind。

第三章　场内外金融衍生品现状

根据世界交易所联合会（WFE）对全球 48 个交易所的统计，2018 年全球共交易衍生品合约 301 亿张，较上年增长 20.9%，其中金融衍生品（不包含大宗商品）合约 242 亿张，较上年增长 27.2%。场内金融衍生品中，成交量占比最大的是股权衍生品，但近年来占比略有下降，其次是大宗商品衍生品，利率衍生品和外汇衍生品分别排名第三、第四。2018 年年末，股权衍生品和 ETF 衍生品、大宗商品衍生品、利率衍生品、外汇衍生品以及其他衍生品成交量占比分别为 51%、20%、15%、12% 和 2%。

目前，OTC 市场交易的金融衍生品基本可以分为五大类：股权、利率、外汇、信用以及其他衍生品。截至 2019 年 6 月底，全球未平仓 OTC 金融衍生品合约的名义价值为 640 万亿美元，较 2018 年年底增长 17.6%，去掉大宗商品和其他类，场外金融衍生品合约的名义价值为 638 万亿美元，同比增长 17.66%。以下，按照产品类别对各类场内外金融衍生品现状进行介绍。

第一节　股权衍生品

一、场内产品

场内股权衍生品主要包括股指期货、股指期权；ETF 期货、ETF 期权；个股期货、个股期权。此外，还有少部分基于衍生品的二级衍生品，如期权期货等。

所谓股指期货，就是以某种股票指数为标的资产的标准化的期货合约，买卖双方报出的价格是一定时期后的股票指数价格水平。在合约到期后，股指期货通过现金结算差价的方式来进行交割。股指期货交易与股票交易相比，有很多明显的区别，具体如下。

（1）股指期货合约有到期日，不能无限期持有。股票买入后正常情况下可以一直持有，但股指期货合约有确定的到期日。因此交易股指期货必须注意合约到期日，以决定是提前平仓了结持仓，还是等待合约到期进行现金交割。

（2）股指期货采用保证金交易，即在进行股指期货交易时，投资者无须支付合约价值的全额资金，只需支付一定比例的资金作为履约保证金；而目前我国股票交易则需要支付股票价值的全部金额。由于股指期货是保证金交易，亏损额甚至可能超过投资本金，这一点和股票交易也不同。

（3）在交易方向上，股指期货交易既可以先买后卖，也可以先卖后买，故股指期货交易是双向交易。而部分国家的股票市场没有卖空机制，股票只能先买后卖，不允许卖空，此时股票交易是单向交易。

（4）在结算方式上，股指期货交易采用每日无负债结算制度，交易所每日要对交易保证金进行结算，如果账户保证金余额不足，必须在规定的时间内补足，否则可能会被强行平仓；而股票交易采取全额交易，并不需要投资者追加资金，并且在股票买入以后、卖出以前，账面盈亏都是不结算的。

与股指期货相似，ETF 期货是以某种 ETF（交易型开放式指数证券投资基金）为基础资产的标准化的期货合约；个股期货则是以个股为基础资产的标准化的期货合约。

股指期权是一种金融期权协议，它赋予购买者在某个交易日或该日之前，以固定价格买入或卖出股票指数的权利，权利持有人既有行权的权利，又有放弃行权的权利。期权合约是指由期货交易所统一制定的、规定买方有权在合约规定的有效期限内以事先规定的价格买入或卖出标的资产的标准化合约。以股票指数为标的资产的期权称为股指期权。期权分为看涨期权和看跌期权。看涨期权是一种在特定日期或在该日期之前以固定价格购买特定量的股票的权利。如果投资者认为一只股票将要上涨，可以买入该股票，或者买入其看涨期权，并待其上涨后行权。两种方法都可以获利。看跌期权是在未来某日或某日之前，以特定价格卖出某股票的权利。

相似地，ETF 期权和个股期权的标的则是 ETF 指数基金和个股。

根据世界交易所联合会的统计，场内股权衍生品是成交量占比最大的类别。在股权衍生品中，个股期权和股指期权成交占比较大。2018 年，个股期权、股指期权、个股期货、股指期货的成交量分别为 44.5 亿手、43.6 亿手、14.6 亿手、33.8 亿手，分别较上年增长 27.8%、36.7%、27.8% 和 41.6%。ETF 期权和 ETF 期货的成交量分别为 18.9 亿张和 210 万张，分别较上年增长 17.2% 和 7.7%（见表 3 - 1）。

表 3 - 1　　　　　　　　全球场内股权衍生品成交统计

品种	2017 年（亿手）	2018 年（亿手）	同比变动（%）	交易量占股权类的比（%）
个股期权	34.85	44.52	27.8	28.7
个股期货	11.38	14.55	27.8	9.4
股指期权	31.86	43.55	36.7	28.0
股指期货	23.86	33.79	41.6	21.8
ETF 期权	16.11	18.89	17.2	12.1
ETF 期货	0.02	0.02	7.7	0.0
总量	118.08	155.32	31.5	100

资料来源：国际清算银行。

除了这些常见产品之外，交易所交易的股权衍生品还有以期权期货为标的二级衍生品。例如，韩国交易所（KRX）与欧洲期货交易所（Eurex）自 2010 年 8 月 30 日起合作，提供 KOSPI 200 期权期货在韩国交易时间之后的欧洲和美国交易时间内继续交易的机会。欧洲期货交易所有权在韩国交易时段结束后，在韩国交易所全球交易平台上推出 KOSPI 200 期权的每日期货并进行相关交易和结算。

我国场内股权衍生品在中金所和上交所、深交所上市。中金所上市的股权衍生品为沪深 300、上证 50 和中证 500 股指期货与沪深 300 股指期权。股指期货合约到期时进行现金交割，交割价格是标的指数最后 2 小时的算术平均价。2019 年中金所沪深 300、中证 500 和上证 50 股指期货成交量分别为 2364 万手、1994 万手和 966 万手，均未能排进全球期货业协会（FIA）统计的全球股权类合约成交量的前 50 位。

表 3 - 2 和表 3 - 3 分别是沪深 300 股指期货和沪深 300 股指期权的合约示例。

表 3 – 2 **股指期货合约示例：沪深 300 股指期货**

沪深 300 股指期货合约表

合约标的物	沪深 300 指数	最低交易保证金	合约价值的 8%
合约乘数	每点人民币 300 元	最后交易日	合约到期月份的第三个周五，遇国家法定节假日顺延
报价单位	指数点	交割日期	同最后交易日
最小变动价位	0.2 点	交割方式	现金交割
合约月份	当月、下月及随后 2 个季月	交易代码	IF
交易时间	上午：9：30—11：30，下午：13：00—15：00	上市交易所	中国金融期货交易所
每日价格最大波动限制	上一个交易日结算价的 ±10%		

表 3 – 3 **股指期权合约示例：沪深 300 股指期权**

沪深 300 股指期权合约表

合约标的物	沪深 300 指数
合约乘数	每点人民币 100 元
合约类型	看涨期权、看跌期权
报价单位	指数点
最小变动价位	0.2 点
每日价格最大波动限制	上一交易日沪深 300 指数收盘价的 ±10%
合约月份	当月、下 2 个月及随后 3 个季月
行权价格	行权价格覆盖沪深 300 指数上一交易日收盘价上下浮动 10% 对应的价格范围。 对当月与下 2 个月合约：行权价格≤2500 点时，行权价格间距为 25 点；2500 点 < 行权价格≤5000 点时，行权价格间距为 50 点；5000 点 < 行权价格 ≤10000 点时，行权价格间距为 100 点；行权价格 >10000 点时，行权价格间距为 200 点； 对随后 3 个季月合约：行权价格≤2500 点时，行权价格间距为 50 点；2500 点 < 行权价格≤5000 点时，行权价格间距为 100 点；5000 点 < 行权价格 ≤10000 点时，行权价格间距为 200 点；行权价格 >10000 点时，行权价格间距为 400 点

续表

沪深 300 股指期权合约表	
行权方式	欧式
交易时间	9：30—11：30，13：00—15：00
最后交易日	合约到期月份的第三个星期五，遇国家法定节假日顺延
到期日	同最后交易日
交割方式	现金交割
交易代码	看涨期权：IO 合约月份 – C – 行权价格 看跌期权：IO 合约月份 – P – 行权价格
上市交易所	中国金融期货交易所

上交所上市了上证 50ETF 期权和华泰柏瑞沪深 300ETF 期权，深交所上市了嘉实沪深 300ETF 期权。与中金所沪深 300 股指期权采用现金交割不同，上交所和深交所的 ETF 期权均采用实物交割。沪深 300 股指期权的交割方式为现金交割，期权买卖双方按照结算价格，以现金形式支付价差，不涉及标的资产的转让。交割结算价采用最后交易日标的指数最后 2 小时的算术平均价而非收盘价，行权是否有利需要进行计算。ETF 期权是实物交割，期权买卖双方按照约定实际交割标的资产，交割日是行权日后的次一交易日。而且期权的买方如果要行权，需要主动委托期权经营机构向交易所申报。此外，在其他交易制度上，不同交易所的期权产品也有所区别。

2019 年，上交所 50ETF 期权成交 6.18 亿张，根据世界期货行业协会 FIA 的数据统计，在全球所有股权类合约中排名第六。[①]

二、场外产品

场外股权衍生品包括股权类远期、收益互换、场外期权和相对复杂的其他结构化产品。

收益互换是指交易双方按共同商定的条件，在约定的时间内进行支付交换的金融交易。一般来说，双方在约定的时间内进行多次交换，如 5 年为期，期间每半年进行一次交换。在场外市场，双方互相承担对手的信用风险。收益互

---

① FIA 未统计上交所上证 50ETF 期权合约成交数据，此为根据其他合约的数据排名推算。

换使得无须现金买入，就可通过交易对手获得股市收益。它可以有融资、税收等方面的优势。主要有这几类：①权益互换（Equity Swap）。交易的一方付给另一方根据股权资产的收益确定的价格，同时从另一方获得基于权益资产本金的利息。从而，此类互换实现了权益资产投资和固定收益的交换。②红利互换（Dividend Swap）。一方在每个周期的固定时间付出固定的费用，另一方付出红利，来源或许是选定的某一只股票，或许是一篮子股票（股票组合）。由于税收优势，红利互换在欧洲非常流行。③总收益互换（Total Return Swap，TRS）。定期将固定或浮动利率换成股票或指数的总收益。总收益指的是股票或指数的全部收益，既包括资本利得，也包括红利。④权益违约互换（Equity Default Swap，EDS）与信用违约互换（Credit Default Swap，CDS，也译作信用违约掉期）类似。CDS 的购买者在债券违约后会得到赔付，EDS 的购买者在股价下跌一定幅度时获得偿付。这个跌幅就是触发条件。一般来说，权益违约互换的期限较长，常见的有 5 年期。在此期间，EDS 的买入方在合约期限内定期付出固定费用，卖出方只有在事件发生时付出一笔赔偿金，交易就此结束。⑤波动率互换（Volatility Swap）。此类互换给了投资者像交易股价一样交易波动率的机会。在股权市场中，更多交易的是波动率的平方，这样就使得波动率交易和期权交易衔接起来了。

场外期权是指在非集中性的交易场所进行的非标准化的金融期权合约，是根据场外双方的洽谈，或者中间商的撮合，按照双方需求自行制定交易的金融衍生品。其性质与交易所内进行的期权交易差别不大，二者最根本的区别在于期权合约是否标准化。场内期权是在交易所交易的标准化合约，通过清算机构进行集中清算。场外期权根据客户的需求设计，是个性化的，更加灵活，虽然没有统一的挂牌和指令规则，但在交易量和交易额上占据明显的优势。场外股权衍生品市场也交易大量的以股票或股指为标的的期权，如以标普 500 为标的的期权。这里也包含了类似交易所交易的看涨或看跌期权，买方在付出一定的权利金后，就拥有了在期权合约有效期内（或到期）按某个执行价格买进或卖出一定数量标的物的权利。这些简单看涨或看跌期权之所以在场外交易而非场内，原因有多种：大宗交易避免在交易所被曝光；节省交易费用（这点在欧洲更为明显）；满足客户需求的定制化的期权到期日，等等。从全球范围看，各个国家（地区）场外期权交易的性质不同。在交易所更为分散和交易费用更高的欧洲和日本，场外期权大行其道，尤其是股票期权。反观美国，交易所提供了良好的流动性和较低的交易费用，这些吸引交易者将股票期权交易在交易所内执行。

在场外股权衍生品市场，除了类似交易所交易的简单期权外，还有大量奇异期权。如二元期权（Binary Options），也叫数字期权，在到期或期间股价或指数价格超过执行价，则买方获得一定数量的收益；否则，买方损失固定的期权费。另一种较受欢迎的期权产品是障碍期权（Barrier Options）。障碍期权一般归为两类，即敲出期权和敲入期权。敲出期权是当标的资产价格达到一个特定障碍水平时，该期权作废；敲入期权是当标的资产价格达到一个特定障碍水平时，该期权才有效。该类期权在结构化理财产品领域颇受欢迎。场外股权类期权的标的资产为股票价格、一篮子股票价格或者股票价格指数，或者标的资产也是衍生品，如期货期权、互换期权等。按照标的资产可以将场外股权类期权分为三类：单一股票期权、股票组合期权和股票指数期权。场外股权类期权被用于避险、套利、增强组合收益率、资产配置及结构化产品设计等方面。

我国场外期权业务起步较晚，期权产品规模有限，相应的市场也并未完全被打开。目前，我国部分金融机构为适应客户的投资需求已设计发行了多种类场外期权产品。如银行发行的挂钩型理财产品、证券公司受理的收益凭证，以及基金公司、保险公司等金融机构推行的带期权性质的结构化产品，等等。这类产品通常由保本票据与高息票据等构成，并嵌入了二元期权、障碍期权等奇异期权条款，丰富了产品风险收益结构，最大限度地满足了投资者多样化的理财需求。

结构化产品包括狭义和广义两个层次。狭义的结构化产品是将固定收益证券与其他基础性金融产品融合在一起的产品，它们形式多样，条款只要双方同意即可，如有些内嵌股票期权。广义的结构化产品则包含了所有由基础金融产品组合而成的衍生品。除了结构型债券外，还有如可转债、权证、股票联系票据等较为简单的产品。部分较为成熟的此类结构被纳入了场内进行交易。

我国银行业发行了大量带期权性质的结构化产品。证券公司推出的结构化产品与银行业中的结构化产品类似，即结合保本票据与奇异期权的特性，形成保本收益凭证。部分基金公司在基金产品中也引入了期权，用期权来设计分级基金产品，最为典型的就是两级子基金。两级子基金约定以某个比例对收益进行分成，各份额按照其风险收益的不同可分解成类似期权的结构。部分基金还约定了敲出机制等退出条款，这样就使得其收益呈现出奇异期权的结构特性。

根据国际清算银行的统计，场外股权衍生品未平仓合约名义价值在 2008 年达到顶峰后开始下降，近些年保持平稳。截至 2019 年年中，场外股权衍生品未平仓合约名义价值为 7.04 万亿美元，占全部场外金融衍生品的 1.1%。其中，远期和互换类、场外期权类未平仓合约名义价值分别为 3.14 万亿美元和 3.90 万亿美元，分别占全部场外股权衍生品的 44.6% 和 55.4%（见图 3-1）。

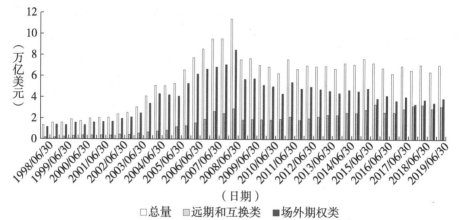

图 3-1 场外股权衍生品未平仓合约名义价值
资料来源：国际清算银行。

第二节 利率衍生品

一、场内产品

场内利率衍生品一般可分为短期利率衍生品和长期利率衍生品两大类。短期利率衍生品是指合约标的的期限在 1 年以内的各种利率期货和期权，即以货币市场的各类债务凭证为标的利率期货及期权，包括各种期限的商业票据期货、短期国债期货及欧洲美元定期存款期货和期权等。长期利率衍生品则是指期货合约标的的期限在 1 年以上的各种利率期货及期权，即以资本市场的各类债务凭证为标的的利率期货及期权，包括各种期限的中长期国债期货和市政公债指数期货、期权等。与其他股权类的场内期权有所不同，交易所交易的利率期权主要是利率期货期权（标的资产是利率期货），此外还有一些债券期权。

国债期货最初是发达国家规避利率风险、维持金融体系稳定的产物。20世纪70年代，受布雷顿森林体系瓦解以及石油危机爆发的影响，西方主要发达国家的经济陷入了滞胀，为了推动经济发展，各国政府纷纷推行利率自由化政策，导致利率波动日益频繁而且幅度剧烈。频繁而剧烈的利率波动使得金融市场中的借贷双方特别是持有国债的投资者面临着越来越高的利率风险，市场避险需求日趋强烈，迫切需要一种便利有效的利率风险管理工具。在这种背景下，国债期货等利率期货首先在美国应运而生。1976年1月，美国芝加哥商品交易所（CME）推出了90天期的国库券期货合约，这标志着国债期货的正式诞生。随着美国经济的不断发展，尤其是到20世纪80年代以后，美国的利率变动幅度加大，国债期货交易更加活跃，越来越多的机构投资者开始利用国债期货市场来规避风险。

根据世界交易所联合会（WFE）的统计，2018年，场内利率衍生品成交45.79亿张，占全部场内金融衍生品成交的15.20%。利率衍生品中，长期和短期利率期货成交量相对较大，2018年成交量占所有利率期货的比例分别为42.60%和38.30%（见表3-4）。

表3-4 全球场内利率衍生品成交量统计

品种	2017年（亿张）	2018年（亿张）	同比变动（%）	交易量占利率类的比重（%）
短期利率期权	5.20	5.45	4.80	11.90
短期利率期货	15.66	17.54	12.00	38.30
长期利率期权	2.63	3.30	25.50	7.20
长期利率期货	16.45	19.50	18.50	42.60
总量	39.94	45.79	14.60	100

资料来源：国际清算银行。

根据国际清算银行对2018年场内利率衍生品日均成交金额和年末持仓金额的统计，我们发现短期利率期货日均成交金额最大，占所有利率衍生品的69.8%；短期利率期权持仓水平最高，占所有利率衍生品持仓金额的57.9%，短期利率期货持仓水平也相对较高。长期利率期权和长期利率期货成交和持仓水平则相对较低（见表 3-5）。

表 3-5　　　　　　全球场内利率衍生品日均成交持仓统计

品种	2018 年日均成交（万亿美元）	2018 年年末持仓（万亿美元）	日均成交占利率类的比重（%）	持仓占利率类的比重（%）
短期利率期权	1.68	54.66	19.0	57.9
短期利率期货	6.14	35.98	69.8	38.1
长期利率期权	0.14	0.92	1.6	1.0
长期利率期货	0.85	2.87	9.6	3.0
总量	8.81	94.43	100	100

资料来源：国际清算银行。

我国场内利率衍生品在中金所上市。中金所当前上市的利率衍生品为 2 年期、5 年期和 10 年期国债期货。与股指期货不同，国债期货实行实物交割，合约交割时，卖方要向买方支付可交割债券，买方也要向卖方支付一定的金额，此金额即为交割货款。由于卖方选择用于交割的券种和交割时间不同，买方向其支付的金额也有差别。其中，交割货款 = 交割数量 ×（交割结算价 × 转换因子 + 应计利息）×（合约面值/100 元）。

2019 年，中金所 2 年期、5 年期和 10 年期国债期货成交量分别为 198.75 万手、179.83 万手和 924.62 万手，均未排进全球利率衍生品成交前 40 名。

二、场外产品

场外利率衍生品按其交易形式主要有利率远期（远期利率协议，Forward Rate Agreement，FRA）、利率互换和利率期权三大类，以下分别说明。

（1）远期利率协议。远期利率协议与国债期货有相似之处，只不过是非标准化的合约。买卖双方（客户与银行或两个银行同业之间）商定将来一定时间点（指利息起算日）开始的一定期限的协议利率，并规定以何种利率为参照利率，在将来利息起算日，按规定的协议利率、期限和本金额，由当事人一方向另一方支付协议利率与参照利率利息差的贴现额。在这种协议下，交易双方约定从将来某一确定的日期开始在某一特定的时期内借贷一笔利率固定、数额确定，以具体货币表示的名义本金。远期利率协议的买方就是名义借款人，如果市场利率上升的话，买方按协议上确定的利率支付利息，就规避了利率风险；

但若市场利率下降的话，买方仍然必须按协议利率支付利息，就会受到损失。远期利率协议的卖方就是名义贷款人，卖方按照协议确定的利率收取利息，显然，若市场利率下降，他将受益；若市场利率上升，他则受损。

（2）利率互换，是指市场交易双方约定在未来的一定期限内，根据约定数量的同种货币的名义本金交换利息额的金融合约。最常见的利率互换是在固定利率与浮动利率之间进行转换。投资者通过利率互换交易可以将浮动利率形式的资产或负债转换为固定利率形式的资产或负债，从而达到规避利率风险，进行资产负债管理的目的。利率互换始于1982年，目前已在国际上被广泛采用。

因为利率互换不涉及本金，双方仅是互换利率，风险也只限于应付利息这一部分，所以风险相对较小。另外，利率互换对双方财务报表没有什么影响。双方通过互换实现了各自的目的，同时也降低了筹资成本，但是利率互换不像期货交易那样有标准化的合约，双方面临的违约风险较大。

（3）利率期权。利率期权有场内和场外之分，交易所交易的利率期权主要是利率期货期权，此外还有一些债券期权。场外交易的利率期权主要包括利率上限期权（Cap）、利率下限期权（Floor）、利率双限期权（Collar）和互换期权（Swaptions）。

①利率上限期权，指交易双方确定一个利率上限，在此基础上，利率上限期权的卖方向买方承诺，在规定的期限内，如果市场参考利率高于协定的利率上限，则卖方向买方支付市场利率高于协定利率上限的差额部分；如果市场利率低于或等于协定的利率上限，则卖方无任何支付义务，同时，买方由于获得了上述权利，必须向卖方支付一定数额的期权手续费。

②利率下限期权，指交易双方规定一个利率下限，卖方向买方承诺，在规定的有效期内，如果市场参考利率低于协定的利率下限，则卖方向买方支付市场参考利率低于协定利率下限的差额部分；如果市场利率大于或等于协定的利率下限，则卖方没有任何支付义务。作为补偿，卖方向买方收取一定数额的期权手续费。

③利率双限期权，指将利率上限期权和利率下限期权两种金融工具结合使用。具体地说，购买一个利率双限期权，指在买进一个利率上限期权的同时，卖出一个利率下限期权，以收入的手续费来部分抵销需要支出的手续费，从而达到既防范利率风险又降低费用成本的目的。而卖出一个利率双限期权，则是指在卖出一个利率上限期权的同时，买入一个利率下限期权。

④互换期权，是基于利率互换的期权，是另一种越来越流行的利率期权。它给予持有者一个在未来某个确定时间进行某个确定的利率互换的权利（当然持有者并不是必须执行这个权利）。许多向其客户提供利率互换合约的大型金融机构也会向其客户出售或购买互换期权。

根据国际清算银行的统计，场外利率衍生品未平仓合约名义价值在2013年达到顶峰后稳中微降，近几年保持平稳。场外利率衍生品未平仓合约名义价值在所有场外金融衍生品中占比最大。截至2019年年中，场外利率衍生品未平仓合约名义价值为523.96万亿美元，占全部场外金融衍生品的81.8%。其中，远期、互换、场外利率期权和其他类未平仓合约名义价值分别为88.98万亿美元、389.34万亿美元、45.30万亿美元和0.34万亿美元，占全部利率衍生品的比例分别为17.0%、74.3%、8.6%和0.1%（见图3-2）。

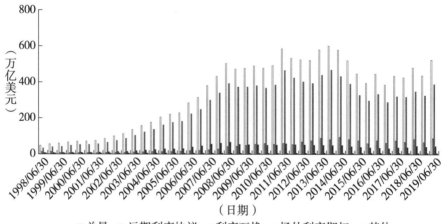

图3-2   全球场外利率衍生品未平仓合约名义价值

资料来源：国际清算银行。

我国银行间市场于2005年6月推出了第一个利率衍生品——人民币债券远期交易。2006年2月，中国人民银行允许开展人民币利率互换交易试点。两年后，中国人民银行宣布于2008年2月起正式开展人民币利率互换业务，参与机构从原来试点规定的部分商业银行和保险公司拓展到所有银行间债券市场参与者，并取消了对利率互换具体形式的限制。2007年11月，人民币远期利率协议业务正式开始交易，使机构投资者获得了新的利率风险管理工具。2014年1月，人民币利率互换集中清算业务在上海清算所推出，随后中国人民银行发布通知，自 2014 年 7 月起人民币利率互换实行强制集中清算，为我国落实 G20 关于场外金融衍生品集中清算承诺作出安排。2018 年 3 月，外汇交易中心会同上海清算所优化推出标准债券远期、现金交割机制，该业务通过交易中心交易处理平台达成，由上海清算所提供集中清算服务。2018 年优化推出的标准债券远期，是以国开债为标的的标准化利率衍生品，未来可能会考虑以资金利率为标的的标准化利率衍生品。

根据国际清算银行 2019 年 4 月的统计，我国场外利率衍生品日均成交金额为 160. 25 亿美元，全球排第 14 位。其中，利率互换、利率期权和其他（债券远期等）日均成交金额分别为 139. 23 亿美元、17. 49 亿美元和 3. 53 亿美元，远期利率协议无统计数据。

第三节　外汇衍生品

一、场内产品

外汇期货是承诺在将来某一特定时间购买或出售一定外汇资产的标准化契约，其数量、标的、交割时间都是已定的，唯一变动的是价格。

外汇期权是一种权利合约，指买方在支付一定费用（称为期权费）后，享有在约定的日期或约定的期限内，按约定的价格购买或出售一定数量外汇资产的权利。

在交易所交易的外汇期货和外汇期权合约是标准化的，通常是几种国际货币兑美元的汇率，如英镑、日元、欧元、人民币等。

其他场内外汇衍生品包括货币指数期货等，最知名的是 ICE 美元指数（USDX）期货合约。ICE 美元指数（USDX）期货合约是反映美元国际价值的领先基准以及世界最受推崇的可交易货币指数。通过单笔交易 USDX，市场参与者便可以跟踪美元对一篮子世界货币的相对价值，也可以对冲其头寸的美元汇率波动风险。

根据世界交易所联合会的统计，2018 年，场内外汇衍生品成交 36. 73 亿张，占全部场内金融衍生品成交量的 12. 2%，小于股权衍生品和利率衍生品。

根据国际清算银行对外汇衍生品日均成交和年末持仓金额的统计，场内外汇衍生品的持仓金额远小于利率衍生品，仅为利率衍生品持仓额的 0.4% 左右。外汇期货日均成交和持仓水平均较高，占所有场内外汇衍生品日均成交量的 90% 以上，持仓金额的比重也高达 65%（见表 3－6 和表 3－7）。

表 3－6 全球场内外汇衍生品成交量统计

品种	2017 年（亿张）	2018 年（亿张）	同比变动（%）	交易量占外汇类的比（%）
外汇期权	8.14	11.55	41.89	31.40
外汇期货	19.49	25.18	29.20	68.60
总量	27.63	36.73	32.90	100

资料来源：国际清算银行。

表 3－7 全球场内外汇衍生品日均成交及持仓统计

品种	2018 年日均成交（亿美元）	2018 年年末持仓（亿美元）	日均成交占外汇类的比（%）	持仓量占外汇类的比（%）
外汇期权	150	1390.3	9.3	35
外汇期货	1460	2570.4	90.7	65
总量	1610	3960.7	100	100

资料来源：国际清算银行。

二、场外产品

远期外汇交易是场外外汇衍生品市场上重要的交易形式之一，通常也是由经营即期外汇交易的外汇银行与外汇经纪人来经营，远期交易一般是买卖双方先订立买卖合同，规定外汇买卖的数量、期限和汇率等，到约定日期才按合约规定的汇率进行交割。远期交易的交割期限一般为 1 个月、3 个月、6 个月，个别可到 1 年。这种交易的目的在于避免或尽量减少汇率变动可能带来的损失。

外汇掉期（FX Swap）是指将货币相同、金额相同而方向相反、交割期限不同的两笔或两笔以上的外汇交易结合起来进行，交易双方约定以货币 A 交换一定数量的货币 B，并以约定价格在未来的约定日期用货币 B 反向交换同样数量的货币 A。外汇市场上的掉期交易是指在一个交割日售出一种货币换取另一种货币，并在以后某日做反向外汇交易，其间不包括利率的交换。外汇掉期的期限通常在1年内，一般用于管理资金头寸。

1. 即期对远期的掉期

即期对远期的掉期，指交易者在向交易对手买进即期外汇的同时卖出金额和币种均相同的远期外汇，或在卖出即期外汇的同时买进金额和币种均相同的远期外汇，而交易对手的交易方向刚好相反。

2. 远期对远期的掉期

远期对远期的掉期，指交易者向交易对手同时买进并卖出两笔金额相同但交割日不同的远期外汇，可在买进期限短的（如3个月到期）外汇的同时卖出期限长的（如6个月到期）外汇，也可在卖出期限短的远期外汇的同时买进期限长的远期外汇。

3. 隔夜掉期交易

隔夜掉期交易包括 O/N（Overnight）、T/N（Tomorrow – Next）、S/N（Spot – Next）三种形式。

O/N 的掉期形式是买进当天外汇，卖出下一交易日到期的外汇；或卖出当天外汇，买进下一交易日到期的外汇。

T/N 的掉期形式是买进下一交易日到期的外汇，卖出第二个交易日到期的外汇；或卖出下一交易日到期的外汇，买进第二个交易日到期的外汇。

S/N 的掉期形式是买进第二个交易日到期的外汇，卖出第三个交易日到期的外汇；或卖出第二个交易日到期的外汇，买进第三个交易日到期的外汇。

货币互换（又称货币掉期）是不同货币债务间的调换。货币互换是交易双方同意按一定的汇率交换一定数额的两种货币，在协议到期时，双方按同样的汇率换回相同数额的货币。在此期间，双方根据交换的金额相互支付利息。货币互换的期限通常在1年以上。利率互换是相同货币债务间的调换，而货币互换则是不同货币债务间的调换，同时也进行不同利息额的货币调换。货币互换双方互换的是货币，双方各自的债权债务关系并没有改变。

货币互换最早发生在1981年，当时由于美元（USD）兑瑞士法郎（CHF）、联邦德国马克（DEM）大幅升值，货币之间出现了一定的汇兑差额，所罗门兄弟公司利用外汇市场中的汇差以及世界银行与国际商用机器公司（IBM）的不同需求，通过协商达成互换协议。这是一项在固定利率条件下进行的货币互换，而且在交易开始时没有本金的交换。

20世纪90年代后，随着期权产品整体序列的不断衍化与升级，银行等金融机构也开始以普通外汇期权为基础进行创新，推出众多结构更为复杂的衍生产品，由此形成了第一、第二两代奇异外汇期权。第一代奇异外汇期权包括障碍期权（Barrier Option）、均价期权（Average Price Option）、回望期权（Lookback Option）与复合期权（Compound Option）等品种，主要特征是在普通期权的基础上，设置了一系列执行条件，当汇率触及某一水平，执行条件便会触发，即所谓的"敲入"与"敲出"。第二代奇异期权是以第一代奇异期权为基础的衍生与合成，除普通期权与第一代奇异期权外，后期衍化产生的期权产品均称为第二代奇异期权，包括区间计息期权（Range Accrual）、目标可赎回远期合约（Target Redemption Forward）等，此代期权除去包含执行条件外，往往还会额外对期权合约的存续时间增添一个限制，因而此类期权买方权利仅在一个特定的时间段内有效。

根据国际清算银行的统计，场外外汇衍生品的未平仓合约名义价值呈现逐年上升趋势。截至2019年年中，场外外汇衍生品市场未平仓合约名义价值为98.65万亿美元，占全部场外金融衍生品的比例为15.4%。其中，外汇远期与外汇掉期、货币互换、场外期权和其他类分别占外汇衍生品的60.17%、26.80%、12.98%和0.04%（见图3-3）。

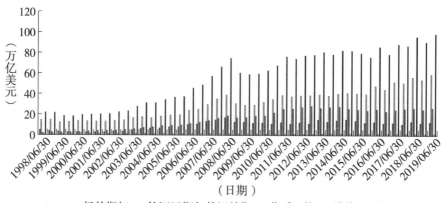

图3-3 全球场外外汇衍生品未平仓合约名义价值

资料来源：国际清算银行。

当前我国在岸外汇衍生品没有场内交易市场，只有场外交易市场。场外交易市场可分为银行对客户（柜台交易）市场和银行间外汇市场。银行柜台交易主要是银行或者其他金融机构与客户间进行的基于人民币的外汇衍生品交易，其主要业务包括 1997 年推出的银行远期结售汇业务、2005 年推出的银行与客户间的人民币掉期业务和 2011 年推出的人民币对外汇的货币期权。2005 年汇改以来，我国银行间外汇市场陆续推出了一系列衍生品。2005 年 8 月 8 日，《中国人民银行关于加快发展外汇市场有关问题的通知》发布，据此银行间外汇市场推出了远期外汇合约。2006 年 4 月推出人民币外汇掉期交易，2007 年推出人民币外汇货币互换交易，2011 年推出人民币对外汇期权。

根据国际清算银行 2019 年 4 月的统计，我国在岸外汇市场日均交易额为 1360.16 亿美元，其中即期交易额 433.02 亿美元，衍生品交易额 927.14 亿美元，在国际清算银行统计的 53 个国家中排名第 9 位。衍生品中，外汇远期、外汇掉期、货币互换和场外期权日均成交额分别为 54.66 亿美元、843.47 亿美元、3.44 亿美元和 25.57 亿美元。

第四节　信用衍生品

目前对信用衍生品还没有公认的定义。一般观点认为，通过交易当事人签订的，以转移与贷款、债券等资产的信用风险为目的的交易合约。事实上，信用衍生品市场的创新层出不穷，产品界限模糊，增加了定义和分类的难度。目前，国际清算银行的分类方法是按照单一产品（Single Name）和组合产品（Multi Name）区分。单一产品是指参考实体为单一经济实体的信用衍生品，一般而言，包括单一名称信用违约互换（Credit Default Swap，CDS）和总收益互换（Total Return Swap，TRS）等。组合产品是指参考实体为一系列经济实体组合的信用衍生品，包括 CDS 指数、信用联结票据（Credit-Linked Notes，CLN）和分层级指数交易（Tranched Index Trades）等。其他产品主要指固定比例投资组合保险（Constant Proportion Portfolio Insurance，CPPI）、固定比例债务债券（Constant Proportion Debt Obligations，CPDOs）、资产证券化信用违约互换（Assets-Backed Credit Default Swap，ABCDS）等更加复杂，并与资产证券化紧密结合的信用衍生品。其他类信用衍生品由于结构复杂，且被认为是 2008 年金融危机的"罪魁祸首",因此目前成交稀少（见图 3 - 4）。

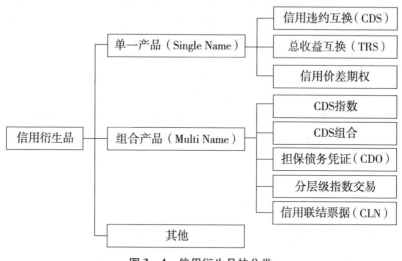

图 3 - 4　信用衍生品的分类

一、场内产品

信用衍生品的主要交易场所是场外,但也有少数场内金融衍生品。近年来信用领域最重要的创新产品是指数交易。CDS 指数是一篮子参考实体信用违约互换的组合,其本身就是可交易的信用衍生品。在 CDS 指数交易中,信用保护买方（CDS 指数的卖方）定期支付固定票息给信用保护卖方（CDS 指数的买方）,若指数涵盖的某一参考实体发生信用事件,则信用保护卖方负责赔偿买方指数合约中该参考实体的对应份额损失。2008 年全球金融危机后,CDS 指数这类结构相对简单、标准化程度较高的信用衍生品进一步受到国际信用衍生品市场投资者的青睐。目前,市场上主流的 CDS 指数主要包括以北美和新兴市场为参考实体的 CDX 指数族及以欧洲和亚洲市场为参考实体的 iTraxx 指数族。

洲际交易所 ICE 已经在 CDS 指数的基础上开发上市了 CDS 指数期货产品,为市场参与者提供新的信用风险管理和投资渠道。CDS 指数期货能够复制一篮子 CDS 合约的现金流,从而为一篮子的参考实体提供信用保护。期货合约的买方相当于信用保护的提供者,而卖方相当于信用保护的购买者。ICE 上市的 CDS 指数期货包括 Eris CDX HY 5Y Futures、Eris CDX IG 5Y Futures,但成交不太活跃。

二、场外产品

1. 单一产品

信用违约互换（CDS）是国外债券市场中最常见的信用衍生产品。实际上是在一定期限内，买卖双方就指定的信用事件进行风险转换的一个合约。信用风险保护的买方在合约期限内或在信用事件发生前定期向信用风险保护的卖方就某个参考实体的信用事件支付费用，以换取信用事件发生后的赔付。

在信用违约互换交易中，违约互换购买者将定期向违约互换提供者支付一定费用（称为信用违约互换点差），而一旦出现信用类事件（主要指债券主体无法偿付），违约互换购买者有权利把债券以面值递送给违约互换提供者，从而有效规避信用风险。信用违约互换产品定义简单，容易实现标准化，交易简捷。

总收益互换（TRS）是指信用保障的买方在协议期间将参照资产的总收益转移给信用保障的卖方，总收益可以包括本金、利息、预付费用以及因资产价格的有利变化带来的资本利得；作为交换，保障卖方则承诺向对方交付协议资产增殖的特定比例，通常是 LIBOR 加一个差额以及因资产价格不利变化带来的资本亏损。

信用价差期权是假定市场利率变动时，信用敏感性债券与无信用风险债券（如国库券等）的收益率是同向变动的，信用敏感性债券与无信用风险债券之间的任何利差变动必定是对信用敏感债券信用风险预期变化的结果。信用保障的买方，即信用利差期权购买者，可以通过购买利差期权来防范信用敏感性债券由于信用等级下降而造成的损失。

2. 组合产品

组合产品指在 CDS 和总收益互换的基础上，采用一组资产或某一指数作为参照资产，投资者的需求，量身定做的受益/风险各异的产品。从是否有本金支持，信用风险是直接转移还是通过 SPV① 转移的角度分类，组合产品可分为以下类型（见表 3 - 8）。

---

① SPV 即 Special Purpose Vehicle。在证券行业，SPV 指特殊目的的载体，也被称为特殊目的机构公司，其职能是在离岸资产证券化过程中，购买、包装证券化资产和以此为基础发行资产化证券，向国外投资者融资。

表 3 – 8   组合产品分类

转移方式	本金支持	无本金支持
信用风险直接转移	信用联结票据（CLN）	CDS 组合
信用风险通过 SPV 转移	担保债务凭证（CDO）	CDO 组合

CDS 组合的基础资产是一个组合，比如由一组企业债为基础资产而形成的债务。由多个 CDS 组成的指数也可算作 CDS 组合。

信用联结票据（CLN）是指同货币市场票据相联系的一种信用衍生品，是普通的固定收益证券与信用违约互换相结合的信用衍生品。信用联结票据的购买者要提供信用保护。一旦信用联结票据的标的资产出现违约，信用联结票据的购买者就要承担违约所造成的损失。信用联结票据的发行者则要保护购买者，向信用联结票据的购买者支付一定的利率。如果违约情况未发生，发行者还有义务在信用联结票据到期的时候归还全部本金；如果违约情况发生，则只需支付信用资产的残留价值。

在这些产品中，交易结构上最具代表性的是 CDO（Collateralized Debt Obligation，担保债务凭证）。

现金型 CDO 有一个现金资产投资组合，其中包括贷款、公司债券、资产支持证券（ABS）或抵押贷款担保证券（MBS）。在该类 CDO 中，发起人将信贷资产的所有权转移给 SPV，利用信贷资产池产生的现金流为 CDO 证券还本付息。

组合型 CDO 是建立在信用违约互换（CDS）基础上的一种 CDO 形式。在该类 CDO 下，信贷资产的所有权并不发生转移，发起人仅仅通过 CDS 将信贷资产的信用风险转移给 SPV，并由 SPV 最终转移给证券投资者。混合型 CDO 是上述两种 CDO 的组合。

CDS 指数家族中也有与 CDO 类似的分层产品。不同之处在于，CDO 的基础证券是一篮子债券组合，而分层 CDS 指数基础证券是一篮子参考实体 CDS 组合，因此又被称为合成型 CDO（Synthetic CDO）。以北美投资级 CDX. NA. IG 指数的分层产品为例，一般被划分为 0 ~ 3%、3% ~ 7%、7% ~ 10%、10% ~ 15%、15% ~ 30% 及 30% ~ 100% 共 6 个层级。

如果发生信用事件，那么 0 ~ 3% 层级投资者首先承担违约损失，超过 3% 的违约损失再由 3% ~ 7% 层级投资者承担，以此类推。假设某 CDX. NA. IG 指数中任一参考实体发生违约损失，且违约回收率为 40%，则 1 ÷ 125 ×

（1－40%）=0.48%倍一篮子名义本金发生损失，其全部由0~3%层级的卖方投资者负责赔偿，所对应的损失率为16%（0.48%÷3%），也就是说，0~3%层级的名义本金损失了16%。

如图3－5所示，根据国际清算银行的统计，2008年以前场外信用衍生品的未平仓合约名义价值呈现逐年上升趋势，2008年年中最高值为68.7万亿美元。2008年金融危机的"罪魁祸首"正是场外信用衍生品，因此，2008年以后场外信用衍生品未平仓合约名义价值总体呈下降趋势。截至2019年年中，场外信用衍生品市场未平仓合约名义价值为8.42万亿美元，占全部场外金融衍生品的比例为1.3%。其中，CDS未平仓合约名义价值为7.81万亿美元。CDS中，单一和组合类未平仓合约名义价值分别占45%和54%；组合类中，指数产品未平仓合约名义价值占比在92%左右。

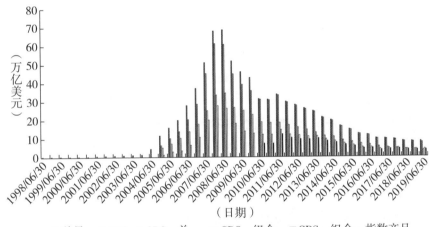

■总量　■CDS　□CDS：单一　□CDS：组合　■CDS：组合：指数产品

图3－5　全球场外信用衍生品未平仓合约名义价值

资料来源：国际清算银行。

第五节　其他衍生品

场内其他衍生品包括波动率指数期货和指数期权、REIT指数期货和通胀指数期货等。根据世界交易所联合会的统计，这类产品2018年总成交量为

3.74 亿张，较 2017 年减少了 13.63%，占所有场内金融衍生品总成交的比例不到 2%（见表 3-9）。其他期权中，芝加哥期权交易所（CBOE）的 VIX 指数（波动率指数）期权交易量约 1.67 亿张，占比约为 92%；其他期货中，VIX 指数期货交易量为 7430 万张，占比约为 39%。

表 3-9   全球场内其他衍生品成交量统计

品种	2017 年（亿张）	2018 年（亿张）	同比变动（%）	交易量占其他类的比重（%）	交易量占比（%）
其他期权	1.97	1.82	-7.80	45.60	0.60
其他期货	2.36	1.92	-18.70	54.40	0.60
总量	4.33	3.74	-13.63	100	1.20

资料来源：国际清算银行。

波动率指数的概念是杜克大学的罗伯特·威利（Robert Whaley）博士创立的，1993 年，威利提出了通过股票期权市场的价格来编制波动率指数的理论，同年，CBOE 开始编制 VIX 指数，最初的 VIX 指数是基于标普 100 指数期权（OEX），通过近月和次近月共 8 个看涨和看跌期权的隐含波动率来预估 30 天的波动率。由于 VIX 指数经常能够预测市场对于未来波动率的预期，并且和股票市场走势存在较为显著的负相关，因此也被称为"市场恐慌指数"。而在 2003 年，CBOE 对最初的指数编制方法进行了修改，同时选择标普 500 指数（SPX）期权为标的，将其作为新的计算基础，又纳入了更多不同执行价格的期权，推出了新的 VIX 指数。

VIX 指数的出现促进了以其作为标的资产的金融衍生品的产生和发展，给予资产管理者更多的投资选择和规避风险的途径。2004 年 3 月以及 2006 年 2 月，CBOE 先后推出了以 VIX 指数作为标的资产的期货合约以及期权合约。除了基于标普 500 的 VIX 指数之外，CBOE 还发布了其他股指类波动率指数，如 NDX 100、Russell 2000、道琼斯工业平均指数等。从 2008 年起，CBOE 陆续推出了原油 ETF、黄金 ETF、欧元货币的波动率指数，2011 年又推出了 6 只 ETF 的波动率指数，进一步拓宽了指数标的范围；同年，CBOE 又发布了第一批基于个股期权的股票波动率指数，分别为苹果、亚马逊、IBM、谷歌和高盛，使得波动率指数的创新进入个股领域。2012 年，CBOE 还推出了基于 VIX 的 VIX 指数，以及美国 10 年期利率互换指数的 VIX 指数。

第四章　从宏观视角分析金融衍生品的功能

金融衍生品自诞生以来，得到了各类机构投资者及个人投资者的广泛使用，充分发挥了其在价格发现与风险管理方面的独特作用，成为全球市场较为重要的投资工具之一。长期以来，对于金融衍生品的研究大量集中于定价原理、套保效率、投资策略等微观层面，而对其宏观效应关注极少。然而，就像微观经济学与宏观经济学的区别和联系一样，大量微观个体交易金融衍生品的行为必然会在宏观层面上呈现一定的规律，而理解、掌握和使用这些规律既可以加深对金融衍生品的认识，也能给宏观经济和金融监管当局的调控行为提供决策参考。

第一节　金融衍生品功能的理论分析

根据经典的金融学理论，金融衍生品的功能主要体现在以下几点。

（1）风险对冲。对冲风险是衍生品最基础的功能。例如，利率市场化背景下，越来越多的市场参与者开始关注并运用利率衍生品管理利率风险。对于债券投资而言，在市场利率走高的情况下，债券市值下跌将影响利润并有可能触及止损线，投资人可以通过利率衍生品进行反向操作以对冲债券价格下跌的市场风险，从而锁定持有期收益，在一定程度上避免由于止损或流动性需求卖出债券的情形。另外，发行固定利息债券或以固定利息贷款方式融资的机构，在市场利率下行时，也可以通过利率互换将固定利率换成浮动利率，从而降低融资成本。

（2）现货替代。衍生品采用保证金交易，较直接投资于标的资产而言成本大幅降低，使得由于各种因素无法参与标的资产市场的投资人得以间接参与投资。同时，通过各类利率衍生品的组合，还可以创造出特定收益和风险组合的金融工具，以达到持有标的资产或参与现货市场的相同目的。

（3）久期调整。金融衍生品具有较低的成本优势和较高的灵活性、流动性，相较于调节资产负债表而言，它为利率风险承担主体提供了更有效、更便捷的久期调整工具。以商业银行为例，利率变动会导致商业银行利率敏感性资产和负债市值波动，带来久期缺口。使用利率衍生品可在没有大幅变动资产负债结构的情况下灵活调整久期缺口，有效降低成本。

（4）价格发现。金融衍生品交易价格集中体现了来自包括套保者、套利者、投机者等各类参与者的行为，包含了对未来市场利率和货币政策走向的预期及供求关系，具有较强的价格发现作用。一方面为市场提供透明、传播迅速的价格信息，另一方面也可为货币政策制定者观测市场并制定政策提供重要的参考。

在这些基本功能的基础上，从经济学的原理出发，还能就金融衍生品的功能进行更深入的理论分析。

首先，物质资料市场的功能是配置实物资源，实现福利和效用的最大化。现代微观经济学所要解决的根本问题是资源的最优配置，即在资源稀缺性和需求无限性的约束之下，如何选择资源配置的最佳方案。理论研究和人类实践已经证明，相较于集中决策的计划经济体制，分散决策的市场经济是更为有效的资源配置方法。在一系列假定的保证之下，完全自由竞争的市场经济能够达到资源的最有效利用并实现一般均衡（瓦尔拉斯均衡），而福利经济学第一定理也证明，一般均衡的实现同时就是帕累托最优的实现。

应该说，一般均衡理论的完全竞争市场假定与现实是有相当大的差距的，但这并不影响人类以此出发深化对经济运行机制的认识，市场这只看不见的手依旧在资源配置中发挥基础性作用。另外一个值得注意的问题是，一般均衡理论实际上描述的是物物交换经济，市场的功能是配置实物资源并实现福利和效用的最大化，尽管这种经济中出现了货币，但货币所起的作用是微不足道的。现代市场经济的实质不是实物经济，而是货币经济，金融市场的出现和发展给资源配置带来更便利的机会。

其次，金融市场的功能是在空间和时间上配置金融资源，以此促进实体经济发展。为了与后文有所区别，这里的金融市场指基础性的现货市场，如信贷市场、债券市场或股票市场等，它是以金融资产为交易对象而形成的供求关系及其交易机制的总和，其功能是在空间和时间上重新配置金融资源。金融市场可以在资金盈余者和需求者之间充当中介，调剂余缺。在一个有效的金融市场上，资金需求方可以很方便地通过直接或间接的融资方式获取资金，而资金供应者也可以通过金融市场为闲散资金找到满意的投资渠道，多样化的融资工具可以满足各种期限、收益、风险的要求。

从金融市场本身看，在完全自由竞争下价格机制可以引导金融资源实现最优配置，令资金盈缺双方共赢。从外溢性看，金融资源的最优配置也必然意味着虚拟经济和实体经济的互相促进、相辅相成。一方面，金融市场按照利率、汇率等价格信号将资金配置到不同行业以推动其发展壮大；另一方面，实体经济在增长、转型和升级过程中也会对金融市场产生新的要求，以此促进金融市场的发展和服务能力的提升。

最后，与前两者类似，金融衍生品市场的功能是配置风险资源，以此增强整个金融体系运行的稳定性。和所有其他金融市场的发展一样，金融衍生品市场的成功发展最终取决于市场参与者如何认识和使用衍生品。衍生品市场的出现起源于人类对于风险规避或管理的需求，其发展依赖于风险计量技术的进步，但其能够存在并壮大的根本原因还在于市场存在着大量对于风险具有不同认识的交易者，风险规避者努力降低风险寻求平均收益，风险偏好者则勇于承担风险寻求超额收益。从这个角度出发，对市场参与者而言，衍生品客观上具备着管理或者转移风险的基本功能。

尽管对衍生品的这一认识并无不妥，但依旧是属于微观层面的，单个交易者的确可以通过转移或者接纳风险以实现交易目的，但此说法未能充分揭示衍生品市场存在的宏观意义。单纯转移既无法消除风险，也无法产生额外的正向溢出，难免会引发衍生品只是简单零和游戏的质疑。

如果我们从物质资料市场和金融市场的基本功能出发，回归经济学研究问题的本原，从宏观上看，金融衍生品市场也承担着资源配置的重任，而这一资源便是风险资源。现代金融理论已经表明，风险也是重要的经济资源，风险意味着获取利润、创造价值的机会。品种丰富的金融衍生品有利于经济体系的参与者将经营活动中面临的各类风险进行分割、剥离和转让，从而根据自己的意愿和能力调整面临的风险，将不擅长管理的风险出售给那些擅长管理此类风险的机构，并且将自己擅长管理的风险控制在能够承受的范围之内。通过衍生品交易，风险资源在整个经济体系中得到合理配置，而这一过程也是帕累托优化的过程：风险规避者因为转出风险而提升了效用，各类风险被有雄厚资本实力和较高风险管理能力的投资者所承担，进而创造出更大的价值，即便风险转化为实际损失也不会影响其正常的经营活动，风险由此被控制在单个投资者内部而不会扩散出去形成系统性风险，这将有利于增强整个金融体系运行的稳定性。

第二节 利率衍生品与货币政策传导

过去几十年，各类利率衍生品的快速发展和逐渐普及是全球金融市场重要的创新点和发展内容之一。发达市场的经验显示，随着产品类型不断扩大，应用策略不断丰富，利率衍生品市场的发展从微观基础上对货币政策利率传导渠道及信贷传导渠道产生了一定的影响。本书拟从利率衍生品的功能及货币政策传导现状出发，从理论上分析利率衍生品影响货币政策传导的机理及其宏观效应。目前，我国的利率市场化还未完全实现，利率衍生品市场的规模及使用程度和发达国家相比存在较大差距，对货币政策传导的影响也极其有限，但对该问题进行前瞻性研究有助于加深对货币政策传导的理解。

一、利率衍生品对经济主体行为的影响

利率衍生品所具有的功能使得它的运用和普及将通过改变经济主体的行为起到提升风险管理能力、降低盈利波动性、提高企业价值等作用，从而影响货币政策传导的微观基础。

（一）利率衍生品可以稳定商业银行信贷增长

信贷资产是商业银行的资产主体，随着利率市场化进程的加快，利率水平的持续波动将给商业银行信贷资产带来更多的利率风险。一方面信贷资产生息能力下降导致净收益降低，另一方面信贷资产市场价值下降导致净资产降低。

传统意义上，商业银行利率风险管理主要采用利率敏感性缺口法和久期缺口管理法两类，在缺乏利率衍生品的情形下，不管是缺口分析法或是久期分析法，商业银行都需直接调整资产和负债规模以规避风险或扩大收益。例

如，当银行存在利率敏感性正缺口（或久期正缺口）时，若预期未来利率上升，为了减小缺口需要提升负债或降低资产，但由于短期内存款存在刚性，银行只能选择收缩信贷或者调整信贷结构（降长增短）。正是由于商业银行在这种情况下需要直接调整资产负债规模和结构，货币政策通过信贷渠道调控商业银行信贷规模是比较直接有效的。因此，面对利率风险的冲击，现有的风险管理技术存在较大的难度，无论是总量的变动还是结构的调整，都存在很高的转换成本和时滞性，不利于信贷水平的稳定。在这样的情况下，使用利率衍生品可以有效稳定商业银行信贷增长。

利率衍生品有助于商业银行提升风险管理水平，从而稳定商业银行信贷供给。首先，利率衍生品便于商业银行对利率风险进行统筹管理，使其在不调整资产负债表的情况下直接调整资产负债的久期，降低利率风险敞口，大幅增加灵活性及商业银行在不利市场环境下的韧性。例如，当商业银行资产负债存在久期正缺口时，若市场利率上升，银行最终的净资产价值将减少，并可能影响资本充足率等监管指标，如通过利率衍生品降低信贷资产久期对冲利率风险，衍生品投资收益可弥补银行的损失，使其抗风险能力大幅增强，信贷规模得以平稳增长。其次，利率衍生品的运用有助于久期缺口管理法得以更好地发挥其功能，从而促进商业银行风险管理模式从利率敏感性缺口法逐步过渡到久期缺口管理法，也有利于商业银行在信贷投放的期限选择上可以更为灵活。最后，利率衍生品可以使商业银行提前锁定未来的利率水平，从而有效管理短期和中长期的利率风险，减少现金流的波动，并可通过对利率的方向性交易提升盈利能力，进一步扩充净资产，促进信贷规模的增长。

利率衍生品有助于商业银行信贷供给方式的多元化。利率衍生品不仅为商业银行进行期限结构调整及资产负债管理提供有效工具，还可增加多元化的信贷供给方式，使其在信贷投放活动中更具主动性。例如，根据实际需求定制未来现金流，通过利率期权的组合实现为企业融资的目的，或通过向客户提供企业发债＋利率衍生品的配套服务，帮助企业在资本市场进行融资，这些多元化的信贷供给方式使得即使市场利率环境较不理想，企业仍可锁定资金成本进行融资，由此拓宽银行业务来源，进一步提升盈利能力，信贷规模随之提升，最终形成良性循环。

国外已有实证研究对利率衍生品促进商业银行信贷增长这一观点进行了

证实。Moser 等（2017）研究验证了 1996—2004 年美国银行的衍生品使用与其商业和工业贷款组合增长之间的直接关系。银行样本包括截至 1996 年 3 月的 FDIC（美国联邦储蓄保险公司）承保的总资产超过 3 亿美元的商业银行，样本范围从 1996 年 3 月的 942 家银行到 2004 年 12 月的 467 家银行，在此期间银行使用利率衍生品的名义金额从 27.88 万亿美元增加到 62.78 万亿美元。结果显示商业银行工业贷款增长与利率衍生品的使用呈显著正相关，其中期权、远期和期货的系数均为正并具有统计显著性。此外，Brewer 等（2000）、Moser（2001）、Purnanandam（2007）也分别对 1985—2003 年不同时期美国商业银行的数据进行了检验分析。这些实证研究表明：①利用衍生品的银行在信贷管理中存在更高的效率，且信贷质量更高；②利率衍生品降低了商业银行面临利率变化时的系统性风险，使银行能够在不提高总风险水平的情况下增加贷款活动，从而提升了银行提供更多中介服务的能力；③衍生工具的使用，特别是利率期权、利率期货和利率远期与商业和工业贷款的较高增长率呈正相关，即衍生品合约和贷款是互补的活动；④大型银行机构比小型银行机构更倾向于充分利用衍生品；⑤利率衍生品的使用使银行在宏观经济的影响下，仅对自身的经营策略进行小范围调整，减少了因存贷款需求期限不匹配时所需的调整给银行带来的昂贵成本。

（二）利率衍生品可以稳定实体企业信贷需求

利率衍生品主要从锁定融资成本和减小企业利润波动两个方面对实体企业信贷需求产生稳定作用，以此来提升经营稳定性。

（1）锁定融资成本。实体企业在经营活动中需要通过银行贷款、发行债券和股票等方式进行融资，面临的利率风险主要来源于利率变化造成实际融资成本高于预期而遭受损失的可能性。在缺乏利率衍生品的情形下，实体企业往往被动承担风险，不仅盈利波动性较大，在利率上升通道下也容易面临再融资困境，极端情形之下还可能导致资金链断裂或破产风险。利率衍生品可帮助企业锁定融资成本，降低利率上升带来的还本付息的压力，稳定信贷需求。例如，对于已经发行的浮息债或已经提款的浮动利率贷款，当利率处于上升通道时，及时通过利率互换交易将浮动利率转为固定利率；或者如果企业预期未来利率可能走高，可通过利率期货提前锁定未来的融资利率至预期水平。

（2）提升经营稳健性。对实体企业来说，利率风险管理的意义还体现在稳定现金流，减少企业利润波动，提升经营稳健性，从而提高企业盈利能力，增加市场价值。特别是杠杆率较高的企业，其债务规模较大，资金回笼周期较长，净利润对利率变化更为敏感，融资成本上升导致净利润下降，企业信用风险增大，企业融资能力将大幅受限。合理运用利率衍生品有利于企业增强自身承担债务的能力，从而缓冲政策因素对其融资行为可能带来的影响。2017年万科地产和龙湖地产在利率上升通道中提前对冲利率风险的成功实践为我们提供了非金融企业使用利率衍生品的案例。2017年美联储进入加息通道，离岸债务规模较大的房地产行业利息支出大幅增加，根据海外上市的中资房地产公司年报中披露的利率风险敏感性分析显示，利率上升100bps，大部分公司全年税后利润下降幅度为2%~4%，而万科地产和龙湖地产由于事先使用了利率互换去修正借款利率，利率风险对其净利润的负面影响大幅降低，万科地产在利率上升50bps的情景下，全年税后利润下降不到0.5%，龙湖地产在利率上升200bps的情景下，公司利润反而小幅增加。①

二、利率衍生品对货币政策传导的影响

依据利率衍生品的功能及其对经济主体行为的影响，利率衍生品会从两个方面影响货币政策的传导效应。一方面，利率衍生品价格能快速、高效反映市场信息，提升货币政策的传导效率；另一方面，在不影响货币政策整体执行效果的前提下，经济主体利用利率衍生品管理风险能减缓紧缩性政策带来的冲击。

（一）货币政策传导渠道中与利率衍生品较为相关的是利率渠道与信贷渠道

货币政策传导机制是指中央银行根据货币政策最终目标，运用货币政策工具，通过金融机构的经营活动和金融市场的传导功能，影响企业和居民的生产、投资及消费等行为，最终对需求产生影响的过程。货币政策的传导渠

---

① Kristy Hung, Patrick Wong. China Developers' Profit Squeeze From Rising Rates [R]. Bloomberg Intelligence, 2018-05-25.

道主要有信贷传导、利率传导、资产价格传导、汇率传导和预期传导，与利率衍生品较为相关的是利率传导渠道与信贷传导渠道。

利率传导渠道主要通过利率变化影响企业的投资以及居民的消费，进而影响社会总产出。中央银行通过调整政策利率，影响货币市场短期利率，金融机构相应调整存贷款利率，影响企业和居民的投资及消费传导行为，从而对实体经济产生作用。在市场经济发展比较完善，金融市场较为发达的条件下，利率传导渠道是货币政策的主要传导渠道。

信贷传导渠道的运行机制是货币政策工具作用于商业银行流动性，影响商业银行信用供给，从而对实体经济活动发挥作用。信贷传导渠道包括银行信贷传导渠道和资产负债表传导渠道，分别对应信贷供给和信贷需求两端。银行信贷传导渠道指在银行贷款与债券和股票不可完全替代时，通过货币供给变化影响商业银行信贷供给，从而进一步影响投资和消费需求的货币政策传导机制。资产负债表传导渠道指货币政策通过多种渠道影响企业的资产负债表及融资担保品价值，企业财务状况发生变化，从而影响授信条件及可贷款规模，进而影响投资支出和总需求。

从现实各国中央银行的货币政策传导实践看，美国是典型的以利率传导渠道为主的国家。联邦公开市场委员会（FOMC）通过定期举行会议制定有关公开市场操作的政策，并确定作为政策利率的联邦基金利率水平。随后，美联储通过运用存款准备金率、再贴现政策和公开市场业务等货币政策工具，促进目标联邦基金利率得以实现，并将变化逐步传导到其他中介指标，如中长期利率、货币供应量等，最终实现通胀目标。

当前，我国货币政策体系以间接调控为主，主要运用公开市场操作、存款准备金率、利率、再贷款和再贴现等间接调控工具来实现货币政策目标，并已初步形成中央银行→货币市场→金融机构→企业（居民）的传导体系。由于我国金融体系以商业银行为核心，间接融资比重远高于直接融资比重，因此货币政策传导机制长期以信贷传导渠道为主。但近年来，随着利率市场化改革的大力推进，以利率为核心的价格型目标在中介目标体系中的作用增强，调控方式正逐步从偏重数量型工具向更多运用价格型工具转变，货币政策传导渠道也逐步从以信贷传导渠道为主向信贷传导渠道与利率传导渠道并重过渡，并将逐步过渡到以利率传导渠道为主。

（二）利率衍生品市场能快速高效地反映政策信息，提升货币政策的传导效率

一方面，利率衍生品促进了价格发现，且大多为交易远期价格，使其较基础资产或现货市场更容易快速形成市场价格信号。例如，国债期货采用价格报价、价格连续、公开透明、实时向全社会发布，这种机制提升了国债市场的透明度和影响力。国债期货价格能快速、高效地反映市场信息，债券投资者将其作为重要的定价参考，股票、商品市场参与者在进行投资和交易决策时把它作为重要的金融市场指标，境外投资者也将国债期货作为观察我国金融市场风向的重要指标。因此，利率衍生品有助于货币政策更快速、及时地向全市场传递，通过各种利率类型或各期限资产之间的杠杆套利，贷款利率与货币市场利率之间的联系也将更加紧密，从而提升货币政策在利率传导渠道中的效率。

另一方面，完善的利率衍生品体系有助于健全基准收益率曲线，为中央银行观测政策实施效果提供平台。基准收益率曲线反映了无风险资产的利率水平和市场状况，不仅能为一国金融体系提供基础性的市场化定价参考，而且可以成为一国经济和金融运行状况的指示器。国债期货投资者的套利、套保交易增加了市场对现货交易的需求，能够盘活国债现货市场的存量债券，从而提高国债市场的流动性和定价效率，进而使收益率曲线的形成更为准确。构建完善的国债期货产品体系，则能健全一整条期限完整的国债收益率曲线，这将缩短央行货币政策从短期到中长期的传导过程，提高传导效率，同时，央行可以借助利率衍生品市场价格观测政策实施效果并及时进行微调。我国国债期货推出前后短期市场利率对国债收益率影响的实证研究结果①显示，国债期货推出以后，短期市场利率的变化对中长期国债收益率的冲击力度有所加大，持续时间有所拉长，与国债期货上市前相比，短期市场利率的变化对中长期国债到期收益率波动的贡献显著提高。

（三）在不影响货币政策整体执行效果的前提下，经济主体利用利率衍生品管理风险能减缓紧缩性政策带来的冲击

中央银行的货币政策一般是逆周期调节的，当经济过热时会收紧银根并

① 见《国债期货在货币政策利率传导中的作用》，作者系吴长凤，鲍思晨，郭孟旸。

推动资金成本上升，从而压缩总需求。根据前文的分析，在存在利率衍生品的条件下，其运用和普及将通过改变经济主体的行为影响货币政策传导效果。一方面，利率衍生品提高了商业银行的利率风险管理能力，稳定了信贷增长，增加了金融资产的替代性和流动性，使得信贷供给方式更加多元化，对冲了货币政策信贷渠道的传导效果。另一方面，在利率上升时，利率衍生品可帮助企业降低资金成本，提升经营稳健性，从而稳定信贷需求。值得注意的是，这里稳定的主要是存量贷款的需求以及还本付息压力，对于新增贷款而言，紧缩性货币政策仍会使企业面临更高的财务成本，进而压缩其投资需求，因此，即使存在利率衍生品，也不影响货币政策整体执行效果。

三、结论及政策建议

从理论上看，利率衍生品通过影响微观主体的投融资行为及经营模式，从而对货币政策利率及信贷传导渠道产生两方面的影响：一是提升货币政策传导效率；二是在不影响货币政策整体执行效果的前提下，能减缓紧缩性政策对经济主体的冲击。根据以上分析，提出以下政策建议。

持续完善我国利率衍生品体系。目前我国较为成熟的利率衍生品主要为利率互换和国债期货两类，在产品类型方面仍有较大发展空间。如国债期货市场目前仅覆盖了 2 年期、5 年期、10 年期三个期限品种，仍需填补短期及长期两端的空白以及相应的国债期权。产品的特征决定了各自的功能，因此在成熟的利率衍生品市场中，有丰富的产品线，使得产品之间得以互相补充，场内市场及场外市场协调发展。

加强对利率衍生品与货币政策传导关系的前瞻性研究。当前，我国利率衍生品市场规模较小，投资者类型也较为单一，对货币政策的影响极为有限。但随着商业银行和保险机构逐步参与国债期货市场，应前瞻性地研究和考察利率衍生品对货币政策传导渠道可能产生的影响，持续加深对该问题的认识。

第三节　外汇衍生品的宏观效应

20 世纪 70 年代布雷顿森林体系瓦解，国际货币体系重塑，随着浮动汇率制的实施，市场微观主体面临的风险因素大幅增加。1972 年，美国芝加哥商品交易所（CME）推出了全球第一个外汇期货交易品种，此后外汇衍生品市场得到了迅速发展。根据国际清算银行的统计，2019 年场内和场外外汇衍生品市场日均成交额（net－net base）① 分别高达 1640 亿美元和 4.6 万亿美元，相较于 2004 年均翻了约 3.5 倍。外汇衍生品市场得到蓬勃发展的主要原因是其所具备的风险管理功能满足了微观主体风险管理的迫切需要，同时，外汇衍生品具有低成本、高效率的特点，因此在风险管理功能的基础上，价格发现功能也不断被强化。

各界对外汇衍生品微观功能的作用已经形成了共识，但对外汇衍生品宏观效应的研究相对较少。本文试图通过文献梳理、案例和实证研究，来分析外汇衍生品的宏观效应。

一、影响外汇衍生品发展的宏观因素分析②

（一）外汇衍生品与经济发展水平的关系

Upper 和 Valli（2016）与 McCauley 和 Scatinga（2011）有关新兴市场国家衍生品市场发展状况的实证研究用人均 GDP 来衡量经济发展水平。他们发现，一国人均 GDP 越高，外汇衍生品和全部外汇工具的日均成交额越大。他们对此给出的解释是一国人均 GDP 越高，该国发展水平越高，其金融市场的发达程度也越高，因而更需要外汇衍生品的交易功能。

采用国际清算银行每三年一次的中央银行问卷调查以及世界交易所联合会的统计数据，用全世界 53 个国家和地区 2019 年 4 月的外汇衍生品日均成交额数据（net－gross base）和 2018 年这些国家的人均 GDP 数据直接进行横截面回归。两个值均取对数后进行回归得到显著的回归结果，人均 GDP 每增加

---

① 根据国际清算银行数据统计口径说明，衍生品统计数据分为三类：原始统计数据是双边成交额，称为"gross－gross base"，在此基础上，计算各个国家和地区的成交额时，将两个位于同一个国家的主体上报的两笔相同的交易除以 2，然后从"gross－gross base"数据中减去所得的数据，以得出剔除国家和地区内重复计算的"net－gross base"数据。同样，在"net－gross base"基础上，减去位于不同国家和地区的两个主体上报的两笔相同的交易除以 2，剔除不同国家之间的重复计算，得到"net－net base"数据，即全球的日均成交额。

② 由于部分计量检验结果不是很理想，此处删除图形和具体计算结果数值，只做结果说明。

1 美元，外汇衍生品的日均交易规模增加 116 万美元。

（二）外汇衍生品与进出口贸易额的关系

随着进出口贸易额的增长，经济主体对外汇衍生品的需求将越来越大。国际贸易是两个使用不同货币的国家市场主体之间进行的交易，汇率风险会明显影响国际贸易主体的利润，从而引发市场主体对汇率风险管理工具的需求。使用各国外汇衍生品日均成交额与世界贸易组织（WTO）公布的 2018 年年底各国贸易额进行回归，发现贸易额与衍生品成交额存在线性正相关的数量关系，贸易额系数边际显著（$P=0.047$），常数项系数不显著。从回归结果来看，一国外汇衍生品的日均成交额大约是全年贸易额的 1.35 倍。

（三）外汇衍生品与汇率波动的关系

理论上看，一国汇率波动水平越高，越需要汇率风险管理工具。但使用外汇衍生品日均成交额与各国最近一年兑美元汇率的年化波动率进行回归，结果不显著，取对数后结果也不显著。这可能是因为不同的国家和地区汇率制度不同，这 53 个样本中有多个国家和地区是离岸金融中心（如英国、中国香港、迪拜和新加坡），其本币兑美元的波动有限。港币是联系汇率制，但其外汇衍生品日均成交额却很大。与此同时，部分已实施浮动汇率制的新兴市场国家（如阿根廷）的汇率波动虽大，但其金融基础设施的建设仍然落后，经济贸易的发达程度、金融市场发达和开放程度仍十分有限，因此外汇衍生品成交量也有限。2019 年国际清算银行对不同货币外汇工具日均成交额的统计结果也表明，日均成交额排名前 10 的货币中除了排名第 8 位的人民币是发展中国家货币之外，其余货币均为发达国家和地区的货币，而发达国家和地区的货币汇率与实施浮动汇率制的新兴市场国家货币的汇率相比，波动普遍较小（见表 4 - 1）。

表 4 - 1　　　　　　　　外汇工具日均成交额排名前 10 的货币

货币	日均成交额（亿美元）
USD	58190
EUR	21290
JPY	11080
GBP	8440

续表

货币	日均成交额（亿美元）
AUD	4450
CAD	3320
CHF	3270
CNY	2840
HKD	2330
NZD	1360

资料来源：国际清算银行。

然而，部分新兴市场国家，如印度、巴西和俄罗斯等国也建立了外汇衍生品市场，尤其是强大的场内外汇衍生品市场来应对其汇率的大幅波动。黎琦嘉（2015）对俄罗斯外汇期货市场的研究表明，外汇风险一直以来都是困扰俄罗斯经济发展的突出问题，俄罗斯在构建外汇期货市场的过程中，充分考虑本国国情的特殊性，并以此为导向设计外汇期货合约和交易制度，提高外汇期货市场服务实体经济的水平。俄罗斯外汇期货市场不仅成为实体经济管理外汇风险的主要渠道，满足了实体经济特殊的风险对冲需求，而且为提高本土市场汇率定价权作出了贡献。

（四）外汇衍生品与金融市场开放程度的关系

Garner（2017）对亚太地区国家外汇衍生品发展影响因素的研究表明，尽管在亚太地区新兴市场国家中外国投资者的参与度相对发达国家仍然偏低，但外国投资者（非居民）持有的本国债券的增加往往与该国外汇衍生品交易额的增长有关。外国投资者有对冲与其债券持有相关货币风险的需求，即使是持有至到期的投资者，"覆盖策略（Overlay Strategy）"[1] 的使用也已经较为普遍，因此仍然会产生对冲利率和货币风险的需求。反过来，外汇衍生品市场越发达，越有利于促进外国投资者进行现货交易。

使用各国外汇衍生品日均成交额与国际货币基金组织公布的 2018 年年底

---

① 发达国家资产管理行业使用衍生品（包括外汇、利率和股指衍生品）对冲投资组合风险，而无须大规模调整资产配置的一种策略。

各国外国投资者持有本国债券的金额进行回归，发现其与衍生品日均成交额存在线性正相关数量关系，境外主体持有该国债券的金额系数显著，常数项系数不显著。从回归结果来看，一国外汇衍生品的日均成交额大约是外国投资者（非居民）持有的本国债券金额的 1/5。

（五）外汇衍生品与一国融入全球经济体系程度的关系

融入全球经济体系程度更高的经济体可能会有更多的跨境资本流动、外国资产及负债，因此无论是出于风险管理的对冲目的还是出于交易目的，对外汇衍生品的需求都将相应增加。

Upper 和 Valli（2016）用外币资产和外币负债水平来衡量一国融入全球经济体系的程度，并研究其与外汇衍生品成交的关系。外币负债水平越高，国内借款人对外汇风险管理的需求就越高，而外币资产水平与外汇衍生品的关系则略复杂。一方面国内投资者持有外币资产的目的可能就是规避本币汇率（贬值）风险，而这与外汇衍生品的交易量无关，某种程度上还抵销了外汇衍生品的对冲需求；另一方面外币资产投资者也可能希望对冲外币汇率波动的风险，这与外汇衍生品的交易量相关。综合考虑，分别用外币资产、外币负债，外币资产与外币负债的总和同外汇衍生品日均成交额进行回归，发现这三个变量系数均显著，常数项均不显著。一国外汇衍生品的日均成交额大约与外币资产与外币负债的总和相等。

Lane 和 Milesi - Ferretti（2006）、Quinn 等（2011）也用资本流动水平来衡量一国融入全球经济体系的程度，但一个国家不同时期资本流动水平受多种因素的影响，波动较大，因此这是一个有争议的衡量方式。澳大利亚联储的研究表明，高资本流动水平与高外汇衍生品成交额相关联的现象在亚太地区一直存在，但如果观察全球所有国家，这一现象在 2009 年后就不再显著了。综合考虑，采用 TRADINGECONOMICS. COM 网站测算的 2018 年年底各国资本流动额中位数来粗略衡量一国资本流动的固有水平，并与外汇衍生品日均成交额进行回归，发现其系数显著，常数项系数不显著。一国外汇衍生品日均成交额约为资本流动额中位数的 3.9 倍。

最后使用上述所有对外汇衍生品成交额有显著影响的宏观因素变量与外汇衍生品成交额进行多元回归。由于资本流动水平中位数、外币资产与外币负债之和，以及外国投资者持有本国债券金额这三个变量相关系数较高，全部放入方程回归将存在严重的多重共线性问题，因此仅保留对外汇衍生品成交影响机制最清晰的外国投资者持有本国债券金额这一变量进行回归。结果发现，除了人均 GDP 变量变为边际显著（10% 置信区间）之外，其余变量均仍然保持显著（见表 4-2）。

表 4-2　　　　　　　　　　　　多元回归结果

变量（均取对数）	系数	标准误	t 统计量	P 值
常数项	-12.4491	2.4937	-4.9923	0.0000
人均 GDP	0.3750	0.2160	1.7362	0.0891
贸易总额	0.8118	0.1957	4.1484	0.0001
外国投资者持有本国债券的金额	0.6766	0.1516	4.4621	0.0001

注：调整后 $R^2 = 73.3\%$。

二、外汇衍生品的宏观效应及其国际经验

（一）外汇衍生品有利于稳定国内价格水平

发达的外汇衍生品市场可以通过缓冲外部冲击来稳定国内价格水平。通货膨胀除了受到国内因素的影响外，还会受到汇率变动等外部因素的冲击。当一国汇率下降时，其进口产品价格将会上涨，进而导致国内物价水平上升，形成输入型通胀。张伟等（2017）指出，当外汇衍生品市场足够发达时，市场主体可以通过外汇衍生品市场来对冲汇率波动风险，减少汇率波动对进口产品价格的影响，削弱输入型通胀对货币政策调控的影响。具体而言，如果外汇衍生品市场较为发达、市场参与者理性，并且能够充分利用外汇衍生品市场对冲其所持有的外汇头寸风险，那么当本币贬值时，汇率风险在短期内被外汇衍生品市场对冲。国内厂商由于进口产品价格变动带来的生产产品价格方面的损失可以由外汇衍生品套期保值抵销，减少厂商实际生产成本的变化，因而厂商在短期内不会提高出厂产品价格以转移生产成本。即使外汇市场中的汇率出现较大波动，短期内也不会导致实体经济中物价水平出现跟随性波动。如果外汇市场中汇率冲击是持久的，由于外汇衍生品市场的缓冲作用，实体经济中物价水平也会在一定时间后才作出响应。

（二）外汇衍生品有利于提升货币政策操作主动性

外汇衍生品市场发展程度较低时，对冲汇率风险的功能难以满足市场需求，贸易部门对外贸易产生顺差或者逆差会导致其持有外汇多头或者空头头寸。如果无法对冲，企业会选择立即结汇或购汇，将头寸转移到商业银行。而当商业银行也无法对冲汇率风险时，又会向央行结汇或购汇，导致央行被迫释放或收缩流动性，从而引起市场利率变化。如果外汇衍生品市场较为完善，企业在短期内可以通过外汇衍生品市场对冲汇率风险，商业银行同样可以对企业转移过来的头寸进行对冲，因而向央行了结头寸的意愿降低，这样就有利于增强央行货币政策操作的主动性，减少流动性的被动投放。

（三）外汇衍生品市场可为央行决策提供信息并丰富央行货币政策公开市场操作工具

美联储通过监控外汇期货合约来确认即期汇率是否存在前瞻变化的可能性。英美货币当局已把外汇期权持仓对比等指标纳入危机预警指标体系进行观察，而日本央行则积极利用外汇期权隐含波动率的信息来调整货币政策。

同时，相对于直接在现货市场进行操作，央行运用衍生品进行调控，交易成本较低且执行便利，不需要立刻动用外汇储备，也不会对本外币供给造成影响。使用衍生品作为政策工具能够起到类似于冲销干预的效果，但不会像冲销干预那样涉及外汇与利率现货市场的频繁操作。瑞士、巴西等一些国家的中央银行都曾经或正在把外汇衍生品作为公开市场的操作工具。以巴西为例，在过去几年里，外汇互换一直是巴西央行干预汇率频繁使用的工具。2013年5月以来，受美联储缩减QE（量化宽松政策）的预期和新兴市场资金外逃等利空因素打压，包括巴西在内的新兴市场国家货币纷纷跳水，为挽回雷亚尔颓势，巴西央行在2013年8月22日宣布投入巨额外汇储备干预市场，在年底前向外汇市场至少注入600亿美元，以外汇互换拍卖和抛售美元回购巴西雷亚尔的方式提供对冲和流动性。而瑞士政府因为财政赤字小，国债存量有限，央行缺乏短期政府债券工具，外汇互换已经成为调节银行体系流动性的常用工具。

（四）外汇衍生品市场有利于金融稳定

澳大利亚联储对亚太地区外汇衍生品市场的研究结论表明，高流动性、低交易成本的外汇衍生品市场，结合适当的风险管理实践有助于限制系统性风险的累积。Sinha 和 Sharma（2016）对印度商业银行使用衍生品的情况进行了实证分析，发现使用衍生品的银行规模普遍较大、利润率和资本充足率较高，使用外汇衍生品的银行汇率风险敞口明显下降，显著降低了系统性风险。

市场参与者使用外汇衍生品也可以降低整体系统性风险的积累。Avalos 和 Moreno（2013）对智利做了案例研究，发现有深度和流动性的外汇衍生品市场使得市场参与主体能够在事前更好地管理汇率风险，有效缓解了金融危机期间外汇市场压力。Dodd 和 Griffith – Jones（2007）、Garcia 和 Volpon（2014）对巴西外汇市场的研究发现，较为发达的外汇衍生品市场通过提供廉价、透明、流动性强的交易工具，帮助巴西抵御了多次金融危机的冲击，包括 1997 年亚洲金融危机和 2008 年的全球金融危机。

三、当前中国外汇衍生品市场的发展情况

（一）人民币外汇衍生品市场现状

外汇市场分为在岸市场和离岸市场，每个市场又可以分为交易所市场和场外市场。当前我国在岸外汇衍生品没有场内交易所市场，只有场外交易市场。场外交易市场可分为银行对客户（柜台交易）市场和银行间外汇市场。银行柜台交易主要是银行或者其他金融机构与客户间进行的基于人民币的外汇衍生品交易，其主要业务包括 1997 年推出的人民币远期结售汇业务、2005 年推出的银行与客户间的人民币掉期业务和 2011 年推出的人民币对外汇的货币期权。2005 年汇改以来，我国银行间外汇市场陆续推出了一系列衍生品。2005 年 8 月 8 日，《中国人民银行关于加快发展外汇市场有关问题的通知》正式发布，据此银行间外汇市场推出了远期外汇合约。2006 年 4 月推出人民币外汇掉期交易，2007 年推出人民币外汇货币互换（人民币对外币的交叉利率互换[①]），2011 年推出人

[①]　在国际清算银行的统计口径中，人民币对外币的交叉利率互换属于"货币互换（Currency Swap）"。

民币对外汇期权。

根据国际清算银行 2019 年 4 月的统计显示，按日均交易额排名，人民币是第 8 大交易活跃的货币。人民币外汇市场日均交易额（net-net base）为 2888 亿美元，在全球交易量中的占比为 4%。其中，场内外汇期货和外汇期权日均交易额为 48 亿美元，场外外汇工具（包括即期交易和衍生品）交易额为 2840 亿美元。我国在岸外汇市场日均交易额（net-gross base）为 1360.16 亿美元，其中即期交易额①433.02 亿美元，衍生品交易额 927.14 亿美元，在国际清算银行统计的 53 个国家中排名第 9 位。

根据外管局公布的中国外汇市场交易概况，2018 年，中国外汇市场（统计口径仅限于人民币对外汇交易，不含外汇之间交易，下同）总计成交 29.06 万亿美元。其中，银行对客户市场成交 4.22 万亿美元，占比 14.52%，银行间市场成交 24.84 万亿美元，占比 85.48%。按工具类型分，即期交易成交 11.06 万亿美元，占比 38.06%；外汇衍生品成交 18 万亿美元，占比 61.94%。外汇衍生品成交额是即期成交额的 1.63 倍，而国际清算银行统计的 53 个国家和地区该数值的中位数为 3.11，这说明我国外汇衍生品市场规模相对即期市场规模仍偏小（见表 4-3）。

表 4-3 　　　　　　　**2018 年中国外汇市场成交额**　　　　　　单位：万亿美元

品种	总成交额	银行对客户市场 日均成交额	银行间外汇市场 日均成交额
即期	11.06	3.43	7.63
远期	0.54	0.45	0.09
外汇和货币掉期	16.61	0.10	16.51
场外期权	0.85	0.24	0.61

（二）我国外汇市场的主要短板在于没有本土场内外汇衍生品市场

我国在岸外汇衍生品市场的成长速度是全世界最快的。根据国际清算银行的统计，2007—2019 年，我国外汇衍生品成交额翻了 98.3 倍，年复合增长率高达 46.6%，高于排名第 2 的巴西 19.8 个百分点，所有参与调查国家和地区年复合增长率平均值和中位数仅分别为 12% 和 9%（见图 4-1）。

---

① 包括少量的除了人民币之外的外币之间的现货交易。

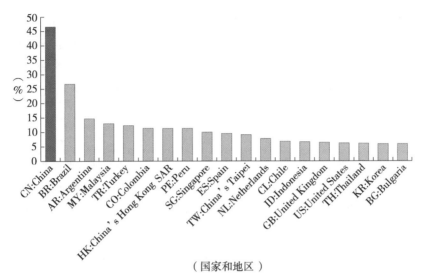

图 4 - 1 部分国家和地区外汇衍生品日均成交额年复合增长率

资料来源：根据国际清算银行数据测算。

如果按外汇衍生品日均成交额排名，我国当前排名世界第 9，也很靠前（见图 4 - 2）。

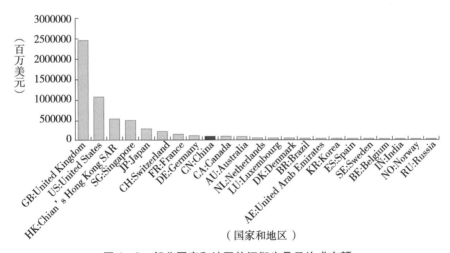

图 4 - 2 部分国家和地区外汇衍生品日均成交额

资料来源：根据国际清算银行数据测算。

然而，如果按外汇衍生品日均成交额相对外币资产和外币负债总和（类似外汇衍生品覆盖率的概念）来计算，2018 年我国为 5.5%，土耳其、俄罗斯和巴西覆盖率均在 10% 以上。如果按外汇衍生品日均成交额相对贸易额（外汇衍生品对贸易的覆盖率）来计算，我国仅为 3.7%，而其他发展中国家，巴西达到 17.6%，印度和俄罗斯的覆盖率在 6%~8%，智利、哥伦比亚和泰国也排在我国前面。我国外汇衍生品日均成交额虽然增长迅速，在世界上排名较靠前，但是和我国的贸易规模和融入全球经济体系的程度相比仍不相匹配。

更重要的是，我国外汇衍生品市场存在结构严重不均衡的问题，在岸外汇市场没有场内外汇衍生品。根据世界交易所联合会统计，2018 年在外汇场内金融衍生品交易量排名前 10 的交易所中，除了美国的 CME、迪拜和新加坡两个离岸中心的交易所之外，其他 7 个交易所均在新兴市场国家。俄罗斯、土耳其、巴西、印度、韩国、南非等新兴市场国家均已实行浮动汇率制，汇率市场化的程度较高，因此对低成本高流动性的外汇风险管理工具的需求较高。其中，巴西场内外汇衍生品日均成交额甚至大于场外外汇衍生品日均成交额（见表 4-4）。

表 4-4　　　部分国家场内和场外外汇衍生品日均成交额对比　　　单位：亿美元

国家	场外外汇衍生品日均成交额	场内外汇衍生品日均成交额
巴西	117.93	303.92
印度	211.55	80.49
韩国	356.29	29.03
俄罗斯	241.33	22.10
土耳其	133.91	3.68
美国	8943.46	1592.58
南非	181.62	2.98

资料来源：国际清算银行、世界交易所联合会。

对比韩国、巴西、印度和俄罗斯等国与我国外汇衍生品市场结构的区别，不难发现我国主要缺乏场内外汇衍生品市场，这是我国外汇衍生品市场发展水平与其他发展指标不相匹配的重要原因。

当前，人民币场内外汇衍生品成交额全部来自离岸市场。现在有场内人民币外汇衍生品上市的交易所共 12 家，包括美国芝加哥商品交易所（CME）、新加坡交易所、新加坡亚太交易所、ICE 新加坡期货交易所、中国香港地区的香港交易所、中国台湾地区的台湾期货交易所、韩国交易所、伊斯坦布尔交易所、南非约翰内斯堡证券交易所、迪拜商品交易所、巴西商品期货交易所和莫斯科交易所。这些交易所中，部分人民币外汇衍生品的日均交易量已经较大，并且还在持续增长。

四、主要结论与政策建议

当前我国 GDP 总额、进出口贸易额排名均靠前，人均 GDP 突破一万美元，正处于迈向高收入国家的时期，经济领域已经全面对外开放、融入全球体系，金融行业和金融市场的对外开放进程也不断加快，人民币国际化进入新阶段，并为全球提供了"一带一路"倡议和亚投行等解决方案。然而，我国至今仍没有本土场内外汇衍生品市场，这与我国目前的开放形势不相匹配。同时，从宏观效应来看，外汇衍生品对货币政策操作和金融稳定都有积极正面的作用，也有助于应对汇率波动，满足实体经济的避险需求，巩固本土汇率定价权。综上所述，随着我国经济和金融领域对外开放的不断深化、汇率波动程度的增加，大力发展本土场内外汇衍生品市场是题中应有之义，对此提出以下三点政策建议。

（一）顺应经济和金融领域全面对外开放的大趋势，巩固人民币汇率本土定价权，上市外汇期货

我国在贸易领域已经全面融入全球体系，金融领域对外开放步伐也不断加快，未来境外投资者参与国内资本市场限制有望进一步放宽，额度规模也有望扩大。为了与经济金融领域全面对外开放的大趋势相适应，我国汇率市场化改革的方向也是增强汇率弹性，逐步扩大波幅，人民币汇率双向波动预期将越来越强，波动幅度将越来越大。我国的贸易和金融领域市场参与主体的外汇避险需求都将不断上升，由于境内没有外汇期货市场，部分场外市场无法满足要求的避险者将其需求全部转向境外人民币离岸中心。

离岸中心成交额的提升虽然扩大了人民币的使用范围，但也带来了人民币定价权旁落的隐忧。鉴于此，应尽快在国内上市外汇期货，构建结构均衡、成熟完善的外汇市场，使之与我国经济金融领域对外开放的步调相一致，满足实体经济的避险需求，巩固境内的人民币汇率定价权。

（二）将外汇衍生品纳入央行货币政策的视野

由于外汇衍生品有利于稳定国内价格水平和提升货币政策操作的主动性，越来越多国家的货币当局已经将外汇衍生品的相关信息纳入监测指标体系或使用外汇衍生品进行公开市场操作，并取得了良好的效果。因此，建议我国央行也将外汇衍生品市场纳入货币政策的视野之中。具体来看，一方面，可

学习英美和日本的经验，在央行调查统计或金融市场运行情况月报中加入外汇市场运行情况监测。通过长期动态监测外汇即期和衍生品市场的相关数据指标以及不同指标之间的联动，为央行货币政策的制定和金融稳定的监测提供更多有益信息。另一方面，可学习巴西和瑞士经验，研究将外汇衍生品纳入央行货币政策操作的工具箱，与其他工具协同操作，发挥其在维护币值稳定、缓解系统性风险等方面的积极作用，更好地实现货币政策目标。

（三）加强对外汇衍生品市场的监测与管理

我国的场外外汇衍生品市场起步虽晚，但发展迅速，日均成交量的年复合增长率居全球第一。然而，场外金融衍生品也具有缺乏透明度、结构复杂和流动性相对较差等缺点。建议加强场外外汇衍生品市场的透明度，提升信息披露要求，完善交易统计报备制度，继续扩大中央对手方清算交易占比，向国际最佳实践看齐。各监管机构之间应加强沟通协调，树立金融市场整体观，搭建监管信息交流与协作平台，建立并完善风险监测预警指标体系，更好地防范金融风险，服务实体经济。

第四节 波动率指数及其衍生品的宏观效应

"恐慌指数"即芝加哥期权交易所波动率指数（CBOE Volatility Index，VIX），是一个领先指标，代表投资者对短期市场波动的一致预期，能够很好地反映市场短期风险和投资者情绪。波动率指数在风险监测、行情判断等方面的功能和作用已经得到充分验证和发挥，被美联储、欧洲系统性风险管理委员会、英国金融政策委员会等纳入宏观审慎监管指标体系。

一、波动率指数的诞生、发展和现状

波动率指数是通过一定方法，根据市场上股指期权价格信息计算得到的，用以衡量标的市场波动的指标。波动率指数的诞生，源自人们对预知未来波动率的渴望和需求，因为波动率是资产风险和不确定性的量化表示，在金融市场上有广泛的应用，在资产配置、风险管理、期权定价等诸多方面有深刻影响，一直以来人们努力探索各种方法来对未来波动率进行估计和预测。

从 20 世纪 70 年代开始，学者和业界人士相继提出了一些量化估计未来波动率的方法，例如，以 14 只代表性股票的平值看涨期权隐含波动率均值，作为未来波动率的估计值[1]，或者对股票的多个看涨期权的隐含波动率，以到期时间为权重加权平均，以此代表未来波动率。[2]

1987 年美国股灾至暗时刻，造成的惨重损失和巨大心理冲击，让人们深刻认识到了管理市场波动风险的重要性，催生了动态测度市场波动率的需求，加快了对波动率的研究。1989 年，Menachem Brenner 和 Dan Galai 首先提出了编制波动率指数（Sigma 指数）来测度股市未来波动率。[3] 1993 年，杜克大学教授 Whaley 提出了用股指期权价格编制波动率指数的思想和方法，[4] 同年，CBOE 与 Whaley 合作编制发布了最初的 VIX 指数。具体方法是根据期权定价模型和 8 个标普 100 平值期权价格信息，分别反向推导出隐含波动率，再加权平均和年化，构成 VIX 指数。VIX 指数推出后，很快成为预测美国股市波动的首要指标。

2003 年，CBOE 与高盛一起改进了 VIX 指数编制方法（将旧 VIX 指数更名为 VXO 指数），指数计算改用无模型方法，并将标的指数改为标普 500（后文简称 SPX）。新 VIX 指数避免了模型风险，更具市场代表性，"成分期权"范围更广，价格信息更丰富，提高了波动率预测精度。

2014 年，CBOE 将 SPX 周期权（SPX Weeklys）纳入"成分期权"的选择范围，这使得用于计算 VIX 指数的期权链的期限结构更加丰富，能够更加精确地拟合出 30 天这一目标时间。

鉴于 VIX 指数的巨大成功，CBOE 将 VIX 指数的编制方法移植到其他多种标的资产上，最终形成了当下庞大的 CBOE 波动率指数家族，包括美国股票指数相关波动率指数、其他国家股票指数相关波动率指数、商品 ETF 波动率指数、外汇 ETF 波动率指数、个股波动率指数、波动率指数的波动率指数、

---

[1]　GASTINEAU G L. An index of listed option premiums ［J］. Financial Analysts Journal, 1977: 70 – 75.

[2]　COX J C, ROSS S A, RUBINSTEIN M. Option pricing: A simplified approach ［J］. Journal of Financial Economics, 1979, 7（3）: 229 – 263.

[3]　MENACHE M, GALAID. New financial instruments for hedging changes in volatility ［J］. Financial Analysts Journal, 1989, 45（4）: 61 – 65.

[4]　WHALEY R E. Derivatives on market volatility: hedging tools long overdue ［J］. The Journal of Derivatives, 1993, 1（1）: 71 – 84.

VIX 策略指数，共计 7 大类 38 个指数（见表 4 - 5）。

表 4 - 5 　　　　　　　CBOE 主要波动率指数及波动率策略指数家族

指数名称	指数名称
美国股票指数相关波动率指数	个股波动率指数
CBOE Volatility Index©	CBOE Equity VIX© on Amazon
CBOE NASDAQ Volatility Index	CBOE Equity VIX© on Apple
CBOE S&P 100 Volatility Index	CBOE Equity VIX© on Goldman Sachs
CBOE DJIA Volatility Index	CBOE Equity VIX© on Google
CBOE Russell 2000 Volatility Index	CBOE Equity VIX© on IBM
CBOE S&P 500 9 - Day Volatility Index	商品 ETF 波动率指数
CBOE 3 - Month Volatility Index	CBOE Crude Oil ETF Volatility Index
CBOE S&P 500 6 - Month Volatility Index	CBOE Gold ETF Volatility Index
CBOE 1 - Year Volatility Index^{SM}	CBOE Silver ETF Volatility Index
其他国家股票指数相关波动率指数	CBOE Gold Miners ETF Volatility Index
CBOE EFA ETF Volatility Index	外汇 ETF 波动率指数
CBOE Emerging Markets ETF Volatility Index	CBOE EuroCurrency ETF Volatility Index
CBOE China ETF Volatility Index	波动率指数的波动率指数
CBOE Brazil ETF Volatility Index	CBOE VIX of VIX Index

注：该表不含 VIX 策略指数。
资料来源：CBOE，北京金融衍生品研究院。

在 2008 年全球金融危机和随后的几轮欧债危机中，VIX 指数的表现举世瞩目。全球各主要期权市场对此高度重视，纷纷效法 CBOE，开始研发编制本地波动率指数。截至目前，美国、欧洲和亚洲的主要期权市场均已编制和发布了本地波动率指数。从发布时间来看，大部分的波动率指数是在 2008 年金融危机以后推出的，除 CBOE 外，以欧洲期货交易所的波动率指数种类最为丰富。此外，S&P（标准普尔）、MSCI（明晟）、CBOE 等机构还编制了大量不同标的资产、不同地域、不同期限的波动率指数，形成了目前境外波动率指数种类和数量极大丰富的格局（见表 4 - 6）。

表 4 - 6　　　　　　　　　　　全球主要波动率指数一览

国家/地区	发布方	指数名称	发布时间
美国	芝加哥期权交易所	CBOE Volatility Index（VIX）	1993
欧洲大陆	欧洲期货交易所	EURO STOXX50 Volatility Index（VSTOXX）	2005. 04
中国台湾	台湾期货交易所	台指选择权波动率指数	2006. 12
印度	印度国家证券交易所	India NSE Volatility Index	2008. 04
韩国	韩国证券交易所	KOSPI 200 Volatility Index（VKOSPI）	2009. 04
加拿大	蒙特利尔交易所	S&P/TSX 60 Volatility Index（VIXC）	2010. 10
日本	大阪证券交易所	Nikkei Stock Average Volatility Index	2010. 11
中国香港	香港交易所	HIS Volatility Index（VHSI）	2011. 02
英国	富时罗素	FTSE 100 Volatility Index	2013. 02
澳大利亚	澳大利亚证券交易所	S&P/ASX 200 VIX	2013. 10

资料来源：各交易所网站，北京金融衍生品研究院。

二、波动率指数度量市场波动风险和情绪的逻辑

（一）波动率指数编制原理和方法

回顾波动率指数的编制方法，有助于理解波动率指数反映市场情绪和波动风险的底层逻辑。目前全球主要股指波动率指数编制的基本原理均与 CBOE VIX 指数一致，只是细节有所不同。印度、澳大利亚、中国台湾、中国香港等国家和地区的波动率指数直接由 CBOE 授权，与 VIX 指数的编制方法完全一致；欧洲、日本、韩国等的波动率指数是自主研发的。下面以 VIX 指数为例来阐述无模型法波动率指数的计算过程，及其反映市场情绪和波动风险的原理。

VIX 指数编制方法核心是以方差互换定价原理为基础，用期权价格信息推导出波动率的期望值，[①] 假设前提是 SPX 值服从一般扩散过程。金融数学中，波动率是标的资产价格分布的标准差，那么 VIX^2 就是未来 30 天 SPX 的累积方差。由于 SPX 未来的值无从知晓，方差无法直接计算。因此，CBOE

---

① DEMETERFI K, DERMAN E, KAMAL M, et al. More than you ever wanted to know about volatility swaps［R］. Goldman Sachs Quantitative Strategies Research Notes, March 1999.

根据方差互换复制策略，将方差用同期限期权链和一个远期合约复制出来，这样代入市场上期权的价格信息，就可以求得方差。在实际计算中，因为市场上恰好存在到期时间为 30 天的期权链的概率不高，所以选择的"成分期权"是期限大于且最接近 30 天（近月 Near – term）和小于且最接近 30 天（次月 Next – term）的、买入报价（Bid）不为 0 的虚值看涨期权和虚值看跌期权组成的近月、次月两个期权链。先分别计算出近月和次月两个方差值，再根据到期时间加权平均拟合出 30 天的方差，最后年化、开方，这样获得的连续动态数值就构成波动率指数，详细计算过程参见 VIX 白皮书。[①]

新计算方法中，将方差分解为离散的期权价格的过程，涉及大量的公式、定理和数学推导，其中的逻辑关系很难一目了然。换一个角度看，可能更容易理解 VIX 指数反映市场波动的逻辑。入选 VIX 计算的"成分期权"，是买入报价（Bid）不为 0 的虚值期权组成的期权链。这条期权链上虚值期权的价格，可以说完全由 SPX 的波动性支撑，若波动性不存在，它们的价格全都是 0。所以，这条期权链的价格信息中，事实上"隐含"了整个市场对于同期限未来波动率的预期。将这个预期从"成分期权"的价格、行权价分布情况、价差的大小等价格信息中提取出来，就得到了 VIX。VIX 事实上就是所有"成分期权"隐含波动率的某种加权平均，或者说函数。

（二）波动率指数反映市场风险和情绪的逻辑原理

1. 波动率指数变动的根本原因

从下述 σ 的计算公式可以看出，"成分期权"行权价 K_i 越高，VIX 值（VIX 是 σ 值的线性变化）越小，行权价间距 ΔK_i 和买卖价差 $Q（K_i）$ 越大，VIX 值越大。

$$\sigma^2 = \frac{2}{T} \sum_i \frac{\Delta K_i}{K_i^2} e^{RT} Q(K_i) - \frac{1}{T}\left[\frac{F}{K_0} - 1\right]^2$$

当股市下跌、恐慌情绪蔓延时，投资者对市场预期总体悲观，会增加购买看跌期权避险，且市场下跌风险越大，投资者会购买更低行权价的看跌期权，这将推高低行权价期权的价格，也即隐含波动率，同时这导致更多低行权价 K_i 期权被纳入"成分期权"，最终推动 VIX 指数上涨。当股市上涨、市

---

① http：//www.cboe.com/micro/vix/vixwhite.pdf.

场恐慌情绪趋于缓和时，投资者预期总体转为乐观，避险需求降低，看跌期权需求量减少，低行权价期权的隐含波动率下降，而看涨期权的波动率因需求增长有限并不会明显上涨，这个过程中，更多高行权价 K_i 的期权被纳入"成分期权"，最终导致 VIX 指数下降。

上述过程一个比较直观的原因是，投资者要获得股市上涨收益，往往不需要借助期权，而对冲下跌风险，期权是更好的选择，所以市场下跌时期权需求增加，推升期权价格，即隐含波动率，也就推动波动率指数上涨。也有观点认为，是投资者对股市暴跌的恐惧导致对深度虚值看跌期权赋予较高价值，从而推升波动率。还有观点认为，股价下跌时企业杠杆率上升造成的杠杆效应推升波动率。[1]

2. 波动率指数的运行特征

由于上述原因，波动率指数与标的指数的关系表现为显著非对称负相关。也就是说，在大多数时间，当市场下跌时波动率指数上涨，反之亦然；相对于标的指数上涨期间，波动率指数在标的指数下跌时变化幅度更大，涨跌幅度呈明显的非对称性。历史数据证明了波动率指数的这种特性。如图 4-3 所示，2003 年以来，VIX 指数与 SPX 指数大多数情况下呈显著负相关，相关系数均值约为 -0.7。2007 年、2013 年和 2014 年美股稳定上涨期间，两者相关性显著降低。

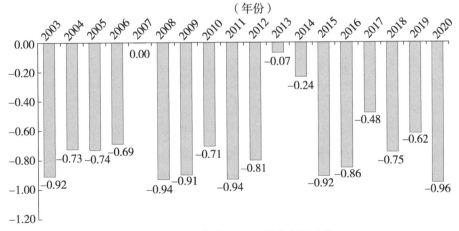

图 4-3 VIX 指数和 SPX 指数相关系数

数据来源：彭博，北京金融衍生品研究院。

---

① 约翰·赫尔. 期权、期货及其他衍生产品（原书第 10 版）[M]. 王勇，索吾林，译. 北京：机械工业出版社，2018.

此外，波动率指数还具有均值回复的特性，部分时间在一定区间内运行，如果指数没有超出这一区间，可以认为短期市场平稳，如果指数高出这一区间，往往预示着市场波动风险急剧上升。近 30 年的数据显示，VIX 指数均值约为 19 点，指数大部分时间围绕均值在 10～30 点区间内波动，但向上波幅远超向下波幅。VIX 指数收盘价历史最大值为 82.69 点，于 2020 年 3 月新冠肺炎疫情全球暴发初期录得，最小值为 9.14 点。

3. 波动率指数与市场情绪和市场波动之间的逻辑关系

波动率指数是从期权价格信息中获得的对未来波动率的预期，而预期主要受到情绪的影响。前文所述的波动率指数、期权价格、标的指数、恐慌程度四者之间变动过程的逻辑关系可以表示为图 4 - 4。期权价格与波动率指数呈负相关，波动率指数与标的指数呈非对称负相关，而恐慌程度与标的指数也呈非对称负相关，所以波动率指数与恐慌程度是正相关的。换言之，波动率指数既能度量市场的波动风险，也可以反映市场情绪。正是由于波动率指数具有反映投资者恐慌情绪的功能，又被称为恐慌指数（Fear gauge）。如果说股票指数代表股市，是经济的"晴雨表"，同理可以认为波动率指数是资本市场短期波动的"压力计"。

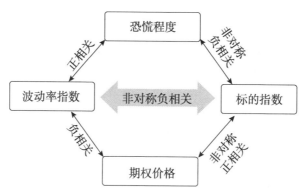

图 4 - 4 波动率指数反映市场情绪的逻辑关系

三、波动率指数衍生品的发展

波动率指数的诞生，将波动率从一个抽象概念转化为可以交易的现实标准。波动率指数与标的资产的非对称负相关性，使得波动率指数具备成为良好风险对冲工具的条件。但波动率指数不能直接交易，于是基于波动率指数的金融衍生品应需而生。截至目前，波动率指数衍生品产品数量达数十种，分为波动率指数期货、期权和交易所交易产品（Exchange Traded Product，ETP）三类，主流产品和大部分交易集中在美国和欧洲。

1. 波动率指数期货

CBOE 于 2004 年 3 月推出全球第一个基于波动率指数的金融衍生品——VIX 指数期货。2019 年，VIX 指数期货日均成交 25 万手，年总成交 6246 万手，在全球成交最活跃的股票指数类期货中排第 9 位。2009 年，欧洲期货交易所推出了 VSTOXX 指数期仅，2019 年成交 1592 万手。此外，大阪证券交易所 2012 年推出了 Nikkei 225 VI 指数期货，只是成交惨淡，2019 年仅 3 万手。中国香港交易所于 2012 年推出了恒生波动率指数期货，2019 年成交仅 159 手。韩国证券交易所 2014 年推出了 VKOSPI 指数期货，2019 年成交 7727 手。

2. 波动率指数期权

2006 年 2 月，CBOE 推出了 VIX 指数期权，这是 CBOE 历史上最成功的产品创新。2019 年，日均成交 50 万手，年成交 1.3 亿手，全球指数类期权中排第 8 位。欧洲期货交易所于 2009 年推出了 VSTOXX 指数期权，2019 年成交 739 万手。

3. 交易所交易产品

经历 2008 年全球金融危机后，VIX 指数的重要性更加凸显，越来越多交易者将其作为风险管理工具。接下来的几年时间，大量追踪 VIX 指数的 ETP（交易所交易产品）发行并快速增长，主要包括交易所交易基金（Exchange Traded Fund，ETF）和交易所交易票据（Exchange Traded Note，ETN）。2009 年 1 月 30 日，第一只 ETP 由巴克莱银行发行，随后几年中 ETP 数量和规模迅速增长。但近几年，ETP 数量和规模增长已经大幅放缓。目前，市场上的 ETP 主要在纽交所交易，总规模约 40 亿美元，其中 ProShares Ultra VIX Short – Term Futures ETF 规模最大，约 11.7 亿美元。

四、波动率指数及其衍生品的宏观效应

（一）预警风险

股指类波动率指数的标的都是代表性很强的宽基指数，很大程度上能代表股市整体甚至整个金融市场的波动情况。时至今日，波动率指数已经成为

反映金融市场运行情况的关键指标，被市场各方密切跟踪和关注，频繁被各大专业财经媒体报道和引用。实践证明，股指类波动率指数实际预测效果突出，尤其是在捕捉大的风险方面。指数高企，往往对应着宏观冲击和市场动荡的拐点。如图4-5所示，在市场经历海湾战争、亚洲金融危机、俄罗斯债务危机、互联网泡沫破灭、"9·11"恐怖袭击事件、次贷危机、欧债危机和新冠肺炎疫情等冲击时，VIX指数均释放了强烈信号，VIX指数的拐点往往预示着市场恐慌情绪达到顶点，开始转向缓和，冲击的影响趋于平复。

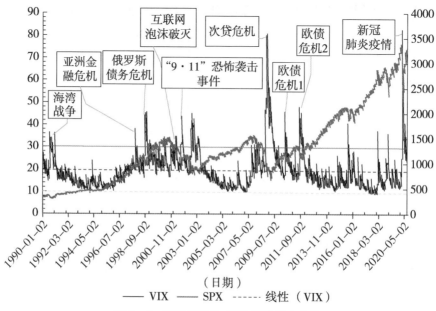

图4-5　VIX指数和SPX指数历史走势

数据来源：彭博，北京金融衍生品研究院。

（二）大幅提升风险管理效率

在市场出现恐慌性下跌时，股票、债券、大宗商品等不同大类资产之间的相关性显著上升，传统的分散投资以分散风险的策略已然失效。这时候投资者需要一种能够减少下跌风险且不损害向上收益的风险管理工具。波动率指数衍生品恰好能够满足这种需求。美国在金融危机期间的实证经验表明，危机期间相比传统资产组合，包含波动率指数衍生品的资产组合，不仅收益波动率显著降低，而且整体收益大幅提高。与传统风险管理工具相比，使用波动率指数衍生品风险管理成本更低、危急时刻风险管理效率更高。并且，波动率指数期权的风险管理效果优于波动率指数期货①。

（三）行情判断

因为具备均值回复和与标的指数负相关两个特征，波动率指数走势可以作为市场走势的反向指标。结合波动率指数和标的指数，能够提高市场走势判断和投资决策的准确度。一是波动率指数给出了市场波动的基准，为各方判断市场情况提供了"标尺"。二是结合波动率指数点位和标的指数，可以对市场未来的走势作出更细致的判断。例如，股市上涨阶段，波动率指数下降意味着投资者对未来充满乐观态度，股市大概率将稳定上涨。三是波动率指数可以辅助投资决策。研究表明，波动率指数上升而股票指数下跌时，大盘股的收益率将会优于小盘股，反之亦然。② 波动率指数降幅变小时，意味着股票市场恐慌情绪消散，股票未来的收益率要优于债券。③

（四）宏观审慎监管指标

波动率指数走高暗示着宏观经济中可能存在动荡隐患。近年来，美联储、欧洲系统性风险管理委员会、英国央行金融政策委员会、IMF、BIS等众多机构都已经将其纳入宏观审慎监管框架指标体系，作为金融政策制定的重要参考指标。根据《多德－弗兰克法案》要求，美联储每年对银行业进行压力测试，场景构成指标28个，VIX指数是其中之一（见表4-7）。IMF每年发布的《全球金融稳定报告》中，市场和流动性风险测度指标中包括综合波动率指数。欧洲系统性风险管理委员会的市场风险指标体系涵盖了VIX指数、STOXX50波动率指数、债券波动率指数、外汇波动率指数多个波动率指标。由于美国股票市场的全球影响力和VIX指数的风险预警能力，很多国家的宏观审慎监管机构，如欧洲系统性风险管理委员会、英国央行金融政策委员会、芬兰央行等，直接将其纳入宏观审慎监管指标体系。

---

① SZADO E. VIX futures and options – A case study of portfolio diversification during the 2008 financial crisis [J]. The Journal of Alternative Investments, 2009, 12 (2): 68-85.

② COPELAND M, COPELAND T E. Marker timing: style and size rotation using the VIX [J]. Financial Analysis Journal, 1999: 73-80.

③ TRAUB H D, FERREIRA L, MCARDLE M, et al. Fear and greed in global asset allocation [J]. The Journal of Investing, 2000, 9 (1): 21-37.

表 4 – 7 美联储金融稳定监测指标体系

类别	内容	序号	具体指标
国内经济变量	经济行为和价格	1	实际 GDP
		2	名义 GDP
		3	16 岁以上居民失业率
		4	实际个人可支配收入
		5	名义个人可支配收入
		6	CPI
	资产价格或金融条件	1	房屋价格指数
		2	商业地产价格指数
		3	股票价格指数
		4	股市波动率指数（VIX 指数）
	利率水平	1	3 个月期国债利率
		2	5 年期国债利率
		3	10 年期国债利率
		4	10 年期 BBB 级企业债利率
		5	30 年期抵押贷款利率
		6	基准利率
国际经济变量	欧元区国家	1	年度 GDP 变化
		2	年度 CPI 变化
		3	美元兑欧元汇率
	英国	1	年度 GDP 变化
		2	年度 CPI 变化
		3	美元兑英镑汇率
	发展中亚洲国家和地区（中国、印度、中国香港、中国台湾名义 GDP 加权）	1	年度 GDP 变化
		2	年度 CPI 变化
		3	美元兑主要货币汇率
	日本	1	年度 GDP 变化
		2	年度 CPI 变化
		3	美元兑日元汇率

资料来源：美联储网站，北京金融衍生品研究院。

第五章　场外金融衍生品与次贷危机

次贷危机的形成、发酵和扩散是由众多因素共同造成的，但与次级抵押贷款相关的场外金融衍生品的过度发展以及监管当局对这类衍生品的监管不力无疑是其中较为重要的因素之一，这是得到理论界和实务界普遍认可的。这些场外金融衍生品主要是信用衍生品，但基础都是各类资产支持证券，因此，分析场外金融衍生品与次贷危机的关系，必须从资产支持证券开始，一直延伸至CDO、CDS等各类信用衍生品。

第一节　资产证券化

资产证券化是以相关资产为支持发行证券的过程。具体来看，它是指企业或者金融机构把缺乏流动性但有稳定未来现金流的资产打包成资产池，并以该资产池作为现金流来源向市场发行证券。这种通过资产证券化方式发行的证券就是资产支持证券。资产证券化本质上是一个增强流动性的加工过程——将流动性较差或无法交易的资产加工成可以在二级市场上流通的证券。它将贷款或应收账款等缺乏流动性的资产通过组合打包构建成标准化的资产池，发行标准化的证券，以便在二级市场上流通。

资产证券化作为一种融资手段的创新，与传统的融资方式相比，有着显著差别。一般债券有一个具体的债务人，通常是证券的发行者。例如，国债的债务人是中央政府，企业证券的债务人是企业。资产支持证券的债务人不是一个明确的主体，更不是其发行者，而是资产池对应的债务人。一般固定收益证券不存在提前偿还的问题，除非先行约定好证券发行人才可提前赎回，而资产支持证券的提前偿还风险较大，无法事先确定提前偿还的时间和额度。

资产证券化与传统融资方式的主要区别有以下三点。

1. 资产证券化与股票、债券融资

传统的证券融资方式以公司自身的财产为还款标的，企业对债券的本息及股票权益的偿还以公司的全部法定财产为界。以资产证券化的方式发行的债券，是以证券化的资产池为限，与其他公司资产无关，它将资产原始持有人的破产风险与欲证券化的资产风险进行了隔离，这是资产证券化产品最显著的特点。同时，股票或债券的融资是由资金需求者直接发行，并不需要其他参与者来替代发行，而资产支持证券的发行需要引入特殊目的载体（Special Purpose Vehicle，SPV）作为发行主体。当构造一个资产证券化的金融产品时，因为资产池中资产的原始持有人是将贷款或应收账款等资产"真实地出售"给 SPV，所以，它的引入使资产原始持有人的破产风险与欲证券化的资产风险得到了隔离。

2. 资产证券化与普通的抵押贷款

与普通的抵押贷款不同，资产证券化实现了资产池证券和资产原始债务人的信用等级的分离。抵押贷款的信用等级取决于贷款人的信用等级，而资产支持证券的信用等级仅取决于资产池和信用担保，与资产原始债务人的信用等级无关。

3. 资产证券化与项目融资

在项目融资中，项目的未来收益基本是不确定的，因为用来融资的项目还没建起来。在资产证券化的结构中，未来的收入流大小确定程度较项目融资更高。

资产证券化相对于其他融资手段具有以下两点优势和作用。

（1）资产证券化使发起人的资本利用最大化。假设资产证券化的发起人为某家银行，它是资产池的原始贷款人，同时也是 SPV 资本的注入人。一般 SPV 的财务杠杆要比原始贷款人的杠杆率高。发起人从它的资产中挑选出质量高的资产卖给 SPV。SPV 用这些资产作为支持，发行资产证券进行融资，支付给发起人。发起人可用此款项偿还负债，其财务杠杆率将下降，同时又可以用既有的资本支持开展新的融资活动。

（2）资产证券化增加了发起人的收入，提高了其资本收益率。发起人在将资产转移出资产负债表并在保留资产适当风险的同时，还可以作为资产证券化过程中的服务商和信用增强机构，获得服务费收入和由基础资产产生的

剩余利息收入。同时，因为通过资产证券化提高了财务杠杆率，所以发起人能够在更大的资产规模基础上获取收入，取得更高的资本收益率。

资产证券化是一个复杂的系统工程。在一个典型的资产证券化的过程中需要众多的机构参与，共同完成资产支持证券的发行。资产证券化的核心参与主体是以下三类机构。

发起人（Originators）。发起人指资产池的原始所有人。它可以通过自己的业务本身获得资产，也可以通过二级市场交易购买资产。发起人负责从自己所有的资产中挑选出与现金流特征类似的资产，并进行组合以出售给SPV。

特殊目的载体（SPV）。SPV是资产证券化业务特有的机构。如前所述，这种特殊机构的设立是为了分离发起人的破产风险与欲证券化资产的风险。SPV可由发起人或第三方设立，负责购买发起人的资产池，并作为发行人直接发行资产支持证券或者转卖给其他机构。

投资者（Investors）。投资者指购买资产证券的机构或个人。资产支持证券的设计较为复杂，对其估值需要具备较高的专业素养，个人投资者很少有能力直接参与其中，因此，资产支持证券的投资者一般是机构投资者，主要包括保险公司、投资基金、银行机构等。

除了以上核心主体外，还有一些服务机构为发起人和投资者提供各种法律、技术和权益保障类的服务。这些服务机构主要包括以下几种。

信用增级机构（Credit Enhancement Agency）。一方面，资产支持证券中的风险隔离机制虽然规避了发起人的破产风险；另一方面，当资产支持证券的资产池出现违约风险时，也无法追溯发起人的责任。因此，需要信用增级机构来提高资产池的信用等级。信用增级机构通常是具有雄厚资金实力的商业银行、保险公司及政府机构等。

信用评级机构（Credit Rating Agency）。信用评级是资产证券化的一个重要的环节。信用评级是解决发行人和投资者信息不对称问题的重要措施，可以充分保障投资者的权益。不过，资产支持证券的信用评级与传统的信用评级有所不同。传统的信用评级主要是对发行人偿债能力进行评估，而资产支持证券的信用评级主要是对资产池的偿债能力进行评估。

服务人（Servicers）。服务人指负责资产池日常运作的机构。其职能包括定期报告资产池的运营情况，收取本金和利息等。一般来讲，发起人熟悉资产池的情况，因此，发起人最适合为服务人。

受托管理人（Trustees）。服务人负责资产池的运作，但是没有相应的内在激励机制和监督机制促使服务人更好地完成服务，此时需要受托管理人来发挥此项职能。受托管理人作为资产证券化交易中的投资者利益的代表，监管相关协议的执行情况，保障投资者获得现金流的权利。受托管理人的职责包括定期向投资者提供报告，维护投资者的利益不受到侵害等。

其他专业服务机构。由于资产证券化交易比较复杂，发起人通常聘用专业的服务机构参与交易活动。专业服务机构主要包括财务顾问、交易安排人、承销商、会计师事务所和律师事务所等。

目前，有以下两类最重要的资产证券化产品。

一、抵押支持证券（MBS）

抵押支持证券（Mortgage-Backed Security，MBS）是资产证券化发展历史上首先出现的证券化产品类型。它是以住房抵押贷款这种信贷资产为基础，以借款人对贷款进行偿付所产生的现金流为支撑，通过金融市场发行证券（多数为债券）。

早期的 MBS 对现金流的处理方式和偿付结构主要采用过手（Pass-through）形式，因此 MBS 也被称为过手型证券。这种证券代表的是投资者对基础资产组合的所有权，不作为发行人的债务出现在其资产负债表中，来自资产的现金流收入简单地"过手"给投资者以偿付证券的本息。过手型证券代表投资者对被证券化资产的未来现金流享有不可分割的权益（Undivided Interest），负责管理的服务机构每个月收取证券化资产所产生的现金流（包括本息偿还款、提前偿还款），在扣除相关费用后，按比例直接分配给过手型证券的投资者。一般认为，过手型证券是股权类投资工具，出售的是股份和参与权。由于过手型证券具有的"过手"特点，服务机构只能对现金流进行被动管理，即直接将基础贷款借款人每月偿还的本息转付给投资者，不对现金流进行任何中间投资和重新分配，使得过手型证券的本息支付很不稳定，并且可能产生提前支付风险，即抵押贷款的借款人提前还款导致过手型证券提前到期。因此，投资者承担基础资产会产生一定风险。

为了解决过手型证券存在的缺陷，在此基础上发展出了转付型（Pay –

through）证券。在转付型结构下，资产池产生的现金流并不直接过手给投资者，而是先对其进行剥离和重组，再向投资者偿付。转付型证券根据投资者风险、收益、期限的不同偏好，对基础资产产生的现金流进行了重新安排和分配，使本息偿付机制发生了变化。运用信用分档（Tranching）技术将债券分为优先级和次级等多档债券。如果说过手型证券在性质上属于股权投资类工具，那么转付型证券代表投资者对发行人的一项债权。抵押贷款担保债券（Collateralized Mortgage Obligation，CMO）就是一种典型的转付型证券。它将多种过手型证券进行打包，以其为担保发行多档债券，主动对基础资产现金流进行管理。各档因分配其中的现金流优先权不同，由期限较短的层级先行取得收益。其优点在于能发行多组期限不同的债券，使长、短期投资者各取所需。CMO 在发展中不断创新，后来又演变出本息分离的品种。在这种证券结构中，基础资产的本息可以任意组合，从而形成不同种类的证券。20 世纪 80 年代，从 CMO 中发展出本息分离证券或称剥离证券（Strips），包括只付本金（Principal Only，PO）证券和只付利息（Interest Only，IO）证券两种，相当于一个特殊的只有两档的 CMO。通过在利率上升或下降的不同背景下，对这两档 CMO 的选择可以有效规避提前偿付风险。

MBS 出现在 20 世纪后期的美国住房抵押贷款市场，是最早出现的资产证券化产品。当时，美国住房金融制度受到联邦法律的严格限制，只能由地区性储蓄和信贷协会等储蓄机构依靠所在地区居民储蓄存款向个人提供住房抵押贷款。这种政策不仅制约了住房金融业务的发展，而且产生了很大的信用风险，严重影响了储蓄信贷协会的经营。为了获取新的资金来源和转嫁利率风险，当时住房抵押贷款机构将新发放的住房抵押贷款进行打包，并通过发行住房抵押贷款过手型证券为发放住房抵押贷款筹措资金。这些贷款的信用由联邦住房管理局（Federal Housing Administration，FHA）或退伍军人事务管理局（Veterans Administration，VA）提供担保。受美国政府信用担保的住房抵押贷款所产生的现金流成为偿还过手型证券利息和本金的唯一资金来源。为进一步确保投资者对这些证券的认同度，过手型证券的信用由政府国民抵押协会（GNMA）提供担保而得到提高。GNMA 的信用进一步由美国政府提供全面的信用支持。这些证券以前被称为 GNMAs，现在则被称为 Ginnie Maes。

20 世纪 70 年代初期，还有另外一种住房抵押过手型证券在市场上发行。

这是一种名叫 FHLMC PCs 的连带损益权证，由联邦住房贷款抵押公司（FHLMC）发行和担保，该公司现在是一家联邦政府资助企业（Government Sponsored Enterprise，GSE），其正式新名称是 Freddie Mac。彼时，GNMAs 和 FHLMC PCs 的总体发行额较小，从没有超过每年 300 亿美元的规模。然而从 1981 年开始，住房抵押贷款证券化的速度大幅加快，当时 Freddie Mac 和联邦国民抵押协会（FNMA）（另一家 GSE，现被称为 Fannie Mae）成了 MBS 的担保人。随后，两家 GSE 开创了住房抵押贷款互换的项目以帮助各类储蓄机构将其所持有的住房抵押贷款进行证券化。各类金融机构将它们持有的住房抵押贷款出售给 GSE，同时获得所出售抵押贷款的受益凭证。通过这种互换的方式，它们持有了比住房抵押贷款更具市场流动性的 MBS。GSE MBS 和 Ginnie Maes 统称为机构担保 MBS 或简称为机构 MBS。此外，在机构担保 MBS 快速发展的同时，没有经过政府机构担保的 MBS 的发展速度也很快，特别是进入 21 世纪之后，非机构担保 MBS 每年都有大幅增长，到了次贷危机之前的 2005 年和 2006 年，其年发行额达到最高峰，具体如图 5 - 1 所示。

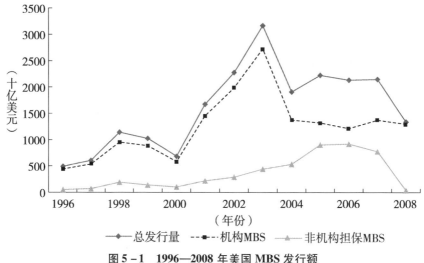

图 5 - 1　1996—2008 年美国 MBS 发行额

资料来源：www. sifma. org。

更值得人们关注的是次级抵押贷款的证券化。在美国，70% 以上的住房抵押贷款实现了证券化，其中大量的次级抵押贷款也被打包，通过发行优先/

次级（Senior/Subordinate structure）抵押贷款债券或多级抵押贷款债券（RE-MICS）等方式实现了证券化，出售给境内或境外的投资者。尽管次级抵押贷款证券的发行额逐年增加（见表5-1），但这类债券的风险评级多为 Baa 级和 Ba 级等，全部为非机构担保 MBS。

表5-1　　　　　　　　　住房抵押贷款证券发行结构

年份	机构担保 MBS 占比（%）	非机构担保 MBS 占比（%）		
		优级	Alt-A 级	次级
2001	87	8	1	3
2002	87	7	2	4
2003	85	6	3	6
2004	77	8	5	10
2005	69	8	10	12
2006	67	8	13	13

资料来源：美国联邦储备银行。

二、资产支持证券（ABS）

这里的资产支持证券（Asset-Backed Security，ABS）是指以除住房抵押贷款之外的其他信贷资产为基础发行的证券。资产支持证券是抵押支持证券技术在其他资产上的推广和运用。根据证券化的资产类型划分，用于资产支持证券的资产可具体细分为汽车贷款、信用卡贷款、房屋净值贷款、已建房抵押贷款、助学贷款、设备租赁、应收账款等。目前，西方发行额最大的三种资产支持证券是汽车贷款担保资产证券、信用卡担保资产证券和住宅担保资产证券。近年来，一些新兴的金融资产，如财产税留置权和设备租赁合约等也被用于证券化。美国市场上的 ABS 年发行额从 1985 年的仅超过 10 亿美元发展到 2003 年的 4600 亿美元。2005—2006 年，ABS 发行额继续急剧膨胀，每年都在 7000 亿美元之上，次贷危机之后则大幅回落，具体如图 5-2 所示。

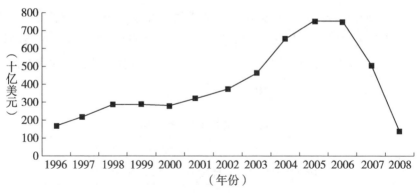

图 5 – 2　1996—2008 年美国 ABS 发行额

资料来源：www. sifma. org。

第二节　与次贷危机相关的场外金融衍生品

与次贷危机相关的场外金融衍生品主要是信用类衍生品，指交易当事人签订的，以转移贷款、债券等资产的信用风险为目的的交易合约，主要有以下三类。

一、担保债务凭证（CDO）

担保债务凭证（Collateralized Debt Obligation，CDO）是以担保债务信用为基础，基于各种资产证券化技术，对债券、贷款等资产进行结构重组，重新分割投资回报和风险，以满足不同投资者需要的创新性衍生证券产品。它是一组固定收益资产组成的投资组合，有一个由一系列资产构成的资产池，并以该资产池产生的现金流为基础，向投资者发行不同系列（Tranches）的证券。评级公司将这些资产分为不同的证券系列级别：优先系列（Senior Tranches，AAA 评级）、中间系列（Mezzanine Tranches，AA 至 BB 评级）、股权系列（Equity Tranches，无评级）。资产池产生的现金流按照优先系列—中间系列—股权系列的顺序分配。损失承担规则与现金流收益分配规则的顺序相反。当发生损失时，由股权系列首先吸收，然后依次由低级向高级承担。CDO 的现金流量的可预测性较高，可以满足不同的投资需求以及增加投资收益，提高金融机构的资金运用效率，分散不确定性风险。

CDO 与 ABS 有着非常明显的区别。首先，标的资产不同。ABS 的标的资产是不能在资本市场交易的现金资产，而 CDO 的标的资产是可以在资本市场上交易的现金或合成资产。CDO 是把抵押贷款、资产支持证券、企业债券等资产重新包装后，发行不同优先次序的债务凭证，因此 CDO 并非一个单独的资产类别，其风险也取决于构造 CDO 的标的资产的风险状况。其次，资产池的特点不同。CDO 的资产池构成中，资产的相关性越低越好，可以起到分散风险的作用。而 ABS 的资产池中的资产来源比较一致，分散性差，风险相关度高。最后，发行的目的不同。CDO 的发行更多是为了套利，而 ABS 多是为了提高资本充足率、转移风险等。

CDO 按照基础资产的不同，可以分为贷款担保凭证（CLO）、债券担保凭证（CBO）、合成担保凭证（CSO）和结构金融产品担保凭证（SFCDO）。其中 CLO 的基础资产是高收益贷款，CBO 的基础资产是企业债券。CSO 的基础资产为信用衍生产品，也就是基于信贷或债券的远期合约、互换和期权等。SFCDO 的基础资产是结构性金融产品，如 MBS 和 ABS 或其他 CDO。可以看出，CDO 是一种基础资产非常丰富和灵活的证券化产品，它可以根据需要将抵押贷款、债券甚至其他证券化产品纳入资产池。

次贷危机前，CDO 已经成为新的受欢迎的资产证券化品种。1996 年，CDO 的发行额大约为 200 亿美元，1998—2003 年，其发行额在 600 亿～700 亿美元徘徊。2005 年，CDO 的发行额首次突破千亿美元，达到1900 亿美元的规模，2006 年，这个规模又暴涨至 3300 亿美元，具体如图 5 - 3 所示。

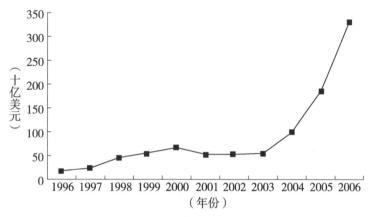

图 5 - 3　1996—2006 年美国 CDO 发行额

资料来源：Merrill Lynch。

在高速发展中，大量 CDO 产品将次级 MBS 作为标的对象从而使次级贷款进入更深层次的证券化过程中。以美国次级抵押贷款市场为例，这种产品的形成经过了三个层次的结构化。第一层次是购买一组次级抵押贷款，并以此为担保发行风险分级的抵押贷款支持证券（MBS）。第二层次是从 MBS 发行者手中购买那些剩下的 MBS（通常是中间级别），与其他类型的债券或贷款混合组成资产池，并以此为担保发行债券（CDO），也就是进行二次证券化。CDO 产品也被分成不同的风险级别：优先级、中间级、非投资级。第三层次是购买中间级别的 CDO，又一次发行分级债券（CDO^2），进行第三次证券化，通常，优先级占整体最大的比率，中级为 5% ~ 15%，权益级占 2% ~ 15%。具体过程如图 5 - 4 所示。

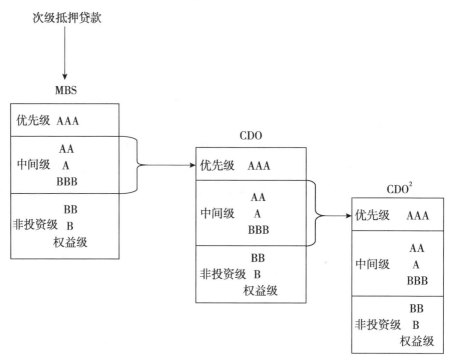

图 5 - 4　多层次的结构化信用产品：美国次级抵押贷款市场的情况
资料来源：IMF Global Financial Stability Report April 2008。

可以看出，与普通 MBS 发行过程中采用外部信用增级不同，CDO 的一大特点就是通过自身结构为自己提供"信用增级"，即通常会有一个中间级或一个权益级，由这些系列来充当缓冲，即当 CDO 资产出现信用问题时，首先损失掉的是中间级和权益级。由于这些系列支持了较高信用级别的系列，使得信用较高的优先级有很好的吸引力，大量的机构投资者愿意购买这些债券。保险公司、养老基金和银行的资产负债表中都有长期负债，他们确实需要较高收益的长期固定收益类资产。至于那些信用级别低的 CDO 系列，即便没有获得任何信用评级，但适合对冲基金高风险、高收益的操作策略。通过这些渠道大量 CDO 连接到了次级抵押贷款上，数据显示，2006 年有大约 75% 的 CDO 连接到了次级抵押贷款支持的 MBS 上。①

二、信用违约互换（CDS）

信用违约互换（Credit Default Swap, CDS）是一种在两个交易对手（Counter Parties）之间建立的信用衍生品合同，买方向卖方定期支付保费。如果合同中指定的第三方参照实体在合同有效期内发生信用违约事件时，买方将获得来自卖方的赔付，② 具体结构如图 5－5 所示。

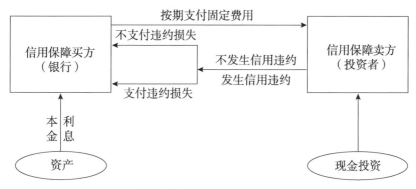

图 5－5　信用违约互换结构

购买 CDS 保护的主要是大量持有金融资产的银行或其他金融机构，而出售信用违约保护的是保险公司、对冲基金，也包括商业银行和投资银行。合约持有双方都可以自由转让这种保护合约。信用违约事件是双方均事先认可的事件，其中包括金融资产的债务方破产清偿、债务方无法按期支付利息、

① 丁俭，朱幂. 美国次级抵押贷款危机中的信用衍生品 ［R］. 中投证券研究报告，2007－08－30.

② Wikipedia, Credit Default Swap ［EB/OL］. ［2008－11－27］. http：//ish are. iask. sina. com. cn/f/62813065. html.

债务方违规招致的债权方要求收回债务本金和要求提前还款、债务重组等。承担损失的方法一般有两种，第一种是"实物交割"，一旦违约事件发生，出售风险保护的一方承诺按票面价值全额购买买方的违约金融资产。第二种是"现金交割"，违约发生时，出售风险保护的一方以现金补齐买方的资产损失。CDS 交易类似于卖方向买方提供一种信用保险，但与普通的商业保险相比又存在着显著的差别，即 CDS 的买方不需要自己拥有债券、债权就可以投保，而普通的商业保险则需要拥有投保的对象。也就是说，CDS 买方既可能与参照实体之间存在债权债务关系（CDS 买方是参照实体的债权人），CDS 的交易双方也可能与参照实体之间没有任何关系。买方和卖方在订立 CDS 合同时，由于不涉及债权关系的转移（仅仅涉及信用风险的转移），因此不需要征得参照实体的同意。

CDS 在其发展过程中与各类其他衍生品形成了相当紧密的联系。按照参照实体种类的不同，CDS 合同可分为实体型与权证型。实体型 CDS 涉及的参照实体通常包括公司与主权国家，而权证型 CDS 涉及的参照实体则扩展到资产支持证券 ABS、MBS 与 CDO 等衍生金融产品。CDS 在 1995 年首先由 JP Morgan 的全球信用衍生品小组开发出来，进入 21 世纪后出现爆炸性增长。如图 5 - 6 所示，全球 CDS 市场未清偿余额由 2001 年年底的 9180.87 亿美元飙升至 2008 年 12 月底的 38.57 万亿美元，增长了 42 倍。其中，在 2007 年年底达到最高峰的 62.17 万亿美元，超过了当年全球 GDP 的规模。

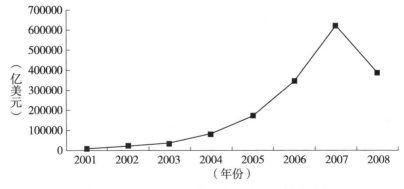

图 5 - 6 2001—2008 年年底全球 CDS 未清偿余额

资料来源：https://www.isda.org.

三、合成型 CDO

合成型 CDO 是传统 CDO 的衍生性产品，是建立在 CDS 基础上的一种 CDO 形式。在该类 CDO 下，信贷资产的所有权并不发生转移，发起人只是将一组贷款债权汇总包装，并与 SPV 订立信用违约互换合约，通过 CDS 将信贷资产的信用风险转移给 SPV，并由 SPV 最终转移给证券投资者，当发生违约事件时，可按照契约获得全额或一部分的赔偿。合成型 CDO 结构如图 5-7 所示。

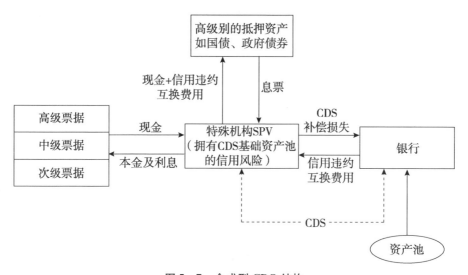

图 5-7　合成型 CDO 结构

第一步，针对一个名义价值特定的资产组合（参照实体，该资产组合既可能位于发起人的资产负债表内，也可能位于发起人的资产负债表外）。发起人向 SPV 购买一个 CDS，发起人作为保险买方，定期向作为保险卖方的 SPV 支付保费，与此同时也将资产组合的信用风险转移给 SPV。

第二步，SPV 以签订的 CDS 合同为基础，发行各级 CDO 证券。

第三步，SPV 向机构投资者销售各级证券。

第四步，SPV 将销售 CDO 证券获得的美元收入投资于一个独立的抵押资产池，资产池中的资产均为 AAA 级无风险资产。

第五步，如果参照实体没有发生违约事件，那么 SPV 将利用 CDS 保费以及抵押资产池产生的现金流，向证券投资者支付利息；如果参照实体发生违约事件，那么 SPV 将利用抵押资产池产生的收入或者利用出售抵押资产池中无风险资产的收入，向发起人进行赔偿。

第六步，当 CDO 证券期限届满时，SPV 出售抵押资产池中所有资产，向投资者支付本金。

总而言之，在次贷危机前的十几年中，美国市场不断对各类资产进行证券化和衍生化尝试，将各类产品加总起来（MBS、ABS、CDO），资产证券化市场的总规模在 2008 年年底达到了 10 万亿美元以上。图 5-8 显示，尽管经历了次贷危机，资产证券化产品仍是美国规模最大的固定收益产品，远大于美国国债总余额的 6.1 万亿美元、企业债券的 6.2 万亿美元、联邦机构债券的 3.2 万亿美元以及地方政府或市政债券的 2.6 万亿美元。

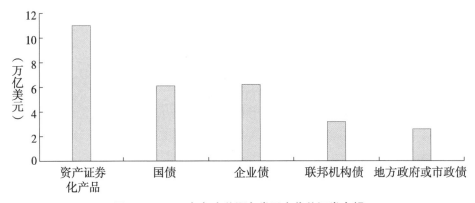

图 5-8　2008 年年底美国各类固定收益证券余额

资料来源：https：//www.sifma.org。

第三节　危机前的资产价格泡沫

次贷危机的起因在于美国房地产的价格泡沫，尽管这一泡沫形成的宏观背景是美联储宽松的货币政策，但房地产资产的证券化操作也是导致泡沫产生的重要原因之一。

一、资产证券化条件下的信贷扩张

在马克思的分析中，区分了两类金融危机。第一类金融危机是经济危机的产物，而经济危机产生的原因则是生产相对过剩。"一切真正的危机的最根本的原因，总不外乎群众的贫困和他们的有限的消费，资本主义生产却不顾这种情况而力图发展生产力，好像只有社会的绝对的消费能力才是生产力发展的界限。"① 在这样的情况下，由于商品无法出售，商品资本不能顺利转化成货币资本，这就会引起债务链条某一点的中断从而引发危机。只要发生了经济危机就必然要发生金融危机，这就是被马克思称为"生产危机和商业危机的一个特殊阶段"的第一类金融危机。第二类金融危机则是不以经济危机为条件，独立产生的危机。该危机产生的原因是虚拟经济的过度膨胀。虚拟经济是实体经济发展到一定阶段的产物，但它自身又是一个相对独立的经济活动领域。虚拟资本不需要具体生产过程，很容易复制，其价值增值通过交易来实现，利润通过价格提高来实现，因而产生交易放大过程，并可以脱离实体经济而存在。随着经济的发展，当前虚拟经济与实体经济存在"倒金字塔结构"，虚拟经济膨胀程度大大超过实体经济的发展速度。但虚拟资本不是现实的财富，同普通商品一样最终要向货币转化。当人们对膨胀的虚拟资本失去信心时，就会纷纷要求变现，无力支付的情况在多处出现时，危机便发生了。

根据马克思的金融危机理论，次贷危机始发于美国房地产市场，但危机形成和爆发都集中在金融体系，这是因为虚拟经济过度发展最终脱离实体经济基础。其中，资产支持证券作为创新的虚拟资本，运行基于其他虚拟资本之上，距离现实资本更远，不受现实资本的约束，其自身的膨胀进一步推动了经济泡沫，形成了"资产支持证券膨胀—信用膨胀—房地产泡沫"的触发机制。

考察资产证券化，其动因是不可回避的重要问题，这种内在动力推动了资产证券化的产生和发展，同时也是资产证券化产生影响的基础。在现有的研究中，对资产证券化动因从不同角度提出了多种理论，其中流动性动因和监管资本套利动因与本书的研究密切相关，因为正是在这两种动因影响之下，商业银行借助资产证券化有效拓展了资金来源，从而能够放大信贷投放的规模。

资产证券化被引入的初衷是为了解决抵押贷款银行的流动性风险，因此增加流动性是银行进行资产证券化的最主要动因。银行通过对一些金额大、周转慢的优质信贷资产实施证券化，将缺乏流动性的长期资产转化为流动性

---

① 马克思. 资本论·第 3 卷 [M]. 北京：人民出版社，1975.

较好的资产，有利于加速资金周转，扩大资金来源。银行在不改变负债总量的情况下提高资产的流动性，将有效地改善资产负债结构，这使银行资产管理的营利性、流动性和安全性之间的关系得到很好的协调。

资产证券化的另一个重要动因是银行监管资本套利。银行通过证券化或其他金融创新，在几乎没有相应降低银行的总经济风险的情况下提高其资本充足率。一方面，银行可将部分贷款转移出资产负债表以减少资产总量，使银行在资本金补充渠道缺乏的情况下，有效地改善资本充足率的状况。另一方面，银行能在资本金一定的情况下，通过出售贷款既满足监管要求又不断放大贷款规模，从而获取更高收益。

可以看到，无论是流动性动因还是监管资本套利动因最终都会产生相同的结果，即通过出售资产有效扩大了融资来源，进而能在短期内更多地发放贷款。

通过一个简单的模型来进一步说明以上观点，使这个过程更加清晰。假设整个金融体系里只有两家银行 A 和 B，资本充足率的要求为 10%，最初的状态如表 5-2 所示。

表 5-2		初始状态		单位：万元
银行	存款	贷款	资本	∑ 贷款 + MBS
A	1100	1000	100	1000
B	1100	0	100	

假设 A 银行将所有贷款出售给存款在 B 银行的投资者，并以此为基础发行了同等面值的 MBS，则金融体系的状态变为如表 5-3 所示。

表 5-3		第 1 阶段		单位：万元
银行	存款	贷款	资本	∑ 贷款 + MBS
A	1100	0	100	1000
B	100	0	100	
		MBS = 1000		

这时，A 银行由于收回了资金，因此能够重新发放贷款，而这笔贷款又被存入 B 银行，则金融体系的状态变为如表 5-4 所示。

表 5 - 4		第 2 阶段		单位：万元
银行	存款	贷款	资本	∑ 贷款 + MBS
A	1100	1000	100	2000
B	1100	0	100	
		MBS = 1000		

可以清楚地看到，这时候的金融体系与初始阶段在存、贷款以及资本项上完全相同，但整个金融体系内的信用规模（∑ 贷款 + MBS）已经从最初的 1000 万元变成现在的 2000 万元，如果 A 银行再次出售贷款给 B 银行的投资者，并以此为基础发行了同等面值的 MBS，则金融体系的状态又将变为如表 5 - 5 所示。而此时的金融体系与阶段 1 在存、贷款以及资本项上完全相同，不同的也是信用规模放大了一倍。

表 5 - 5		第 3 阶段		单位：万元
银行	存款	贷款	资本	∑ 贷款 + MBS
A	1100	0	100	2000
B	100	0	100	
		MBS = 2000		

综上可以看出，由于资产证券化的存在，银行能够摆脱资本金或者负债的约束，不断放大信用规模。

由于上面这个模型高度简化，只能大概反映这一过程的机理，下面建立更为复杂的模型来揭示促使银行信贷扩张的本质原因。

假设一个金融体系内有 $n + 1$ 个金融机构，其中 n 个是商业银行，1 个是非银行类机构。这些机构之间会形成复杂的债权债务关系，例如，从资产方看，银行除了对外放贷之外，会有同业拆借；而从负债方看，银行除了外部借款外，也会从其他银行借款。我们将这些金融机构间的复杂关系简化为以下结构图（见图 5 - 9）。

图 5 - 9 中，y_i 代表银行 i 对银行体系之外的借款人的放款数量，a_i 代表银行 i 的总资产。x_i 代表银行 i 的总负债，其中 x_{ij} 代表银行 j 拆借给银行 i 的资金数量，$x_{i,n+1}$ 代表银行 i 向第 $n + 1$ 个非银行类机构借款的数量。

	银行1	银行2	…	银行n	外部借款 $x_{i,n+1}$	总负债 x_i
银行1	0	x_{12}	…	x_{1n}	$x_{1,n+1}$	x_1
银行2	x_{21}	0	…	x_{2n}	$x_{2,n+1}$	x_2
⋮	⋮	⋮	⋮	⋮	⋮	⋮
银行n	x_{n1}	x_{n2}	…	0	$x_{n,n+1}$	x_n
外部放款 y_i	y_1	y_2	…	y_n		
总资产 a_i	a_1	a_2	…	a_n		

图 5 - 9　金融体系债权债务结构

将以上的关系用公式可以表示为

$$y_i + \sum_{j=1}^{n} x_j \pi_{ji} = x_i + e_i \tag{1}$$

其中，π_{ji} 代表银行 i 放款给银行 j 的数量占其总负债的比例，e_i 代表银行 i 的资本金。因此，式（1）的左边是银行 i 的总资产，而右边则是总负债。

我们以线性代数的方法将式（1）表达为矩阵形式以方便运算。

以 $\boldsymbol{\Pi}$ 代表 $n \times n$ 的矩阵，其中对应的 (i, j) 位置上的值即为 $\boldsymbol{\Pi}_{ij}$。这样式（1）可以改写为

$$[x_1, \cdots, x_n] = [x_1, \cdots, x_n] \boldsymbol{\Pi} + [y_1, \cdots, y_n] - [e_1, \cdots, e_n] \tag{2}$$

用 $\boldsymbol{X}$，$\boldsymbol{Y}$，e 分别代表相应的矩阵，则式（2）可写为 $\boldsymbol{X} = \boldsymbol{X\Pi} + \boldsymbol{Y} - e \Rightarrow \boldsymbol{Y} = e + \boldsymbol{X}(\boldsymbol{I} - \boldsymbol{\Pi})$，其中 $\boldsymbol{I}$ 代表单位阵。

定义杠杆率 $\lambda_i = \dfrac{a_i}{e_i}$，可以推出 $\dfrac{x_i}{e_i} = \lambda_i - 1$，则 $\boldsymbol{X} = e(\boldsymbol{\Lambda} - \boldsymbol{I})$，其中 $\boldsymbol{\Lambda}$ 是 λ_i 的对角矩阵，进一步可以推出

$$\boldsymbol{Y} = e + e(\boldsymbol{\Lambda} - \boldsymbol{I})(\boldsymbol{I} - \boldsymbol{\Pi}) \tag{3}$$

定义 $Z_i = (\boldsymbol{I} - \boldsymbol{\Pi})\,U$，其中 $U = \begin{bmatrix} 1 \\ \vdots \\ 1 \end{bmatrix}$

这样 Z 中的某一个具体值 $z_i = 1 - \sum_{j=1}^{n} \Pi_{ij}$ ，式（3）可以改写为

$$\sum_{i=1}^{n} y_i = \sum_{i=1}^{n} e_i + \sum_{i=1}^{n} e_i z_i (\lambda_i - 1)$$

$$\Rightarrow \sum_{i=1}^{n} y_i = \sum_{i=1}^{n} e_i + \sum_{i=1}^{n} x_i z_i \qquad (4)$$

式（4）是作为整体的金融体系的平衡公式，这一公式是剔除了银行机构间债权债务关系后的简化式。等式的左边是银行体系可以放出的贷款规模，右边的第一项是资本金，第二项代表了银行体系之外对整个银行机构的融资规模。

以上模型证明，银行信贷规模受制于两个因素：一个是其资本金总量，另一个是银行体系之外的资金来源，资产证券化能够通过后一渠道发挥作用。

二、实证检验

(一) 经验描述

上文证明，在资本金一定的情况下，银行信贷扩张的关键是扩大银行体系之外对其的资金供给。从资产支持证券的运作过程看，它是将传统信贷资产打包并在资本市场上出售，这实际上提供了一种打通间接融资和直接融资壁垒的工具，银行体系外的资金通过资产证券化产品可以源源不断地进入信贷市场。

以次贷危机前美国政府支持企业（GSE）所发行的抵押支持债券（MBS）被各类机构所持有的余额为例（见图 5 - 10），商业银行持有的份额从 2000 年的 45.4% 下降到 2007 年的 36.7%；而商业银行之外持有的份额则从 54.6% 上升到 63.3%，其中国外投资者的持有份额上升最快，从 10.2% 上升至 21.2%，翻了一倍有余。

这一现象说明 2000 年至次贷危机前，银行体系外的资金正通过证券化产品加速流入美国信贷市场。由于美元是全球贸易中主要的结算货币之一，同时美国又有着世界上最发达的金融市场和最丰富的金融工具，因此，全球其他地区大量的经常项目顺差最终又以投资美国金融产品的方式回流至美国，使其成为全球最大的债务国。2007 年，美国对外净债务①余额达 2.5 万亿美

---

① 用本国持有的外国资产减去外国持有的本国资产，如果是负值则表示对外净债务，正值则表示对外净债权。

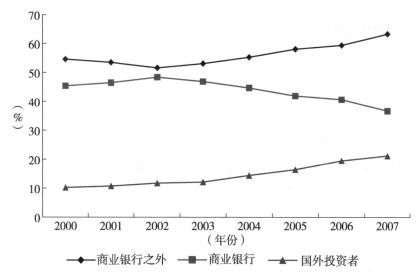

图5-10 次贷危机前美国持有政府支持企业（GSE）发行的MBS被各类机构所持余额占比
资料来源：美国联邦储备银行。

元，约占当年美国GDP的18%。这其中有大量的外国中央银行及机构投资者以买入MBS的方式进入了美国市场。

从上可见，信贷资产证券化对房地产贷款具有正向的推动作用，由图5-11可以看出，2000—2007年，美国住房抵押贷款发放额和MBS发行额基本上呈现同一走势。对这8年的年度数据进行的相关性检验（见表5-6）也证明，两者之间存在高度的正相关关系。更为详细的计量检验将在后文进行。

表5-6 美国住房抵押贷款发放额和MBS发行额相关系数表

Correlations		loan	MBS
loan	Pearson Correlation Sig.（2－tailed） N	1 8	0.987 ** 0.000 8
MBS	Pearson Correlation Sig.（2－tailed） N	0.978 ** 0.000 8	1 8

注：** Correlation is significant at the 0.01 level。

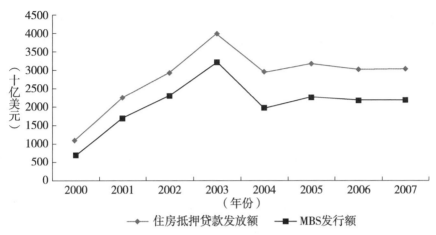

图 5－11　2000—2007 年美国住房抵押贷款发放额和 MBS 发行额

资料来源：Mortgage Statistical Annual and www. sifma. org。

（二）计量分析

1. 计量方法与数据来源

目前一些研究大多采用简单的时间序列或某一特定时点的截面数据，并运用普通最小二乘法（OLS）进行回归运算，估计各变量的系数。这样的运算存在一定的局限性：采用时间序列数据进行分析时，由于有效数据的年份较少，样本区间太短；又因为地区间常常存在显著的差异，采用全国性的综合数据容易掩盖地区差异。如果采用横截面数据，虽然可以在一定程度上弥补时间序列数据不能反映地区差异性的缺陷，但其只能静态地反映某一个时点的经济情况，而不能全面地、动态地描述某一时间段经济现象的变化态势。为避免出现这两种数据缺陷，本书选用面板数据（Panel Data）进行分析，既包括时间序列数据又包括横截面数据。次贷危机是 2007 年下半年开始爆发的，但问题的积累有一个相当长的过程，这里将研究的时间跨度定为 2000—2006 年，地区跨度为美国 50 个州。

本书数据主要来源于以下数据库和机构。

（1）HMDA 数据库。根据 1975 年通过的《住房抵押贷款披露法》，商业银行、储贷协会、信用互助团体，以及任何资产额超过一千万元的抵押贷款公司必须向联邦金融机构检查委员会（FFIEC）上报其发放的住房抵押贷款的各类资料，包括贷款申请日期、所申请贷款的用途、授信机构批准与否、贷款发放数量、贷款在二级市场出售情况、所购房地产的具体地点，以及申请人的种族、性别、所得等人口统计资料。这些资料汇总成为 HMDA 数据库。

（2）The Federal Housing Finance Board（FHFB）。美国联邦住房融资委员会定期公布抵押贷款市场的平均利率。

（3）美国劳工部统计局。

（4）美国国家统计局。

（5）The U.S. Department of Housing and Urban Development（HUD），美国住房与城市发展部。

（6）The Office of Federal Housing Enterprise Oversight（OFHEO），联邦住房企业监督办公室。

2. 变量与模型

在现有文献研究的基础上构建美国住房抵押贷款的增长模型，综合考虑研究的完整性与数据可得性，选取以下变量。

因变量：人均住房抵押贷款余额（$lapc$），即住房抵押贷款余额除以人口总量。贷款数据来源于 HMDA 数据库，人口数据来源于美国国家统计局。

自变量主要有以下 5 个。

（1）住房抵押贷款证券化率（sec），即每年在二级市场上被出售的贷款占总发放贷款的比率，根据 HMDA 数据库相关数据计算得出。

（2）住房抵押贷款平均利率（$rate$），来源于 FHFB。

（3）家庭收入的中位数（mfi），来源于 HUD。

（4）各州的失业率（uer），来源于美国劳工部统计局。

（5）房屋价格指数的年度增长率（hpg），来源于 OFHEO。

根据以上变量，构建线性化的计量模型如下：

$$\ln(lapc_{it}) = a_i + b_1 \times (sec_{it}) + b_2\ln(rate_{it}) + b_3\ln(mfi_{it}) + b_4(uer_{it}) + b_5(hpg_{it}) + e_{it}$$

这里 $i = 1, 2, 3, \cdots, 50$；$t = 2000, 2001, \cdots, 2006$。

3. 计量结果

面板数据涉及的模型主要有以下三种：混合估计模型、固定效应模型和随机效应模型。具体模型的选择步骤：一是通过 F 检验在混合估计模型与固定效应模型中作出选择；二是通过 LM 检验在混合估计模型与随机效应模型之间作出选择；三是通过 Hausman 检验在随机效应模型和固定效应模型中作出选择。对各组进行 F 检验、LM 检验以及 Hausman 检验，测算结果显示，每组均应选择固定效应模型进行计算，使用 Stata8.1 软件完成，实证结果如表 5－7 所示。可以看出，模型整体表现良好，各变量回归系数的符号与经济理论保持一致，显著性检验也表明结果可靠。结果显示，抵押贷款在二级市场打包出售并证券化这一过程对美国住房抵押贷款市场具有明显的推动作用，证券化率每上升 1 个百分点，人均抵押贷款余额将增加 2.8% 左右。

表 5－7　　　　　　　资产证券化对住房抵押贷款的影响估计

ln*lapc*	回归系数	标准误差	*t* 检验值	显著性水平
sec	2.8235	0.655104	4.31	0.000
ln*rate*	－0.7853	0.237250	－3.31	0.000
ln*mfi*	1.6329	0.25514	6.40	0.000
uer	－5.1832	0.679318	－7.63	0.000
hpg	1.4219	0.167874	8.47	0.000
_*cons*	－19.4461	1.70021	－11.44	0.000

注：数据量 =350，数据组 =50。
　　模型拟合优度 =0.6804，模型显著性水平 =0.0000。

三、信贷扩张与资产价格泡沫

以上分析证明资产证券化具有较为显著的信贷扩张效应，当证券化标的对象是房地产抵押贷款时，此类信贷的扩张将使更多资金涌入房地产市场，进一步刺激了房地产市场的需求，使房地产价格持续上升。因此，银行贷款成为促使房地产市场繁荣并延长其持续时间的一个重要因素，即银行的信贷扩张是房地产泡沫产生并持续的重要原因。

根据前文的分析，选取以下变量进行计量检验。

（1）S&P/Case-Shiller 房价指数（*spcs*）。标准普尔公司编制的反映美国主要城市房价变动的指数，来源于美国标准普尔公司网站。

（2）住房抵押贷款余额（*mortgage*），来源于美国联邦储备委员会与彭博数据库（Bloomberg）。

本文使用的是 2000 年 1 月至 2006 年 6 月的月度数据，样本时间跨度为 78 个月。所有变量经季节调整和自然对数变换后进入计算（变换后的变量名分别为 lnspcs_sa、lnmortgage_sa，计算采用 EViews5.0 软件完成)。

1. 回归分析

以房价指数为应变量，住房抵押贷款余额为自变量做回归分析，得到结果如表 5-8 所示。

表 5-8　　　　　　　　　　回归分析结果

变量	回归系数	标准误差	t 检验值	显著性水平
C	286.818	43.06561	65.17538	0.0000
lnmortgage_sa	0.264459	0.011501	22.99506	0.0000
拟合优度	0.951419	F 统计量		528.7729
调整后的拟合优度	0.949620	回归模型标准误差		47.37583
Durbin – Watson 值	1.172040	赤池信息准则		10.62057
模型显著性水平	0.000000	施瓦茨准则		10.71487

可以看出，房价和房地产信贷之间存在极强的正相关关系，结果也非常可靠与稳健。

2. 因果检验

首先，对两个变量做单位根检验，结果如表 5-9 至表 5-12 所示。

表 5-9　　　　　　房价指数 (*spcs*) 的单位根检验

ADF 值	0.478146	1% 临界值	-3.6959
		5% 临界值	-2.9750
		10% 临界值	-2.6265

表 5-10　　　　房价指数 (*spcs*) 一阶差分之后的单位根检验

ADF 值	-5.93291	1% 临界值	-3.7076
		5% 临界值	-2.9798
		10% 临界值	-2.6290

表 5-11　　　　住房抵押贷款余额 (*mortgage*) 的单位根检验

ADF 值	0.785089	1% 临界值	-3.6959
		5% 临界值	-2.9750
		10% 临界值	-2.6265

表 5 - 12	住房抵押贷款余额（*mortgage*）一阶差分之后的单位根检验		
ADF 值	- 3. 29434	1% 临界值	- 3. 7076
		5% 临界值	- 2. 9798
		10% 临界值	- 2. 6290

可以看出，两个变量的原始值均为非平稳序列，但一阶差分之后都为平稳序列。

其次，运用 EG 两步检验法对两个变量之间的协整关系做检验，得到残差的单位根检验结果如表 5 - 13 所示。

表 5 - 13	住房价格和房地产信贷间协整关系检验		
ADF 值	- 3. 16735	1% 临界值	- 3. 6959
		5% 临界值	- 2. 9750
		10% 临界值	- 2. 6265

可以看出，残差序列在 5% 的显著性水平下是平稳序列，表明住房价格和房地产信贷之间具有可信的协整关系。

最后，对两个变量做 Granger 因果检验，设定最优滞后期为 2 期，结果如表 5 - 14 所示。

表 5 - 14	住房价格和房地产信贷间因果检验		

滞后阶数：2

零假设	Obs	F 统计量	概率
序列 ln*spcs_sa* 不是序列 ln*mortgage_sa* 的 Granger 原因	82	0. 20566	0. 08156
序列 ln*mortgage_sa* 不是序列 ln*spcs_sa* 的 Granger 原因		7. 58450	0. 00312

从结果来看，在 10% 的显著水平下，二者存在双向 Granger 因果关系。这说明在次贷危机爆发之前，美国住房抵押贷款对房地产价格有很显著的推动作用，银行信贷已经成为房地产价格波动的一个重要因素，若银行对房地产信贷供给相对宽松，住宅购买的融资条件如利率、还款成数等比较优惠，则房地产价格会表现出一个强劲的上升势头，这也在一定程度上反映了美国房地产泡沫的形成与金融业的密切联系。

第四节　危机的扩散与传导

次贷危机的起因是在利率上升和房价下跌的背景下，次级抵押贷款的违约率急剧上涨，第三节已经详细分析了资产证券化在信贷扩张和资产价格泡沫形成中产生的效应。但需要追问的是，就算次级抵押贷款出现了严重的违约问题，就一定会导致这场牵动金融全局的危机吗？根据美国房地产抵押贷款统计年鉴的数据，2006 年年底美国的 GDP 为 15 万亿美元，而同年美国次级抵押贷款余额为 1.1 万亿美元，仅占极小的比例。可以想象，这样一个可以确知的危险并没有那么可怕，顶多也只是引发局部的风险或危机。次贷之所以酿成如此巨大的动荡，主要在于风险的扩散和传导。

一、危机从信贷市场传导至资本市场

资产证券化的核心内容是，只要某项非流动性资产在未来能够产生稳定的现金流，那么该非流动性资产的所有者就能够以未来现金流为基础，将该资产打包成某种形式的债券，通过向资本市场出售债券而收回流动性资金。从虚拟特征的表现上来说，资产证券化产品的形成建立在其他虚拟资本基础之上，因此任何一类虚拟资本所引发的危机都可能通过证券化结构扩散。例如，在未实施证券化之前，与次级抵押贷款相关的信用风险完全由贷款金融机构（商业银行或专业贷款公司）承担。一旦实施了抵押贷款证券化，则与该部分抵押贷款债权相关的信用风险就从贷款金融机构的资产负债表中转移到持有该类证券的机构投资者的资产负债表上，这些机构投资者包括投资银行、对冲基金、保险公司、共同基金和养老基金以及商业银行等。从表面上来看，似乎经过证券化后贷款金融机构的风险得到了有效的分散与转移，但在面临系统性风险时却扩大了整个金融市场的风险。一旦次级抵押贷款的违约率上升将导致次级抵押贷款支持证券的违约风险上升，市场价格大幅度缩水，次级抵押贷款的信用风险从商业银行转移到资本市场。

数据显示，投资银行、商业银行和对冲基金总共持有全部次级抵押贷款支持证券中的 56%，次级抵押贷款整体违约率上升使此类证券的市场价值大幅缩水，即使这些机构没有因为出售贬值的债券而发生实际亏损，但上述机构均实施了以市定价（Mark to Market）的会计记账方法，它们会参照市场上正在交易的相似金融资产的价格来确定自己持有的资产的账面价值。因此，也要在相关时间的资产负债表上进行减记，利润表上就会表现出相应的亏损，这正是次贷危机后跨国金融机构频繁被披露巨额资产减记及账面亏损的原因。

然而，金融机构采用以市定价的会计记账方法，仅是信贷危机演变为资本市场危机的原因之一。商业银行、投资银行等金融机构在资本市场危机中发生的去杠杆化（Deleveraging）则是另一重要原因。以上金融机构均采取杠杆经营模式，即资产规模远高于自有资本规模，特别是在投资于某些证券化产品时，更是普遍采用杠杆交易的方式。一旦资本市场发生动荡，这类机构为避免更大的损失，只能主动降低杠杆比率或去杠杆化，途径之一则是通过出售证券化产品来偿还债务。众多金融机构在同一时间内大规模出售资产会进一步压低资产价格，这又造成金融机构尚未出售的证券资产的市场价值进一步下降。换言之，这种去杠杆化的过程最后会形成恶性循环，即资产价格的下跌触发了金融机构的去杠杆化，而去杠杆化则导致资产价格更严重的下跌。

二、危机从资本市场反馈传导回信贷市场

次贷危机由信贷市场向资本市场蔓延，但由于资产支持证券和各类场外金融衍生品的存在，资本市场的危机积累到一定程度后也反馈传导回信贷市场。

为获取高额收益，同时也规避资本充足率监管，美国的商业银行通常并不直接投资于次级抵押贷款支持证券和信用衍生品，而是通过设立一个或若干个结构性投资实体（Structured Investment Vehicle，SIV）来进行。这类机构通过发行资产支持商业票据（ABCP）融资并投资于各类高回报资产，利用两者之间的息差收入来赚取利润。由于 SIV 具有典型的"借短投长"特征，其面临两大风险：一是如果 SIV 购买的次级抵押贷款支持证券的价格低于其销售的资产支持商业票据的价格，那么将出现资不抵债的情况；二是如果市场上出现流动性短缺使得 SIV 不能顺利发行资产支持商业票据进行融资，那么它只能被迫在低迷的市场上抛售资产，而这将遭受更加严重的损失。

次贷危机爆发后，整个美国的货币市场流动性紧缩，ABCP 市场余额从 2007 年 7 月的 1.16 万亿美元下降到 2008 年 4 月的 0.76 万亿美元，跌幅达 34%。ABCP 市场的萎缩使得 SIV 的融资渠道被堵，为避免违约，只有向自己

的设立方——商业银行寻求信贷支持。为避免旗下的 SIV 在流动性危机冲击下被迫出售已经贬值的次级抵押贷款支持证券而巨亏，商业银行不得不出手向其提供巨额信贷支持。2007 年年底，汇丰控股成为拯救 SIV 的第一家银行，逐步停止交易其管理的两只 SIV，并将这两只 SIV 持有的总额 450 亿美元的抵押贷款证券和其他资产计入自己的资产负债表。同时，在花旗集团和美国银行的牵头之下，全球一些大银行筹集了一笔高达 1000 亿美元的"超级基金"用以从 SIV 购买资产，从而避免一场大规模的应急性低价抛售。商业银行的这些举措尽管拯救了处于困境的 SIV，但也自然会降低其向居民、企业以及其他金融机构提供的信贷数量，这无疑会加剧信贷紧缩。

更为关键的是在危机发生后，美国的资产证券化市场遭受了重大打击，各类产品的发行量有了较大幅度的下降。以 MBS 为例，2008 年的发行量较 2007 年下降了 37.4%。这造成两个严重后果：第一，从单个银行来看，大量的库存资产无法证券化，银行自身对流动性的需求迅速增加，资本充足率标准对银行开始形成刚性约束，并且越是质量低的资产越难打包出售，而这部分资产风险权重越高，占用的资本也越多，这就造成了结构性信贷的紧缩效应；第二，MBS 等产品的发行规模大幅降低，破坏或者切断了银行体系之外向其输入资金的通道，这就降低了整个美国社会的融资规模，进一步带来了整体性的紧缩效应。

基于上述情况，资本市场的危机又迅速反馈回流至信贷市场，首先表现为金融机构的流动性风险，随即又迅速演化为信用风险、市场风险，整个金融体系出现系统性危机。危机造成的信贷持续紧缩一方面导致住房抵押贷款、信用卡贷款、汽车贷款等零售贷款萎缩，限制了居民举债消费；另一方面向企业提供批发贷款的规模下降，导致企业不得不推迟甚至取消投资计划（见图 5 – 12）。

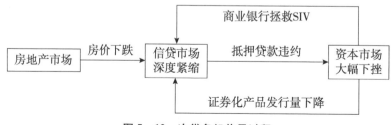

图 5 – 12　次贷危机传导过程

三、危机传导的计量检验

（一）计量方法与变量说明

本书运用向量自回归（VAR）系统来检验次贷危机的传导效应，包括对变量之间的 Granger 因果关系进行检验、脉冲响应分析等。根据前文的分析，综合考虑研究的完整性与数据可得性，选取以下变量。

（1）次级抵押贷款违约率（*subde*）。包含次级固定利率贷款与次级可调整利率贷款，以贷款超过 30 天以上未还作为违约标准。[1] 该数据来源于美国住房抵押贷款银行家协会（Mortgage Bankers Association）与彭博数据库（Bloomberg）。

（2）住房抵押债券系列指数（*abx*）。Markit 推出的住房抵押债券系列指数是以次级抵押贷款支持债券的价格编制并指数化而成。作为次级房贷市场的"晴雨表"，其指数随次贷证券资产风险升高而下降。该数据来源于 Markit。

（3）TED 息差（*teds*）。指美国短期国债利率（Treasury – Bill Yield，一般是用 13 周国债，即 3 个月期）与伦敦银行同业拆借利率（LIBOR，一般也是用 3 个月期）之差。[2] 美国短期国债是被认为最安全，完全零违约风险的证券；LIBOR 反映了全球银行互相之间拆借资金的最新情况，大体可以反映银行对资金的渴求程度。TED 息差是对全球金融市场整体流动性的一个描述，反映了金融机构的借贷意向。该息差越高，表明市场流动性越紧张，数据来源于彭博数据库（Bloomberg）。

本书使用的是 2006 年 1 月至 2009 年 12 月的月度数据，样本时间跨度为 48 个月。其中，*abx* 和 *teds* 根据每日收盘数据简单平均后取得。我们以 X – 12 方法对月度数据做季节调整，所有变量经自然对数变换后进入 VAR 系统（变换后的变量名分别为 ln*subde_sa*、ln*abx_sa*、ln*teds_sa*）。VAR 模型的估计结果依赖于滞后阶数 k 的值，由 AIC、SC 以及 FPE 等判别准则可确定 k 的最优取值，此处确定 k 值取 2。

---

[1]　该标准来自美国住房抵押贷款银行家协会。

[2]　http://zhidao.baidu.com/question/82400011.html。

（二）计量结果

1. 单位根检验

采用 ADF 方法对以上三个变量序列进行单位根检验，结果如表 5 - 15 至表 5 - 17 所示。这三个变量的 t 统计量值比显著性水平为 10% 的临界值要大，不能拒绝原假设，序列存在单位根，是非平稳的。

表 5 - 15　　　　　　次级抵押贷款违约率的单位根检验

ADF 值	- 0.465694	1% 临界值	- 3.577723
		5% 临界值	- 2.925169
		10% 临界值	- 2.600658

表 5 - 16　　　　　　住房抵押债券系列指数的单位根检验

ADF 值	- 1.233724	1% 临界值	- 3.543323
		5% 临界值	- 2.928179
		10% 临界值	- 2.600658

表 5 - 17　　　　　　TED 息差的单位根检验

ADF 值	- 1.227825	1% 临界值	- 3.543323
		5% 临界值	- 2.928179
		10% 临界值	- 2.600658

2. 协整检验与 VAR 估计结果

通常有两种方法检验变量之间的协整关系：一种是 EG 两步法；另一种是 Johansen 极大似然估计法。由于此处的有效样本相对较小，为克服小样本条件下 EG 两步法参数估计的不足，本书采用 Johansen 极大似然估计法对变量进行协整检验。基于 Trace 统计量和最大特征根的协整检验表明（见表 5 - 18）系统向量存在唯一的协整关系，证实系统估计结果不存在谬误回归的可能性。[①]

---

① 由于时间久远及原始数据丢失，这里的计量检验结果难以再次验证，敬请谅解。

表 5 – 18　　　　　　　次贷危机传导中三变量协整检验结果

协整秩	特征值	迹统计量	5% 临界值
$r = 0$	0.537797	42.98817	29.79707
$r \leqslant 1$	0.111001	7.487647	15.49471
协整秩	特征值	最大特征根	5% 临界值
$r = 0$	0.537797	35.50052	21.13162
$r \leqslant 1$	0.111001	5.412299	14.26460

表 5 – 19 给出了该系统 VAR 统计检验结果。由统计指标值可知，系统中三个方程式的拟合优度（调整的 R^2）均值达到了 0.8 以上，并且各变量间的协相关系数符号与前文的理论分析完全相符，说明所选变量具有很高的解释能力，模型设定也相对可靠。

表 5 – 19　　　　　　　次贷危机传导效应的 VAR 估计结果

Vector Autoregression Estimates			
拟合优度	0.997461	0.995602	0.829865
调整后拟合优度	0.997070	0.994925	0.803691
F 统计量	2553.590	1471.413	31.70505
	lnsubde_sa	lnabx_sa	lnteds_sa
lnsubde_sa	1	− 0.9684	0.8471
lnabx_sa	− 0.9684	1	− 0.9331
lnteds_sa	0.8471	− 0.9331	1

3. Granger 因果检验

从表 5 – 20 可以看出，在危机前后的这段时间内，3 个代表不同市场运行状况的变量间存在着单向或双向因果关系。次级抵押贷款违约率的上升是次级抵押贷款债券市场价格下跌的单向 Granger 原因，这代表了危机从信贷市场向资本市场的传导。而次级抵押贷款债券市场价格与信贷市场流动性状况之间存在双向 Granger 因果关系，这进一步说明资本市场的危机又反馈传导回信贷市场。

表 5 –20　　　　　　　次贷危机传导效应的 **Granger** 因果检验结果

Pairwise Granger Causality Tests

Lags：2

Null Hypothesis：	Obs	F 统计量	概率
序列 ln*abx_sa* 不是序列 ln*subde_sa* 的 Granger 原因	46	0.18206	0.83423
序列 ln*subde_sa* 不是序列 ln*abx_sa* 的 Granger 原因		6.85784	0.00431
序列 ln*teds_sa* 不是序列 ln*subde_sa* 的 Granger 原因	46	5.52209	0.00752
序列 ln*subde_sa* 不是序列 ln*teds_sa* 的 Granger 原因		4.31290	0.00875
序列 ln*teds_sa* 不是序列 ln*abx_sa* 的 Granger 原因	46	3.10870	0.05533
序列 ln*abx_sa* 不是序列 ln*teds_sa* 的 Granger 原因		9.83995	0.00170

4. 脉冲响应分析

在以上分析的基础上，我们设置不同的情景来模拟次贷危机的传导效应。给定一个标准差的次级抵押贷款违约率（*subde*）冲击，对住房抵押债券指数（*abx*）的响应过程如图 5 – 13 所示。① 信贷市场的危机对资本市场的传导非常迅速，在第 10 个月便达到响应峰值，此后传导效应持续存在且保持平稳。

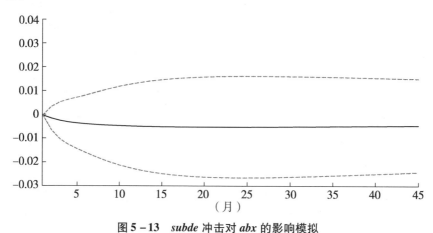

图 5 – 13　*subde* 冲击对 *abx* 的影响模拟

---

① 图 5 – 13 中，横轴为冲击响应时间（月），纵轴为响应值（％），实线为冲击响应函数曲线，虚线为置信区间。

给定一个标准差的住房抵押债券指数（*abx*）冲击，对 TED 息差（*teds*）的响应过程如图 5 - 14 所示。资本市场的危机积累到一定程度后开始反馈传导回信贷市场，在第 21 个月达到响应峰值，此后传导效果逐渐减弱，这反映了政府出台的各项救市政策开始发挥作用。

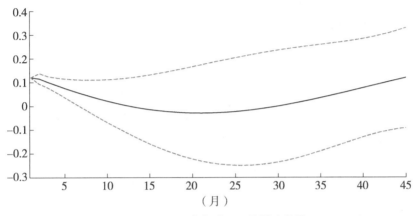

图 5 - 14　*abx* 冲击对 *teds* 的影响模拟

如果将这一双向传导过程叠加起来，则给定一个次级抵押贷款违约率（*subde*）冲击，对 TED 息差（*teds*）的响应过程如图 5 - 15 所示。信贷市场违约率的上升最终导致该市场流动性的急剧紧缩，并在第 24 个月达到响应峰值，此后传导效果逐渐减弱，这反映了政府出台的各项救市政策开始发挥作用。

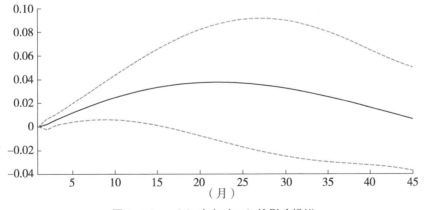

图 5 - 15　*subde* 冲击对 *teds* 的影响模拟

第五节　场外金融衍生品与信息不对称

与场内产品相比，场外金融衍生品的交易和监管特征决定了其存在较为明显的信息不对称，这也是酿成危机的重要原因之一。

一、逆向选择和道德风险的概念

自 1970 年阿克洛夫发表有关柠檬市场的文章并奠定了不对称信息市场的理论基础以来，信息经济学和信息不对称理论成为重要的经济研究领域。所谓信息不对称指的是由于现实世界的信息分布具有不均匀的特性，从而使交易双方拥有的信息量不同。造成信息不对称的原因非常复杂。首先，现实经济运行并非像完全竞争理论假设的那样完美无缺，而是充满了摩擦、噪声和黏性。信息的传递受到各种阻滞和障碍，这使得收集和获取信息需要花费高昂的成本，如果某类交易者无法单独承担成本，他将放弃获取信息或是利用"搭便车"行为窃取他人收集的信息，这些行为最终导致私人获取的信息总量远远低于为了达到最优决策所需要的程度。其次，就算是获得了同样的信息，不同的交易者由于知识水平、分析能力等方面的差异也会使其对信息的理解程度产生差异。最后，由于地位的差异或者掌握资源的多寡，还会产生某些交易者对于信息的垄断，这更加剧了信息不对称。

现实中的信息不对称问题分为两种类型。一类是逆向选择，表现为隐瞒信息。通常是指在信息不对称的状态下，接受合约的一方一般拥有"私人信息"并且利用另一方信息缺乏的特点让对方处于不利的状态，从而使交易的过程偏离信息缺乏者的愿望，也就是说，逆向选择是在签约前隐瞒信息的一种机会主义行为。另一类是道德风险，表现为隐瞒行动。这通常指交易合同达成后，从事活动的一方在最大限度地增进自身利益时做出不利于另一方的行动。同时，行动方不承担他们行动的全部后果，这有可能促使行动方利用更极端的方式最大化自身效用来破坏另一方的利益，加剧双方冲突，导致博弈费用上升，资源配置效率低下。在信息经济学文献中，常常将拥有"私人信息"的交易者称为"代理人"，不拥有"私人信息"的交易者称为"委托人"。因此，以上两类信息不对称问题都可以在委托代理人框架下分析，其区别只在于事前或事后。

由于金融业是建立在实体经济运行之上，但又脱离实体经济拥有自身独特运行规律的虚拟经济形式，因此，信息在金融业中发挥着举足轻重的作用。信息决定着交易者的决策判断，影响着交易者的信心和资产的价格。同时，信息不对称广泛存在于金融体系的各个方面，成为金融业的本质特点之一。

在银行信贷市场上，最显著的信息不对称体现在银行与借款人之间。银行对借款人及借款投资项目的了解程度低于借款人本身。在放贷前，风险越大的借款人越想得到贷款，这造成严重的逆向选择，迫使银行不得不采取信贷配给或者"惜贷"对策。而在放贷后，银行有可能对贷款的真正使用目的及投向难以监督，从而形成危害贷款安全性的不良后果。

在资本市场上，信息不对称主要表现在以下三点。一是上市公司故意隐瞒企业经营状况，故意美化自己的财务报表，或发布一些虚假的利好消息，导致股票价格严重偏离其真实价值。二是机构投资者利用自己掌握的内部消息操纵市场，非法侵占中小投资者利益。三是普通投资者与投资基金之间存在的委托代理关系难以保证投资基金在现实中完全实现投资者利益。

在保险市场上，逆向选择体现在具有较高风险的被保险人往往倾向于购买各种保险，甚至愿意付出较高的保费。低风险的被保险人不愿支付较高的保费而退出保险市场。道德风险则表现在当被保险人一旦购买保险后，就会放松对自身财物的安全保护，这一现象更多地出现在财产保险领域，从而增加了整个保险市场的总风险水平。

随着金融创新的不断发展，在场外金融衍生品市场上存在着更为严重的信息不对称。例如，在 MBS 和 CDO 等证券化产品的创造过程中，涉及对抵押贷款池复杂的打包和分级，并且需要设计复杂的数学模型来估算未来的现金流状况。如果说 MBS 的构成原理还相对容易理解，CDO 的概念对于普通投资者则是犹如天书。巴菲特曾经说，如果你想弄懂某个 CDO 产品，不得不看大约 1.5 万页的材料。如果再从这个 CDO 产品中取出低层级与其他 50 个同类的 CDO 共同组成一个 CDO，平均就要阅读超过 75 万页的材料——这显然是无法想象的。当规模巨大的资产证券化产品在市场交易时，几乎没有人知道这些产品到底是什么。不仅如此，次级贷款是一种非标准化贷款，每笔贷款的条件千差万别，因此很难准确衡量违约概率、违约损失率等风险指标，而基于此之上的证券化产品通过将贷款切割组合再次打包使这些贷款早已失去原来特征，整个产品成为一个黑箱，不仅普通投资者无法理解，连很多专业人士也无法对风险进行有效评估。

二、场外金融衍生品中的逆向选择

（一）借款人和发起人之间的逆向选择

资产证券化和信用衍生化是一项复杂的融资技术，涉及多个参与者。尽管不同参与者的职能不同，但彼此之间相互合作、紧密联系，共同构成一个有机整体。其中，借款人向金融机构举债，形成债权，此后，借款人依合约按时缴纳本金与利息，成为证券化产品的现金流量来源。发起人，也称原始权益人，是指拥有可证券化资产的原始产权的经济主体，一般就是指向借款人放贷的银行，其职能是选择拟证券化的资产，并进行捆绑组合，然后将其出售给从事证券化或信用化业务的特设机构。

借款人和发起人之间的逆向选择问题在本质上就是通常所说的信贷市场的逆向选择问题。斯蒂格利茨和温斯（Stiglitz 和 Weiss，1981）分析了不对称信息如何导致信贷市场逆向选择的出现。随着利率的提高，成功概率较高的项目逐渐退出信贷市场，成功概率较低的项目则不断进入，最终导致申请人出现"逆向选择"。该模型的主要内容如下。[①]

假设有多个投资项目，每个投资项目有成功或失败两种结果。成功时收益为 R，失败时为 0。假设所有的投资项目有相同的收益均值 F，并且银行知道 F。给定 $p(R)$ 为项目成功的概率，$p(R)R = F$，这说明成功的概率和收益成反比，收益越高，概率越低。假设每个项目所需资金为 1，而项目没有自有资金全部依赖银行贷款，贷款利率为 r。成功时企业利润为 $[R-(1+r)]$，失败时为 0。因此，企业的期望利润为 $S = p[R-(1+r)] + (1-p)0 = p[R-(1+r)]$。如果企业不投资，期望利润为 0。这里，存在一个临界值，$R^* = 1+r$，只有当 $R \geq R^*$ 时，企业才会申请贷款。因为 $p(R)R = F$，这也意味着，存在一个临界成功概率 p^*，只有当 $p \leq p^*$ 时，企业才会申请贷款。这里，$p^* = \dfrac{F}{R^*} = \dfrac{F}{1+r}$。

---

① 张维迎. 博弈论与信息经济学 ［M］. 上海：上海三联书店、上海人民出版社，1996.

假设，p 在 $[0，1]$ 的区间上概率密度函数为 $f(p)$，分布函数为 $F(p)$，那么所有申请贷款的项目成功的平均概率如下：

$$\bar{p}(r) = \frac{\int_0^{p^*} pf(p)\,\mathrm{d}p}{\int_0^{p^*} f(p)\,\mathrm{d}p} = \frac{\int_0^{p^*} pf(p)\,\mathrm{d}p}{F(p^*)}$$

因此，

$$\frac{\partial \bar{p}}{\partial r} = \frac{\dfrac{\partial p^*}{\partial r} p^* f(p^*) F(p^*) - \dfrac{\partial F(p^*)}{\partial r}\int_0^{p^*} pf(p)\,\mathrm{d}p}{F^2(p^*)}$$

$$= -\frac{f(p^*) F}{F^2(p^*)(1+r)^2}\left[p^* F(p^*) - \int_0^{p^*} pf(p)\,\mathrm{d}p\right] < 0$$

这个结果说明，利率越高，申请项目的成功概率越低，即平均质量越低。也就是说，高利率带来的结果是高风险项目驱赶走了低风险项目。进一步考察发现，信贷市场上的逆向选择使得利率的提高对银行收益产生两方面影响：一方面是利率提高的收入效应；另一方面是利率提高的风险效应（贷款人质量下降）。因此，银行期望收益的变化取决于收入效应和风险效应的比较。当收入效应大于风险效应时，利率提高对期望收益影响为正，当收入效应小于风险效应时，影响为负，从而利率的增加对银行期望收益的影响一般来说不可能是单调的，存在一个最优利率使得银行收益最大，此后提高利率反而导致收益的下降。正因为如此，实践中银行不可能以单纯提高利率来增加利润，在信息不对称条件下，为了回避风险，实际的贷款供给将低于贷款需求，信贷配给作为一种长期均衡现象存在，而这也是银行保证贷款质量的次优选择。

但是，银行有动力采取信贷配给等手段控制贷款质量的行为是存在前提的。在一般的货币经济学理论中，商业银行是一个典型的在时间和空间上重新配置资金、调剂余缺的机构，主要通过获取存款形成负债，发放贷款产生资产，并靠两者间的利差积累利润，我们可以将这种经营模式称为"发起—持有"（originate – to – hold）。这一模式的存在和顺利运转是保证银行从事监督行为的前提。因为只有银行持有贷款一定期限，并且依靠贷款质量来保证经营利润时，银行才有动力去甄别贷款项目的前景并在贷款后继续进行监督以保证资金的安全。实践中，银行和很多客户都形成了长期的合作关系，能够及时获取企业内部的关键信息，防止贷前隐瞒信息的逆向选择行为。

资产证券化的原理则是商业银行在短期内将贷款打包并出售，通过产品销售中的差价以及服务费获利，贷款的资金来源不是依靠吸收存款，而是依靠卖出贷款合同，我们可以将这种经营模式称为"发起—分销"（originate - to - distribute）。资产证券化的出现及其本身所固有的"发起—分销"机制逐步改变了银行传统经营模式和利润来源方式并对信贷质量产生影响，两种模式提供给贷款发起人（商业银行）在放贷监督行为上的激励机制完全不同。最关键的是，利率提高对银行产生的风险效应（贷款人质量下降）以其他方式得到了补偿。

首先，政策上的支持。以美国为例，从 20 世纪 80 年代开始，政府的住房政策开始向低收入家庭和少数种族倾斜。1977 年《社区再投资法案》（*Community Reinvestment Act*）鼓励银行向低收入家庭和低收入社区提供住房贷款。联邦住房管理局（FHA）一贯奉行为第一次购房的中低收入家庭提供购房抵押贷款违约保险。在抵押二级市场上，政府发起设立的两大抵押证券机构（Fannie Mae 和 Freddie Mac）依据《1992 年联邦住宅企业金融安全和健全法》（*Federal Housing Enterprises Financial Safety and Soundness Act of 1992*）收购银行等金融机构发放的抵押贷款并证券化。两者按规定购买的住房贷款中，低收入住宅抵押贷款和低收入多户出租房屋贷款应占一定的比例。这些新的法规迫使两大公司提高了收购中低收入住房贷款的比重，包括次级抵押贷款。

其次，适当的宏观经济环境。从次贷危机前美国已被证券化的次级抵押贷款来看，尽管其贷款利率平均比基准利率高 2 ~ 3 个百分点，但其带来的风险完全可以通过其他方式得到补偿。在美联储低利率政策的刺激下，美国房价从 1996 年起逐年上升，进入 21 世纪后上涨速度急剧提高，S&P/Case - Shiller 房价指数[①]从 2000 年 1 月的 100 点迅速上涨到 2006 年 7 月的 205.80 点，一直处于上升趋势，月增长率为 1.37%，年增长率为 16.39%。在房价快速上涨的情况下，住房贷款金融机构发放的次贷似乎不存在安全性问题。借款人即使违约，银行也能以高于贷款额的价格出售抵押房产而避免损失并有盈利。

最后，资产支持证券这种金融创新产品的出现使得银行可以轻松地将次

---

① 标准普尔 Case - Shiller 房价指数是标准普尔公司从 2000 年 1 月开始编制的全美 20 个最大城市的住房价格综合指数。

级贷款打包出售并以此为标的发行债券（次级债券）。一方面，通过这个过程银行赚取了差价和服务费，使之不必考虑贷款质量对其经营状况的长远影响；另一方面，大量的信用衍生品相当于给银行提供了一种将信用风险分散转移的工具，使得利率提高的风险效应对银行的影响较快地消失了，这使贷款发放机构更加有恃无恐。

因此，在资产支持证券和信用衍生品存在的条件下，由于缺乏适当的制衡机制，借款人和发起人之间的逆向选择问题表现得更加严重。借款人不顾偿还能力疯狂借贷，而发起人缺乏监督动力，也无心采取措施防范逆向选择。几十年前的美国，一些收入低、少数种族和无信用记录者根本没有资格获得住房抵押贷款。1994 年，次级住房抵押贷款年发行量不过 350 亿美元，仅占当年抵押贷款发放总额的 4.5%，然而，自 20 世纪 90 年代后期资产证券化发展以来，次级抵押贷款规模不断膨胀，次级贷款在房屋抵押贷款中的比重从2001 年的 8.6% 增加到 2006 年的 20.1%（见表 5 - 21）。

表 5 - 21　　　　　　　　　　美国住房抵押贷款发放情况

年份	所有房屋抵押贷款（十亿美元）	次级抵押贷款（十亿美元）	次贷占所有房屋抵押贷款比例（%）	证券化的次贷（十亿美元）
2001	2215	190	8.6	95
2002	2885	231	8.0	121
2003	3945	335	8.5	202
2004	2920	540	18.5	401
2005	3120	625	20.0	507
2006	2980	600	20.1	483

资料来源：Inside Mortgage Finance，The 2007 Mortgage Market Statistical Annual。

（二）发起人和投资者之间的逆向选择

投资者，即购买场外金融衍生品的市场交易者，包括银行、保险公司、养老基金、各种投资基金和个人。从资金供需角度看，发起人是资金的需求方，投资者是资金的最终供给方。而从信息掌握程度看，发起方对资产质量的信息掌握具有明显的优势，而投资者因为和最初借款人的距离较远而无法掌握足够的信息。在投资人→贷款人→借款人这一链条上，资金的顺畅流动掩盖了信息的阻滞。本节通过建立不完全信息动态博弈模型来刻画这一机制所造成的逆向选择。

假设模型中有三类参与者：借款人、贷款人①和贷款证券化后的投资人。在时点 0，借款者获得了一笔贷款，在时点 1 时偿还这笔贷款，贷款标准化后的值假定为 1。贷款人依据有关借款人的两类信息决定是否向借款人放款，一类是显性信息，如美国个人消费信用评估公司（FICO）提供的信用评级打分等。另一类是隐性信息，如借款人工作的稳定性、信用报告里没有反映的资产状况等。在时点 0 的时候，贷款人能够无成本地获取借款人的显性信息 x，根据这一信息的充分程度再决定是否花费成本 c 获取隐形信息 y，在综合了以上两类信息的基础上，贷款人会以利率 r 放款。这之后，贷款人会将一定比例 α（$\alpha \in [0, 1]$）的贷款出售并证券化。

1. 贷款未被证券化时贷款人最优行为分析

将借款人按照违约的可能性分为三种类型，即 $\theta \in (\theta_h, \theta_l, \theta_b)$，且三种类型是独立分布的。定义 p_j 是借款人属于类型 θ_j 的先验概率，θ_j 代表了借款人在时点 1 时偿还贷款的可能性，如果利率足够低，借款人将偿还贷款，反之则违约。这里设定 $\theta_h > \theta_l > \theta_b$。

对于 $j = h, l$，θ_j 类型的借款人有一个保留利率 $r(\theta_j)$，这一利率代表了借款人从其他渠道获取资金的成本，假定 $r(\theta_h) = r_1$，$r(\theta_l) = r_2$，风险越小的借款人借款利率越低，因此 $r_1 < r_2$，只有从银行借款的实际利率低于 r_2 的两类借款者才会借款。而在时点 1 偿还的贷款折现后的净现值（NPV）等于 $v_j(r) = \theta_j(1+r) - 1$，$(j = h, l, b)$。由于风险较小的借款的净现值较高，因此 $v_h(r_1) > v_l(r_2) > 0$。对于 θ_b 类型的借款人，由于风险很高，所以他会接受任意利率的贷款 $[r(\theta_b) = \infty]$，假设他获得贷款的实际利率为 r_b（$r_b > r_2$），那么只有在所偿还的本金不超过其预算约束时这类借款人才会偿还贷款。在此模型中，如果信息完全，假定 θ_h 和 θ_l 能够获得贷款，而 θ_b 不能。

对于每个借款人，贷款人能够无成本地获取其显性信息 $x \in (x_h, x_l, x_b)$。定义 $\delta(x_i | \theta_j)$ 为借款人给定类型为 θ_j 时，选择 x_i 的条件概率，当 $\theta_i > \theta_j$ 时，满足 $\delta(x_h | \theta_i) \geq \delta(x_h | \theta_j)$ 以及 $\delta(x_h | \theta_i) + \delta(x_l | \theta_i) \geq \delta(x_h | \theta_j) + \delta(x_l | \theta_j)$。

在分析了显性信息后，贷款人将决定是否需要花费成本 c 去获取隐形信

---

① 这里的贷款人和证券化中的发起人是一个概念。

息 $y \in (y_h, y_l, y_b)$。定义 $\gamma(y_i|\theta_j, x_k)$ 为借款人给定类型为 θ_j，且显性信息为 x_k 时，选择 y_i 的条件概率，当 $\theta_i \geq \tilde{\theta}_i$ 和 $x_j \geq \tilde{x}_j$ 时，满足 $\gamma(y_h|\theta_i, x_j) \geq \gamma(y_h|\tilde{\theta}_i, \tilde{x}_j)$ 以及 $\gamma(y_h|\theta_i, x_j) + \gamma(y_l|\theta_i, x_j) \geq \gamma(y_h|\tilde{\theta}_i, \tilde{x}_j) + \gamma(y_l|\tilde{\theta}_i, \tilde{x}_j)$。

综上可知，贷款人综合显性和隐性信息后决定是否以一定的利率提供贷款，在贷款没有被证券化时（$\alpha = 0$），最优的贷款利率不是 r_1（能被三类借款人都接受）就是 r_2（仅被 θ_l 和 θ_b 两类借款人接受）。

假定贷款人只能观察到显性信息 x，定义 $r^*(x)$ 为贷款没有证券化时贷款人最大化利润的利率，则 $r^*(x_h) = r_1$，$r^*(x_l) = r_2$。需要注意的是，当 $x = x_h$ 时，θ_h 类型的后验概率正好确保 r_1 为最优利率，而当 $x = x_l$ 时，如果利率为 r_2，θ_h 类型的后验概率则偏低了。假设 $x = x_l$ 时，θ_b 类型的后验概率为严格正，那么如果显性信息传递的是信号 x_b，不提供贷款是最优选择。与上相似，假定贷款人能同时观察到显性和隐性信息 (x, y)，定义 $r^*(x, y)$ 为贷款没有证券化时贷款人最大化利润的利率，假设显性信息信号是 x_l，隐性信息信号是 y_h 或 y_l，那么 $r^*(x_l, y_h) = r_1$ 和 $r^*(x_l, y_l) = r_2$ 是贷款没有证券化时最大化贷款人利润的利率，如果显性信息信号是 x_l，隐性信息信号是 y_b，不提供贷款是最优选择。

最后，对于 $i = h, l, b$，定义 $\mu_i(x)$ 是给定显性信息 x，借款人类型是 θ_i 的贷款人的后验概率，则假定获取隐性信息的成本满足以下约束条件。

$$(i) \quad c \geq \max \{\mu_l(x_h)\theta_l(r_2 - r_1) - \mu_b(x_h)v_b(r_1),$$
$$\mu_h(x_b)v_h(r_1) + \mu_l(x_b)v_l(r_2)\}$$

$$(ii) \quad c \leq \sum_{i=h,l,b}\mu_i(x_l)\gamma(y_h|\theta_i, x_l)v_i(r_1) - \sum_{i=h,l,b}\mu_i(x_l)[1 - \gamma(y_l|\theta_i, x_l)v_i(r_2)]$$

当显性信息发出的信号是 x_h 或 x_b 并足够准确时，(i) 得到满足，且 $c \geq 0$。(ii) 得到满足的条件是当显性信息发出的信号是 x_l 时，必须确保获得的隐性信息有足够的价值。当显性信息发出的信号是 x_l 时，r_2 是最优利率，θ_l 和 θ_b 两类借款人接受，θ_h 类型拒绝。这时如果进一步获取隐性信息，其最大的价值是将 θ_h 和 θ_b 两类借款人明确地区分开，从而做到以 r_1 的利率向 θ_h 贷款并拒绝 θ_b 的申请。从这两个约束条件可知，当发出的信号是 x_l 时，获取隐性信息是最有价值的，对于 x_h 或 (x_l, y_h) 以 r_1 的利率放贷，而对 x_l 或 (x_l, y_l) 以 r_2 的利率放贷，对 x_b 或 (x_l, y_b) 不放贷。

2. 存在贷款证券化时贷款人最优行为分析

当存在证券化时，有一部分贷款（一般不可能是全部）会被出售给投资人，在这个过程中，假设投资人只能观察到贷款利率 r 和借款人的显性信息 x，无法获取隐性信息。这时，将贷款人分为两类，一类是在全面掌握显性信息和隐性信息的基础上认真审核贷款质量的低风险机构；另一类是仅凭借显性信息放贷，而不认真审核隐性信息的高风险机构。因为信息不对称的存在，假设投资人无法区分这两类贷款人的类型。定义 $P(x, r)$ 为贷款出售的价格。那么，此不完全信息动态博弈的精炼贝叶斯均衡（perfect Bayesian equilibrium）推导如下。

在给定证券化率 α 和贷款售价时，贷款人会重新考虑是否花费成本获得借款人的隐性信息以确定贷款利率。定义 $\rho(r|x, y)$ 为获取显性和隐性信息 (x, y) 后，设定贷款利率为 r 的概率。如果对于所有的 r，$\rho(r|x, y) = 0$，就意味着不提供贷款。更进一步，定义 $\rho(\cdot|x)$ 表示没有获取隐性信息时贷款人的战略，定义 $\lambda_i(x, \rho)$ 为给定显性信息 x 和贷款人战略 ρ 时，类型为 θ_i 的投资者的后验概率。均衡状态下，当 $\rho(r|x, y) > 0$ 时，$P(x, r) = (1 + r)$ $\dfrac{\sum_{\{i: r \leqslant r(\theta_i)\}} \lambda_i(x, \rho) \theta_i}{\sum_{\{i: r \leqslant r(\theta_i)\}} \lambda_i(x, \rho)}$。在此模型中，根据精炼贝叶斯均衡的原理，设定投资人对贷款的推断如下：如果 $r < r_2$，类型为 θ_i 的后验概率是 $\dfrac{\mu_i(x) 1_{\{r \leqslant r(\theta_i)\}}}{\sum_{\{j: r \leqslant r(\theta_j)\}} \mu_j(x)}$，这里的 $I_{\{r \leqslant r(\theta_i)\}}$ 是一个指示变量，当 $r \leqslant r(\theta_i)$ 时取值为 1，其他情况为 0。如果 $r \geqslant r_2$，投资人则认为借款者类型是 θ_b。

同上，定义 $\omega_i(x, y)$ 为给定显性信息 x 和隐性信息 y 时，借款人类型为 θ_i 的投资者的后验概率。如果隐性信息无法获得，则 $\omega_i(x, y) = \mu_i(x)$。假设贷款人获取显性和隐性信息 (x, y) 后，设定贷款利率为 r，当 $r \leqslant r_2$ 时，贷款人的预期回报是 $u(r, \rho) = (1 - \alpha) \sum_{\{i: r \leqslant r(\theta_i)\}} \omega_i(x, y) v_i(r) + \alpha [P(x, r) - 1] \sum_{\{i: r \leqslant r(\theta_i)\}} \omega_i(x, y)$，其具体公式和显性及隐性信号的类型密切相关。

具体而言，当 $\alpha > 0$ 时，贷款出售的价格必须满足 $P(x_h, r_1) - 1 = \sum_{i = h, l, b} \mu_i(x_h) v_i(r_1)$，投资人必须假设如果显性信号是 x_l 且利率为 r_1，则隐性

信号是 y_h。这时，$P(x_l, r_1) - 1 = \dfrac{\sum\limits_{i=h,l,b} \omega_i(x_l, y_h) v_i(r_1)}{\sum\limits_{i=h,l,b} \omega_i(x_l, y_h) v}$、$P(x_l, r_2) - 1 = $

$\dfrac{\sum\limits_{i=h,l,b} \omega_i(x_l, y_h) v_i(r_2)}{\sum\limits_{i=h,l,b} \omega_i(x_l, y_h) v}$。此处只给出显性信号为 $x = x_l$ 时贷款人的博弈结果，其

他两种类型与此类似。

第一，当 $y = y_h$ 时，如果利率为 r_2，贷款人的期望回报是 $u(r_2, \rho) = $

$(1 - \alpha) \sum\limits_{i=l,b} \omega_i(x_l, y_h) v_i(r_2) + \alpha \sum\limits_{i=l,b} \omega_i(x_l, y_h) \dfrac{\sum\limits_{i=l,b} \omega_i(x_l, y_l) v_i(r_2)}{\sum\limits_{i=l,b} \omega_i(x_l, y_l)}$。但在 $\alpha = 0$

时，贷款人的最优反应是以 r_1 的利率提供贷款，且满足 $\sum\limits_{i=l,b} \omega_i(x_l, y_h) v_i(r_1) > $

$\max \left[0, \sum\limits_{i=l,b} \omega_i(x_l, y_h) v_i(r_1) \right]$。因此，要使证券化过程顺利进行必然存在一个

α_1，当 $\alpha < \alpha_1$ 时，博弈存在隐性均衡，即两类贷款人的行为区分不明显，都

会综合显性和隐性信息放贷。

第二，当 $y = y_l$ 时，贷款人的期望回报是 $u(r_1, \rho) = (1 - \alpha) \sum\limits_{i=l,b} \omega_i(x_l, y_l)$

$v_i(r_1) + \alpha \sum\limits_{i=l,b} \omega_i(x_l, y_l) \sum\limits_{i=l,b} \omega_i(x_l, y_h) v_i(r_1)$ 或者是 $u(r_2, \rho) = (1 - \alpha) \sum\limits_{i=l,b} \omega_i(x_l, y_l)$

$v_i(r_2) + \alpha \sum\limits_{i=l,b} \omega_i(x_l, y_l) v_i(r_2)$。这时 r_2 是最优反应利率的条件是满足

$\sum\limits_{i=l,b} \omega_i(x_l, y_l) v_i(r_1) < \sum\limits_{i=l,b} \omega_i(x_l, y_l) v_i(r_2)$，因此，存在一个 α_2，当 $\alpha < \alpha_2$ 时，

博弈存在隐性均衡。

第三，当 $y = y_b$ 时，贷款人的期望回报是 $u(r_1, \rho) = (1 - \alpha) \sum\limits_{i=l,b} \omega_i(x_l, y_b)$

$v_i(r_1) + \alpha \sum\limits_{i=l,b} \omega_i(x_l, y_b) v_i(r_1)$，满足 $\sum\limits_{i=l,b} \omega_i(x_l, y_h) v_i(r_1) > 0 > \sum\limits_{i=l,b} \omega_i(x_l, y_b)$

$v_i(r_1)$，因此，存在一个 α_3，当 $\alpha < \alpha_3$ 时，博弈存在隐性均衡。

综上，定义 $\alpha^* = \min(\alpha_1, \alpha_2, \alpha_3)$，当 $\alpha < \alpha^*$ 时，此博弈存在隐性均衡。

如果 $\alpha > \alpha^*$，此处仍然以 $x = x_l$ 时贷款人的博弈结果为例。根据前面的推

导，贷款人对于 (x_l, y_h) 以 r_1 的利率放贷，而对 (x_l, y_l) 以 r_2 的利率放

贷，对 (x_l, y_b) 不放贷。如果贷款被保留，贷款人的期望回报是 $u_r = $

$\sum\limits_{i=h,l,b} \mu_i(x_l) \gamma(y_h | \theta_i, x_l) v_i(r_1) + \sum\limits_{i=h,l,b} \mu_i(x_l) \gamma(y_l | \theta_i, x_l) v_i(r_2) - c$；如果贷款被

出售，期望回报是 $u_s = [P(x_l, r_1) - 1] \sum_{i=h,l,b} \mu_i(x_l) \gamma(y_h | \theta_i, x_l) + [P(x_l, r_2) - 1]$ $\sum_{i=h,l,b} \mu_i(x_l) \gamma(y_l | \theta_i, x_l) - c$。由于投资人会根据贷款利率判断贷款质量从而影响贷款出售的价格，这时将出现典型的逆向选择，即投资人在无法判断贷款质量时，只能根据平均标准定价，那么在贷款出售市场上高风险贷款机构将越来越多，低风险机构逐渐被挤出。

从模型可以看出，证券化程度对贷款人的最大作用是影响了其收集借款人隐性信息的激励机制。在证券化较低时（$\alpha < \alpha^*$），由于贷款人需要依靠长期持有贷款获利，因此有动力去收集关于借款人的所有信息，这时高风险机构和低风险机构的区别并不明显。而证券化超过一定程度后（$\alpha > \alpha^*$），贷款出售所获得的差价收入越来越高。这时不同的贷款人需要根据对贷款项目质量的判断在持有贷款获得利息收入还是卖出贷款赚取差价间作出权衡。由于存在信息不对称，投资人无法判断哪类贷款人对贷款项目的信息掌握得更充分，因此只能根据平均标准对贷款定价，低风险贷款人会因为价格低于预期而逐步退出市场。逆向选择程度会随着证券化程度的提高而增加，市场上高风险贷款人会越来越多，证券化贷款的质量也就越低。

20 世纪 90 年代，美国住房抵押贷款的证券化水平基本维持在 50% ~ 60%，而次级贷款一般只有 45% 左右。但自 2001 年开始至次贷危机爆发前，证券化程度不断上升，房屋抵押贷款的证券化率从 2001 年的 61.8% 上升至 2006 年的 75.6%，其中次级贷款的证券化率上升更为明显，从 2001 年低于平均水平的 50.4% 上升至 2006 年高于平均水平的 80.5%（见图 5 - 16）。

同时，次级贷款发放的标准逐渐降低，申请资料不全或完全没有资料的贷款占比从 2001 年的 26% 上升至 2006 年的 44%。而贷款—房价比则从 2001 年的 84.6% 上升至 2006 年的 87%（见图 5 - 17），这一指标说明申请次级贷款的买房者的首付比例在不断降低，金融体系承受的风险在加大。

在这样的背景下，抵押贷款的整体质量不断下滑，平均违约率从 2004 年第三季度起开始加速上升，2007 年年底的违约率是 2001 年年底的 1.47 倍，而其中次级贷款的违约率上升更为明显，2007 年年底的违约率是 2001 年年底的 1.7 倍（见图 5 - 18）。

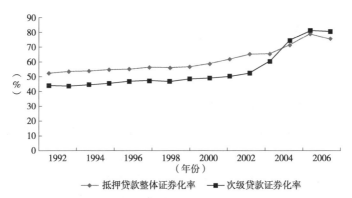

图 5 – 16　美国住房抵押贷款和次级抵押贷款证券化率变化

资料来源：Inside Mortgage Finance，The 2007 Mortgage Market Statistical Annual。

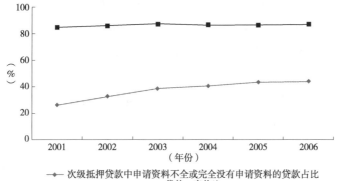

图 5 – 17　美国次级抵押贷款特征变化

资料来源：HMDA 数据库。

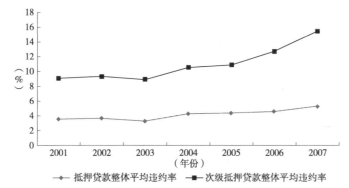

图 5 – 18　美国住房抵押贷款和次级抵押贷款平均违约率变化

资料来源：The Mortgage Bankers Association。

三、场外金融衍生品中的道德风险

(一) 发行人和投资银行的道德风险

特殊目的机构（Special Purpose Vehicle，SPV）是进行资产证券化或信用化业务的载体，也称发行人。SPV 的作用是从发起人那里购买基础信贷资产，以此为基础，设计和发行资产支持证券，并委托托管者或服务人进行管理。SPV 是专门为发行资产支持证券而组建的，在法律上具有独立的地位，一般不允许进行其他经营业务和融资业务。而投资银行的作用是在资产证券化过程中负责向公众或者特定投资者出售资产支持证券。在资产证券化的运作机制中，SPV 和投资银行的合作密不可分，SPV 并不参与实际的业务操作，具体工作委托相应的投资银行、资产管理服务公司等中介机构进行。同时，投资银行和其他参与者合作，与 SPV 一起进行策划、组织证券化交易的整个过程，发挥投资顾问的作用。因此可以说 SPV 和投资银行是次级抵押贷款证券化和进一步衍生化的主要设计者，他们帮助贷款机构将流动性弱的次级抵押贷款包装成 MBS 以增加流动性，同时按照可能出现违约的概率分割成不同等级，再次信用化包装成 CDO，使得某一层级的 CDO 甚至获得 AAA 级的评级。由于场外产品的复杂性，投资者无法弄清产品具体的创设过程，更无从知晓 SPV 和投资银行在该过程中的行为或尽职程度。实际上，这些信用类产品的创造过程就像一个黑箱，从这头进去的是次级抵押贷款，那头出来的就是复杂精致的 MBS、CDO。在这个过程中，SPV 和投资银行的利润仅仅与创造出的这些金融衍生品的销量和价格相关，同时投资者也不具备专业技能来监督和判断产品质量。就像下文的模型所证明的，在这样的机制下，其中的道德风险是不可避免的，为了获得更多的佣金和手续费收入，必须不断创造出更多、更复杂的衍生产品，而背后的风险没有随之消失，只是被转嫁和分散而已，这为危机的爆发埋下了隐患。

(二) 信用评级机构的道德风险

信用评级机构的主要作用是对拟发行的证券信用等级进行评定，目的是对证券信用风险提供权威性的意见，为投资者进行有效的投资决策提供合理、可靠的依据。信用评级机构在完成初次评级之后，往往还需要对该证券在整个存续期内的业绩进行"追踪"监督，及时发现新的风险因素，并做出是否需要升级、维持原状或降级的决定，以维护投资者的利益。根据上文的分析，由于资产证券化中存在的逆向选择问题，使得整个美国抵押贷款市场上高风险的次级抵押贷款逐渐扩大并且次级抵押贷款的证券化率也不断提高。

理论上说，在场外金融衍生品市场，信用评级机构的作用相当于给这些产品的质量提供专业的评估，从而使投资者根据自己的风险偏好和承受能力来选择适合自己的金融产品。因此，尽管市场上充斥着大量高风险产品，普通投资者也无法判断其风险状况到底如何，但只要信用评级是合理的，金融衍生品风险能被合理地预估，投资者能够依据自身的能力与偏好选择投资，风险就能被很好地控制。可事实上，评级机构在这次金融危机中并没有起到应有的作用，反而成为金融风险扩散的助推器。在危机前的 2005 年至 2007 年创立的 CDO 类别中，有 85% 被标准普尔评为 AAA 级。有 73.7% 的基于中等等级的 CDO 产品被惠誉公司①评为 AAA 级（AAA 级债券的风险在理论上几乎没有违约的可能，等同于美国国债）。然而，这些评级机构所认定的与美国国债同等级别的 3A 级债券，在危机发生后一夜之间却无法确定其价值，投资者纷纷抛售。

造成这一局面的主要原因还是在于信息不对称，在资产证券化的设计与交易过程中，普通投资者扮演了委托人的角色，而信用评级机构则是代理人，代理人负责帮助委托人确定产品的价值和风险，从而更好地实现投资目的。但在这一过程中，由于不合理的机制设计，造成了严重的道德风险，委托人无法监督代理人的评级行为是否尽责，更无力判断其评级水平。

其中，机制设计得不合理表现在两个方面。一方面，评级机构的盈利模式。20 世纪 70 年代，需要证券评级结果的投资人必须自己支付费用从信用评级机构购买信息。后来美国证券交易委员会为了让信用评级机构更好地服务于普通投资者，要求投资者不必再支付费用购买信息，改由证券发行方支付，具体数额按照最终证券销售量的一定比率提取（通常，评级机构 90% 的收入来自发行方支付的评级费用）。出于最大化利润的考虑，信用评级机构不得不按照证券发行人的要求，人为地提高证券的信用评级，从而获得更为丰厚的

---

① 惠誉国际信用评级有限公司是全球三大国际评级机构之一，是唯一的欧资国际评级机构，总部设在纽约和伦敦。

佣金。另一方面，评级机构不承担评级错误的责任。信用评级机构的收入与证券发行规模成正比，但却与证券上市后的表现无关，即使信用评级机构对证券的评价有严重的不实之处，它们也不用承担任何责任，这使得信用评级机构没有足够的动力去提高证券信用评级的质量。

以下使用博弈论中的经典模型更加清晰地分析这一委托—代理过程中的道德风险问题。

1. 模型假设

用 A 代表代理人所有可选择的行动的组合，$a \in A$ 表示代理人的一个特定行动。令 θ 是不受代理人（和委托人）控制的外生随机变量，Θ 是 θ 的取值范围，θ 在 Θ 上的分布函数和密度函数分别为 $G(\theta)$ 和 $g(\theta)$。在代理人选择行动 a 后，外生变量 θ 实现，$c(a)$ 表示代理人选择行为 a 后所付出的努力（成本）。a 和 θ 共同决定一个可观测的结果 $x(a, \theta)$ 和一个产出 $\pi(a, \theta)$，其中 $\pi(a, \theta)$ 属于委托人。委托人的问题是设计一个激励合同 $s(x)$，根据观测到的 x 对代理人进行奖惩。委托人的期望效用函数可表示为 $\int v(\pi(a, \theta) - s(x(a, \theta))) g(\theta) d\theta$。委托人的问题在于选择 a 和 $s(x)$ 最大化此期望效用函数。但是，委托人在这样做的时候面临来自代理人的两个约束。

第一，参与约束，即代理人从接受合同中得到的期望效用不能小于不接受合同时能得到的最大期望效用（用 $\bar{u}$ 表示，也可称保留收入）。可表述为 $\int u(s(x(a, \theta))) g(\theta) d\theta - c(a) \geq \bar{u}$。

第二，激励相容约束，假设 a 是委托人希望的行动，a' 是代理人可选择的任何行动，那么只有当代理人从选择 a 中得到的期望效用大于从选择 a' 中得到的期望效用时，代理人才会选择 a。可表述为 $\int u(s(x(a, \theta))) g(\theta) d\theta - c(a) \geq \int u(s(x(a', \theta))) g(\theta) d\theta - c(a')$。

2. 模型推导

进一步假设产出函数的形式为 $\pi = a + \theta$，其中 θ 是服从均值为 0、方差等于 σ^2 的正态分布随机变量，代表外生不确定因素。$s(\pi) = \alpha + \beta\pi$，其中 α 是代理人的固定收入，β 是代理人分享的产出份额，$\beta = 0$ 表示代理人不承担任何风险，$\beta = 1$ 表示代理人承担全部风险。再假设 ϖ 为代理人的保留收入水平，b 代表成本系数，ρ 是绝对风险规避度量，根据 Holmstrom 和 Milgrom（1987）对参数化委托—代理模型的推导，在委托人无法观察到代理人努力水

平 a 的条件下，代理人的参与约束为 $\alpha + \beta a - \frac{1}{2}\rho\beta^2\sigma^2 - \frac{ba^2}{2} \geqslant \varpi$；激励约束为

$a = \frac{\beta}{b}$。

最优化问题可表示为 $\max \frac{\beta}{b} - \frac{1}{2}\rho\beta^2\sigma^2 - \frac{b}{2}\left(\frac{\beta}{b}\right)^2 - \varpi$

一阶条件：$\beta = \frac{1}{1 + b\rho\sigma^2} > 0$，该条件意味着，为了最大化委托人利益，代理人必须承担一定的风险，极端地说，如果代理人是风险中性的（$\rho = 0$），最优合同要求其承担所有风险（$\beta = 1$）。

根据以上模型，可以清楚地看出次贷危机前信用评级机构道德风险的严重程度。从收益角度看，由于投资者不向评级机构支付费用，因此评级机构在该委托—代理合同中得到的期望效用为 0（$\int u\,(s\,(x\,(a,\,\theta)))\,g\,(\theta)\mathrm{d}\theta = 0$），这使得参与约束和激励相容约束完全失去作用。从风险分担角度看，由于评级机构不承担评级错误的责任，因此该委托—代理合同中承担的风险也是 0。这也不满足代理人必须承担一定风险的原则。最终结果只能是该合同根本无法最大化委托人利益，道德风险横行。

四、逆向选择和道德风险的结果

20 世纪 90 年代，美国房地产抵押贷款的证券化水平基本维持在 50% ~ 60%，而次级抵押贷款一般只有 45% 左右。但自 2001 年至次贷危机爆发前，随着证券化及信用化程度不断加深，由于其中存在严重的逆向选择和道德风险问题，最终导致抵押贷款的整体质量不断下滑，平均违约率从 2004 年第三季度起开始加速上升，2007 年年底的违约率是 2001 年年底的 1.47 倍，而其中次级贷款的违约率上升更为明显，2007 年年底的违约率是 2001 年年底的 1.7 倍，这是诱发房地产泡沫破灭的直接导火索，以下用计量模型对此结论进行检验。

（一）计量方法与变量说明

依旧选用面板数据（Panel Data）进行分析，时间跨度定为 2002—2007 年，地区跨度为美国 50 个州。根据前文的分析可知，影响美国抵押贷款违约率上升最重要的因素是利率的上升、房价的下跌以及资产证券化程度的加深，

因此选用以下变量作为分析对象。

因变量：抵押贷款违约率（mde）。包含固定利率贷款与可调整利率贷款，以贷款超过 30 天未还作为违约标准。该数据来源于美国住房抵押贷款银行家协会（Mortgage Bankers Association）。

自变量包括以下内容。

（1）住房抵押贷款证券化率（sec），即每年在二级市场上被出售的贷款占总发放贷款的比率，根据 HMDA 数据库相关数据计算所得。

（2）住房抵押贷款平均利率（$rate$），来源于 FHFB 数据库。

（3）房屋价格指数的年度增长率（hpg），来源于 OFHEO 数据库。

（二）计量模型

抵押贷款特别是次级抵押贷款违约率是从 2004 年第三季度之后才开始大幅上升的，这表明危机的积累有一个相当长的过程。因此，影响贷款质量的各因素并不是实时发挥效果而是有滞后期的。以证券化率为例，2002—2004 年是其加深的最快时期，大量的低质贷款在这个时期就已经被打包出售；而贷款利率则是从 2004 年开始上升到 2006 年达到最高点。

基于这一分析，此处各变量的取值期如下：

抵押贷款违约率（mde）——2005—2007 年度数据；

住房抵押贷款证券化率（sec）——2002—2004 年度数据；

住房抵押贷款平均利率（$rate$）——2004—2006 年度数据；

房屋价格指数的年度增长率（hpg）——2005—2007 年度数据。

根据以上变量，构建线性化的计量模型如下：

$$mde_{it1} = a_i + b_1 (sec_{it2}) + b_2 (rate_{it3}) + b_3 (hpg_{it3}) + e_{it}$$

这里，$i = 1, 2, 3, \cdots, 50$；$t1 = 2005, 2006, 2007$；$t2 = 2002, 2003, 2004$；$t3 = 2004, 2005, 2006$。

（三）计量结果

对各组进行 F 检验、LM 检验以及 Hausman 检验，测算结果显示，每组均应选择固定效应模型进行计算，计算采用 Stata8.1 软件完成，实证结果如表 5-22 所示。可以看出，模型整体表现良好，各变量回归系数的符号与经济理论保持一致，显著性检验也表明结果可靠。结果显示，2002—2004 年美国抵押贷款市场快速的证券化过程对2005—2007年抵押贷款违约率的上升具有正向的推动作用，证券化率每上升1个百分点，抵押贷款违约率将增加0.042个百分点。

表 5 – 22　　　　　资产证券化对住房抵押贷款违约率的影响估计

mde	回归系数	标准误差	t 检验值	显著性水平
sec	0.04215	0.00803	5.23	0.000
rate	0.12371	0.02588	4.78	0.000
hpg	−0.194	0.02120	−9.15	0.000
_cons	3.4517	1.09926	3.14	0.000

注：数据量 = 150，数据组 = 50。
　　模型拟合优度 = 0.6213，模型显著性水平 = 0.0000。

第六节　本章主要结论

本章以次贷危机作为背景，研究以资产证券化产品为基础的场外金融衍生品与危机形成及发展之间的关系。

首先，资产证券化的信贷扩张效应与房地产泡沫之间存在联系。增加流动性和监管资本套利是银行进行证券化的最主要动因，而这两者最终都会产生相同的结果，即通过出售资产扩大融资来源，促使银行能在短期内更多地发放贷款。当证券化标的对象是房地产抵押贷款时，此类信贷的扩张将使更多资金涌入房地产市场，推动房地产价格持续上升。危机前住房抵押贷款证券化产品的快速发展是引发资产泡沫的重要原因之一。

其次，次贷危机发端于美国房地产市场，最初的局部风险因为资产证券化产品以及关联的场外金融衍生品而传导扩散至整个金融体系。一方面，次级抵押贷款违约率上升导致次级抵押贷款支持证券的违约风险上升，市场价格大幅度缩水，使次级抵押贷款的信用风险从商业银行转移至资本市场。另一方面，商业银行直接或间接地购买了大量次级抵押贷款支持证券又使资本市场的危机积累到一定程度后反馈给信贷市场。危机在双向传导效应的刺激下波及面不断扩大，使局部风险最后演变为系统性危机。

最后，在各信用类场外金融衍生品大行其道的条件下，由于缺乏适当的制衡机制，借款人和发起人之间的逆向选择问题表现得更加严重。借款人不顾偿还能力疯狂借贷，而发起人缺乏监督动力，也无心采取措施防范逆向选择。从模型分析可以看出，资产证券化及其衍生品对贷款人的最大作用是影响了其收集借款人隐性信息的激励机制。当证券化超过一定程度后，贷款出售所获得的差价收入越来越高。这时，不同的贷款人需要根据对贷款项目质量的判断在持有贷款获得利息收入还是卖出贷款赚取差价间做出权衡。由于存在信息不对称，投资者无法判断哪类贷款人对贷款项目的信息掌握得更充分，因此，只能根据平均标准对贷款定价，低风险贷款人会因为价格低于预期而逐步退出市场。逆向选择程度会随着证券化程度的提高而增加，市场上高风险贷款人则越来越多，抵押贷款的质量也就越来越低。资产证券化中特殊目的机构、投资银行和信用评级机构存在道德风险问题，不合理的激励机制使得本应承担鉴别金融衍生品质量的中介机构不但未能尽责，反而推波助澜。由于存在严重的逆向选择和道德风险问题，最终导致美国抵押贷款的整体质量不断下滑，这是诱发危机的重要原因。

第六章　股指期货与股票市场异常波动

自股指期货诞生之初，就面临着理论界和管理部门的质疑与批评，这在1987年美国股灾发生之后达到一个高潮。当时，虽然部分专家认为股灾的根源是宏观经济基本面表现欠佳以及股票市场本身存在缺陷，但不少人认为股市崩盘主要是股指期货推动造成的，股指期货成为1987年股灾的"替罪羊"。特别是美国政府成立了以财政部布雷迪为首的总统工作小组，于1988年写成了《布雷迪报告》，将股灾爆发归咎于股指期货市场。为回应《布雷迪报告》的指责，1991年，以诺贝尔经济学奖得主默顿·米勒为首的工作小组经过大量翔实的调查，否定了该报告中关于股指期货引致股灾的结论，促使人们对金融衍生品有更深层次的认识。而次贷危机期间，在一系列场外金融衍生品崩溃及引发巨大风险的背景下，股指期货等场内金融衍生品却充分体现了引导现货交易、风险规避、稳定市场等积极作用。

第一节　股指期货的产生与发展

股指期货诞生于20世纪80年代的美国，与其他金融期货产品一样，股指期货的产生是基于规避股票市场价格波动风险。

20世纪70年代石油危机之后，西方各国经济出现了剧烈的动荡和严重的滞胀。1981年之后，里根政府把治理通货膨胀作为美国经济的首要任务，控制货币供应导致利率大幅上升，加剧了股票价格的波动。为减少投资者的风险，恢复市场信心，确保美国股票市场的稳定和持续发展，开发新的能够分散投资风险的金融工具势在必行，股指期货就在这样的背景下产生并快速发展起来。

早在 1977 年，堪萨斯期货交易所就曾向美国商品期货交易委员会（CFTC）提交开展股指期货交易的报告。由于此时期货仍然采取实物交割，还未实行现金交割，因此股指期货一直未获批准。1981 年，芝加哥商品交易所的欧洲美元期货合约采取了现金交割的方式。同年，美国证券交易委员会（SEC）和美国商品期货交易委员会签署了《Shad – Johnson 协定》，明确美国股指期货的监管权归 CFTC，而 SEC 则对股票期权享有监管权。同时还规定股指期货合约的设计必须满足现金交割等一系列限制条件。这一协定的签署标志着股指期货市场监管僵局的消除，同时将股指期货的现金交割"合法化"，从制度层面为股指期货的推出铺平了道路。

1982 年 2 月，堪萨斯期货交易所推出了第一份股指期货合约——价值线综合指数期货合约。2 个月后，芝加哥商品交易所推出了标普 500 指数期货。股指期货一经诞生就受到了市场的广泛关注，价值线综合指数期货推出当年成交 35 万手，标普 500 指数期货的成交量更是达到 150 万手。1984 年，股指期货合约的交易量已占美国所有期货合约交易量的 20% 以上。从此，以美国为起点，股指期货在全球范围内得到了蓬勃发展。发达地区股指期货交易的迅猛发展引发了新兴市场的竞相效仿，从而形成了 20 世纪八九十年代以来世界性的股指期货交易热潮。庞大的股票衍生品家族为股票市场提供了多样化的投资标的与避险工具，成为全球金融衍生品市场的重要组成部分。

从国内来看，2006 年 9 月中国金融期货交易所正式成立。2010 年 4 月 16 日，沪深 300 股指期货合约上市交易，这标志着我国金融期货市场的诞生，也标志着资本市场改革发展迈出了关键的一大步。2015 年 4 月 16 日，上证 50 和中证 500 股指期货合约上市交易，我国股指期货产品进一步丰富。股指期货产品上市以来，机构投资者平稳、有序地入市交易，机构投资者成交和持仓占比较上市初期大幅增加，机构化程度明显提升，已逐步向境外成熟市场靠拢。

当前，股指类衍生品是国际场内金融衍生品市场中增量最大的品类。2019 年，全球场内金融衍生品增长率为 12%，股指类增长率为 25%，值得一提的是，股指类新增成交量 24.7 亿手，而整个市场新增量为 41.7 亿手，即接近 60% 的成交增量是由股指类产品提供的。2019 年，印度国家证券交易所和巴西交易所是股指类衍生品成交量最大的两个交易所，且成交量同比增速均超过 50%，股指期货、期权的亮眼表现帮助两大交易所成交量排名分别升至第 1 位和第 3 位。可以看到，两者之间存在很多共性：一是两者都属于新兴市场国家，投资者对股指市场的参与热情较高；二是两者的市场开放程度较高，大量境外投资者参与本国市场交易，带来了大量的资金、先进的投资理念和交易技术；三是两者均积极推进产品创新和制度优化，丰富服务范围、提高服务质量，从而吸引更多的投资者（见表 6 - 1）。

表 6 - 1　　　　　　　　2019 年全球主要股指期货产品交易情况

合约	交易所	成交量（手）		持仓量（手）	
		2019 年	成交量增长率	2019 年年底	持仓量增长率
Bovespa 迷你股指期货	巴西交易所	1614094434	128.55%	391193	174.41%
迷你标普 500 股指期货	芝加哥商品交易所	395146908	- 11.24%	2721051	0.99%
EuroStoxx 50 股指期货	欧洲期货交易所	292360338	- 8.25%	3392722	- 9.48%
日经 225 迷你股指期货	大阪证券交易所	237577721	- 13.08%	500550	- 60.89%
富时中国 A50 股指期货	新加坡交易所	97770859	11.07%	731133	- 16.79%
沪深 300 股指期货	中国金融期货交易所	23638514	215.73%	125583	64.55%

资料来源：Wind，Bloomberg。

为进一步优化股指期货交易运行，促进市场功能发挥，国内中金所自 2019 年 4 月 22 日起，进一步调整了股指期货交易安排。此次调整是进一步优化股指期货交易运行、恢复常态化交易管理、促进市场功能发挥的积极举措，有利于投资者更加高效地管理股市风险，引导更多中长期资金进入资本市场，促进产品创新，更好地满足各类投资者的需要。

由于此次股指期货"松绑"力度较大，2019 年市场成交量和持仓量都明显上升，中证 500 股指期货相关指标的增长尤其显著。2019 年，股指期货日均成交量和成交额分别是上年的 2.2 倍和 2.5 倍，其中中证 500 股指期货日均成交量和成交额分别是上年同期的 3.6 倍和 3.5 倍。全部股指期货日均持仓量是上年同期的 1.5 倍，中证 500 股指期货日均持仓量是上年同期的 1.9 倍。沪深 300 和上证 50 股指期货的日均成交量、成交额和日均持仓量较上年也均增长 1 倍以上（见表 6 - 2）。

表 6 - 2　　　　　　　　2019 年股指期货成交持仓状况

品种	总成交量		日均成交量		总成交金额		日均成交金额		年末总持仓量		日均持仓量	
	万手	同比	万手	同比	亿元	同比	亿元	同比	万手	同比	万手	同比
IF	2363.9	215.7%	9.7	212.9%	267071.6	241.2%	1094.6	239.8%	12.6	64.6%	11.2	120.3%
IC	1994.4	359.5%	8.2	355.0%	198790.8	353.0%	814.7	351.2%	16.6	142.6%	12.7	193.6%
IH	966.9	114.1%	4	112.4%	82176.5	133.2%	336.8	132.2%	5.7	70.0%	5.4	115.7%
合计	5325.1	225.8%	21.8	224.5%	548038.9	248.2%	2246.1	246.7%	34.9	95.5%	29.3	146.5%

　　注：（1）IF、IC、IH 分别表示沪深 300 股指期货、中证 500 股指期货、上证 50 股指期货。
（2）各品种日均持仓量为年内各交易日各品种日末持仓量的总和除以各年交易日后得到。
　　资料来源：Wind。

第二节　美国 1987 年股灾回顾

一、股灾前股票市场概况

　　美国股市自 1980 年至 1987 年 10 月股灾前，一直处于大的上涨周期中。1980 年至 1987 年 9 月，美国道琼斯工业平均指数、标准普尔 500 指数、纳斯达克综合指数分别上涨了 209.55%、198.16% 和 193.96%；1984 年 8 月至 1987 年 9 月，是这轮上涨大周期中持续时间较长的上行趋势，三个指数分别上涨了 132.79%、113.61% 和 93.42%。标准普尔 500 指数市盈率从 1980 年年初的 7 倍左右上升到 1987 年 9 月的 20 倍以上。实际上，在股灾发生前，从 1986 年 7 月至 1986 年 12 月，纳斯达克综合指数就已经进行了比较大幅度的调整，下跌幅度为 14%，而其他两个指数这期间基本保持震荡。

二、股灾期间市场行情

　　1987 年 10 月 6 日，受两篇颇具影响力的投资咨询机构的看空报告影响，美国股票市场已经开始大幅度下跌，当日道琼斯工业平均指数跌幅为 3.47%，市

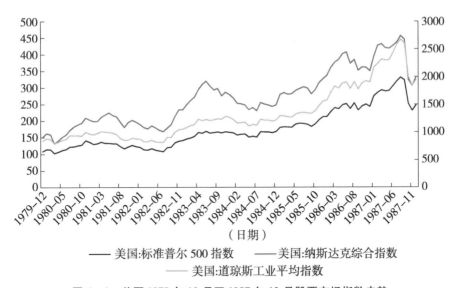

图 6 - 1　美国 1979 年 12 月至 1987 年 12 月股票市场指数走势

资料来源：Bloomberg。

场开盘和收盘时段下跌速度最快，大约占全天跌幅的 66%（见图 6 - 1）。

　　1987 年 10 月 14 日至 16 日，受美国巨额贸易赤字及联邦预算赤字、美元下跌、利率上升、企业并购税负的增大等基本面信息的打击，市场持续大幅下跌，道琼斯工业平均指数三个交易日跌幅分别为 3.81%、2.39% 和 4.60%，标准普尔 500 指数三个交易日分别下跌 2.95%、2.34% 和 5.16%。美国证券交易委员会（SEC）市场监察部的研究数据显示，机构投资者是这三个交易日纽约证券交易所（NYSE）的卖出主力，分别占 47%、36% 和 39%；自营交易者卖出占比分别为 27%、40% 和 35%；散户卖出占比分别为 26%、24% 和 26%。

　　1987 年 10 月 19 日，上一周的市场担忧情绪继续发酵，美国股灾爆发，史上称当日为"黑色星期一"，道琼斯工业平均指数、标准普尔 500 指数和纳斯达克综合指数分别惨烈下跌 22.61%、20.47% 和 11.35%，标准普尔 500 指数期货跌幅高达 28.6%。机构投资者、自营交易者和散户分别占 NYSE 当日卖出量的 50.7%、16% 和 33.3%。10 月 19 日早上，由于 NYSE 很多大盘股大量的卖压向做市商袭来，指令买卖的严重不平衡造成了股市的延迟开盘，同时也使得主要股票指数真实的点位无法计算。截至 1987 年 10 月 19 日10：00，占标准普尔 500 指数市值30%的 95 只成分股仍没有开盘；10：30，30 只道琼斯工业平均指数成分股中的 11 只仍没有开盘。虽然，采用指数编制方法计算的道琼斯工业平均指数只下跌了 94 点，但是实际下跌幅度却高达 200 点。市场小幅反弹后，12：00 至 13：00、13：30 至 14：15 两个时间段，NYSE 股票价格再次大幅下跌。很多股票市场开盘的长时间延迟和指数真实点位的无法计算，使得标准普尔 500 指数期货市场的交易出现混乱。市场持续的卖压、做市商做市能力的耗尽，以及 DOT 系统指令执行报告延迟产生的不确定性，使得市场恐慌情绪一直持续到收盘。

1987 年 10 月 20 日，早盘阶段市场反弹，但随后投资者情绪依然异常紧张，做市商的做市能力受到影响，股票价格变化如同过山车，道琼斯工业平均指数的盘中最低点相对于 1987 年 8 月 25 日的高点下降了 1000 多点，跌幅大约为 37% 。中午前后，NYSE 的大部分股票停盘，衍生品市场交易停止。随后，股票回购、流动性保障、卖压的降低等因素促使 NYSE 市场大幅反弹。整个 10 月，道琼斯工业平均指数、标准普尔 500 指数和纳斯达克综合指数分别下跌了 23.22% 、21.76% 和 27.23% 。

美国股灾期间，股票市场剧增的交易量令专业投资者和个人投资者震惊。10 月 19 日和 20 日，NYSE 日交易量从 2 亿股到 3 亿股大幅上升到 6 亿股，美国证券交易所（AMEX）和纳斯达克证券交易所（NASDAQ）的日交易量，分别从 9 月的 0.124 亿股和 1.483 亿股的日均水平大幅上升到 10 月 19 日的 0.317 亿股和 2.444 亿股。芝加哥商品交易所（CME）的标准普尔 500 股指期货的交易量从 10 月 13 日的 82000 手飙升到 10 月 19 日的 162000 手。

第三节　有关“87 股灾”的核心报告比较[①]

为弄清美国“87 股灾”发生的真正原因，政府、监管机构和交易所对股票期、现货市场进行了深入研究和论证，形成了大量的研究报告。其中，比较重要的包括美国财政部领衔完成的《布雷迪报告》、美国商品期货交易委员会（CFTC）的报告和芝加哥商品交易所（CME）聘请独立调查委员会完成的权威学术报告（《米勒报告》）。

---

① 本部分内容参考了《股指期货的市场作用——1987 年 10 月美国股灾核心研究报告比较》的内容，该文作者为吴长凤，文章发表于《中国证券期货》2019 年第 1 期。

一、《布雷迪报告》的主要观点及对股指期货的指责

《布雷迪报告》由时任美国财政部高级官员布雷迪领衔的总统工作小组完成，报告全名为《总统市场机制工作组报告》，于 1988 年 1 月提交美国总统、财政部部长和美联储主席。报告的主要内容是，1987 年 10 月的股市崩溃主要是由指数套利（一般设计为程式交易）和组合保险这两类交易在股票指数期货和现货市场相继推动而造成的。为了避免出现股票下跌的风险，几家机构交易商在期货市场卖出股票指数期货合约进行组合保险，导致股票指数期货合约下跌。由于期货价格下跌，期货价格与现货价格之间偏离了正常的比价关系，于是指数套利者入市，买入期货的同时在股票市场抛出股票，导致股票现货价格下跌。而股票价格下跌刺激了更多的组合保险交易，又引起新一轮股票指数期货抛盘，如此循环最终导致股市崩溃。报告将"87 股灾"的爆发归咎为股指期货市场，具体有以下观点。

1. 程序化交易加剧了期、现货市场间的风险传导

《布雷迪报告》表示，随着技术的进步，程序化交易逐步增加。在最广泛使用的程序化交易策略中，有两种与"87 股灾"的发生紧密相连。第一种，组合保险策略，即通过控制股票与现金的比例来动态调整风险敞口的投资策略，当市场下跌时卖出股票，在上涨时买入。实际应用中，许多投资者通过调节期货头寸执行这一策略，这是由于期货交易相对而言成本更低，且大多数机构在交易客户股票时可能会受到限制。第二种，指数套利策略，即当股指期货和现货指数价格偏离均衡状态、基差超出无套利边界时，融资买入现货同时卖出期货的正向套利行为，或者融券卖出现货同时买入期货的反向套利行为。指数套利的基础是股指期货与现货指数应处于持续的平衡状态，在到期日，股指期货价格向现货指数收敛。

《布雷迪报告》指出，美国"87 股灾"期间这两种交易策略对跨市场风险的传递起到了较为明显的刺激作用，尽管它们不是风险的制造者，但是却起到了风险传递的作用。一方面，组合保险策略不顾及流动性的交易方式是崩盘的主要原因。该策略引导投资者出售了大量美元资产，在巨大抛压下，股价急速下跌，DOT 交易系统和 NYSE 做市商机制都无法有效执行交易指令。另一方面，指数套利者通过买入期货、卖空现货的方式参与交易，从而将下跌动能从期货传导至现货，形成了导致市场急速下跌的恶性循环。

2. 期货价格引导现货价格造成深度负基差

《布雷迪报告》表示，在1987年10月的股灾中期货价格首先下跌，进而拖累了现货价格，表现为期货贴水。期货市场大幅贴水使得投资者不再敢于买入股票，降低了做市商和其他市场参与者纠正买卖指令失衡的动力。

3. 期货市场较低的保证金水平鼓励了投机交易

《布雷迪报告》表示，股票现货和期货市场保证金制度的不同，使得期货交易杠杆比股票高很多，期货市场相对较低的保证金水平促进了机构投资者交易的集中性，从而增加了市场大幅波动的可能性。报告建议提高股指期货的保证金水平，使其与融资购买股票的保证金比例一致，并且限制个人投资者在期货市场的杠杆比例。报告认为更高的保证金要求是抑制期货投机活动的一种手段，尤其是针对那些利用恐慌情绪获利或者加剧恐慌情绪的投机活动。

4. 做市商未起到稳定价格和提供流动性的作用

《布雷迪报告》表示，做市商本应向投资者双向报价，并在该价位上接受投资者的买卖要求，用其自有资金和证券与投资者进行交易，以维持市场流动性，满足投资者的投资需求。但"黑色星期一"的暴跌加速了市场效率的恶化，当日做市商并没能起到稳定价格和提供流动性的作用，相反，其有限的能力和较弱的吸收抛盘意愿反而刺激了崩盘的发生。指数的大幅震荡抑制了投资者参与市场的意愿，同时也引发了大型机构违约的担忧，这些都加剧了市场短时间内的大幅下跌，进而影响了资金信贷体系，削减了做市商的资金实力，进一步迫使他们减少做市行为，至次日中午少数做市商甚至没有足够的资金来调整仓位。

5. 价格限制措施的缺失加剧了市场恐慌

《布雷迪报告》表示，每日价格涨跌幅限制是一种缓解市场恐慌情绪的方式。从理论上来讲，如果波动区间设置得足够宽，得以覆盖小概率参数的话，价格限制的方式是有效的。价格限制可以为市场提供至关重要的暂停时间，使市场参与者能够有时间消化较大的价格波动，让中介机构有时间与客户协商应对的措施，监管机构也有时间决定是否有必要或者以何种形式为市场注入额外的流动性。

二、《CFTC报告》和《米勒报告》的主要观点

针对《布雷迪报告》对于程序化交易和股指期货的指责，CFTC和CME

连续出台两份报告进行了回应和解释。特别是《米勒报告》，其由 CME 聘请的独立调查委员会完成，四位作者均是当时金融领域有影响力的专家。其中，默顿·米勒和迈伦·斯科尔斯是现代金融理论奠基人，后来双双荣获诺贝尔经济学奖。可以说，《米勒报告》在各种关于股指期货的学术研究中拥有豪华的作者阵容，报告本身行文逻辑严谨、论证构思巧妙。这两篇报告主要包括以下内容。

（一）就期、现两市整体而言，指数套利策略和组合保险策略并非产生卖压的根源

1. 指数套利策略和组合保险策略简介

指数套利策略是指当股指期货和现货指数价格偏离均衡状态，超出无套利边界时，融资买入现货同时卖出股指期货（期货价格升水，俗称"正向套利"），或者融券卖出现货同时买入股指期货（期货价格贴水，俗称"反向套利"）的无风险套利行为。指数套利策略的基础是股指期货与现货市场应当处于持续的平衡状态，在到期日，股指期货价格向现货指数价格收敛。这一平衡机制会促进期、现货市场的价格发现效率，并缓解信息在单个市场的过度反应，分散单一市场的供求失衡。1987 年由于期货价格大幅度贴水，理论上可以进行的指数套利交易方式包括以下内容：①建立买期货卖现货的反向套利头寸；②对前期建立的卖期货买现货正向套利头寸进行平仓；③买期货替代部分现货头寸（指数替代）。

组合保险策略是根据投资组合的当前实际收益和目标最低收益动态调整权益类资产风险敞口的投资策略。投资组合当前实际收益高于目标最低收益的幅度越大，权益类资产风险敞口越大，反之越小。因此，组合保险策略的特点是追涨杀跌，其权益类资产风险敞口既可以是股票现货，也可以是股指期货。由于股指期货的交易成本更低，正常情况下，投资组合对股票现货的持有情况相对稳定，更多通过期货市场进行风险敞口的动态管理，或者对所持有的现货进行动态风险对冲，弥补风险敞口的不足。《米勒报告》指出，组合保险策略并非一种产品，其策略实施并不依赖于股指期货市场，完全可以通过现货市场上的止损订单来实现策略目标。

2. 股市涨跌与两种策略交易活动的关联性

两篇报告都注重以实际交易情况，包括交易量、交易方向、交易时间、持仓数据等为事实依据。CFTC 利用从清算会员、大型交易商报告获得的数据和其他日常报告数据，以及来自 SEC 的调查报告数据进行分析。《米勒报告》同样基于大量的市场交易数据、持仓报告数据和 CME 监察部对交易商的访谈信息，通过将账户类型与特定交易策略相结合，分析期货市场在股灾期间的作用。

《CFTC 报告》指出，1987 年 10 月 16 日和 19 日，指数套利策略卖现货买期货的反向套利规模较大，但远不及共同基金的股票卖出量。1987 年 10 月 19 日下午之后，由于指数成分股没有交易、期货合约和股票现货价差的扩大、NYSE 限制程序化交易等原因，指数套利策略的交易规模很小。1987 年 10 月 16 日、19 日和 20 日，组合保险策略卖出 SPZ 期货合约的量很大，日卖出总量占市场交易总量的比例在 10% ~ 30%，但其日内高低点与市场大幅下跌和反弹的时间点并不一致。两种策略可能存在交互作用的日期只有 1987 年 10 月 19 日，并且对日内数据的调查和分析并不支持这两种策略交易的交互作用导致了股票价格大幅下跌的观点。

《米勒报告》认为，股票市场快速下跌和 SPZ 期货合约大幅贴水阶段，都没有对应着大量的指数套利和组合保险卖出股票交易；在期、现货价格均衡和市场恢复阶段，两大策略的交易反而比较活跃。报告指出，理论上，套利活动不存在市场风险，但却面临交易执行风险，尤其当股价快速波动，或者某个市场上的交易执行变得困难或者延迟较大时，这与《CFTC 报告》的观点——指数成分股没有交易、报价价差扩大限制了套利交易规模属于同一道理。组合保险对冲交易确实给市场带来了压力，但与关键时段的市场走势并没有显著的相关性，更无法解释市场下跌的严重程度。

此外，《米勒报告》还指出，组合保险策略和其他对冲策略在期货市场上的卖出实际上减轻了现货市场的卖出压力，如果没有期货市场承压，股票现货的卖出压力更大。报告测算，扣除指数套利策略的现货回流卖出量，10 月 19 日，期货市场总共为股票现货承担了 23500 万股的卖出压力，约占当日股票总成交量的 39%。《CFTC 报告》中也提到，股指期货市场减缓了 19 日的市场下跌幅度，对投资者起到了重要的保护作用；当在期货市场无法对冲现货股票头寸时，投资经理将直接卖出这些股票。

（二）期货价格大幅贴水的原因很复杂，并未拖累现货下跌

期货合约价格表象上的持续大幅贴水是推理出"瀑布效应"的直接原因，

然而，"瀑布效应"并没有从实践角度分析期货价格大幅贴水的本质原因，这决定了期货价格贴水是否真正能够被指数套利程序化交易策略所利用。

1. 股票缺乏连续交易

一是期、现货市场的开盘机制不同。《米勒报告》指出，股票市场和股指期货市场的开盘机制不同，当股票买卖指令严重失衡时，做市商有权延迟开盘，而期货市场的开盘价格直接反映了新信息影响下的市场出清水平，并不以价格稳定为目标。1987年10月19日，大量股票延迟开盘，人为压制了现货指数价格的时效性，并非卖单首先席卷期货市场，而是两个市场同时承压，只是现货市场暂时没有让压力释放，所以期货合约价格的大幅贴水实际上成为假象。

二是盘中很多股票交易暂停。《米勒报告》提出，由于买卖指令的严重失衡，很多股票开盘后经常出现数分钟的交易暂停，尤其在10月20日上午，暂停现象非常频繁，使现货指数价格严重失真，导致出现了期货合约价格大幅贴水的假象。

《CFTC报告》通过构建交易代理指数（trading proxy index），[①] 用实际数据证明了期货合约价格大幅贴水存在显著的"非交易效应"（non - trading effect）。[②]

2. 指数套利活动的不对称性

《米勒报告》进一步指出，指数套利活动的不对称性也是导致期货价格大幅贴水的原因之一。当期货合约价格与现货指数价格之差跌出无套利区间下限时，融券卖出现货同时买入期货的反向套利活动受到限制。根据规定，卖空股票的价格要符合报升要求，而这在股价持续下跌期间很难实现，融券卖空的指数套利交易因此严重受限。所以，大幅贴水现象意味着指数套利交易基本无法执行。《CFTC报告》中同样指出，NYSE的卖空报升规则限制了市场下跌过程中的指数套利交易，但都没有进一步指出这是期货价格大幅贴水的原因之一。

然而，以上两大原因都不足以解释股灾期间期货合约价格贴水如此之深。1992年，Allan W. Kleidon发现，[③] 由于NYSE的DOT系统处理能力不足，超

---

① 交易代理指数剔除了成分股延迟开盘和交易暂停对指数的影响。

② "非交易效应"指成分股延迟开盘或交易暂停所导致的期货合约价格大幅贴水。

③ KLEIDON A W. Arbitrage, Nontrading and Stale Prices：October 1987 ［J］. The Journal of Business, 1992, 65（4）：483 – 507.

负荷运转，指令排队现象严重，并导致股票交易报价延迟，因此现货指数价格持续滞后。期、现货价格时间上的错配是期货价格持续深幅贴水的更深层次原因。

3. NYSE 限制程序化套利的作用之争

为减轻系统压力，NYSE 禁止套利程序化交易在 DOT 系统执行，从技术上阻碍了指数套利交易，从而降低了套利交易对期、现货价格的影响，期、现货市场价格脱钩。CFTC 调研的机构投资者认为，这导致了期、现货市场的更大波动，如果允许套利交易正常进行，市场也许会平稳一些。组合保险者对对冲成本非常敏感，如果期货价格大幅度贴水，他们将选择直接卖出股票进行避险。《米勒报告》指出，股票做市商集中在期货市场对手中的股票存货进行风险对冲，给期货市场带来冲击，当冲击较大时，指数套利交易活动会将过度的冲击转移到现货市场，促使期、现货价格保持均衡。因此，通过 NYSE 的 DOT 系统流入的程序化卖单是对冲现货风险的需求，即使没有指数套利交易，这些避险需求最终还将会通过卖出股票来满足。

（三）期、现货市场之间的保证金差异不是引发危机的原因

由于基础资产的交易方式不同，股票和期货交易保证金有根本性区别。股票保证金相当于融资买入股票的订金，其余部分向经纪公司融资，并支付融资利息。而期货保证金实际上是履约担保，多空双方平等适用，基础资产的价款无须从买方流向卖方，交易者不必从经纪公司借款和支付利息。期货交易的中央对手方既作为买方也作为卖方，每日无负债结算制度避免了期货交易者信用水平的逐日积累。期货交易履约担保的程度即保证金水平与基础资产的日波动率密切相关，只要大概率能够覆盖一天的价格波动就基本能够避免信用风险。

《米勒报告》指出，没有证据表明期、现货市场之间的保证金差异导致了此次危机。实际上，CME 采用了比 NYSE 更严格的保证金管理体系。CME 的维持保证金机制，保证了投资者在所有时间都有足够的资本，而和人们表面看到的股票保证金比期货保证金高相反，NYSE 则允许大单交易和套利交易不付保证金，使得其实际的保证金水平常常低于 CME 的水平。此外，NYSE 实行的是 5 天交割制，而 CME 是 24 小时结算并且不延长信用期。在"黑色星期一"，CME 实际收到了 26 亿美元左右的保证金，而平时仅为 1 亿美元左右，这就保证了星期二开盘的流动性。真正的问题反而出自 NYSE，投资者在市场大跌 5 天后已没

有足够的资金，正是由于结算上的延迟导致星期二开盘出现了问题。

（四）拥有雄厚资本的做市商也难以在投资者集中抛售的情况下稳定市场价格

《米勒报告》认为，一方面，期、现两市的做市商都应该拥有更雄厚的资本，以更好地起到稳定价格的作用；但另一方面，无论此种价格稳定政策在正常环境下拥有何种优点，在恐慌环境下都可能变得无效，因为投资者往往相信自己能够在做市商资金枯竭之前顺利抛售所持有的证券进而获利，这种观点使得空单大增，也正是这种匆忙的抛售行为导致了价格的剧烈波动。

（五）将价格限制作为一种长期措施需要慎重考量

《米勒报告》认为，由于价格限制措施在"黑色星期一"当日并未生效（1987 年 10 月 19 日的价格波动幅度超过了 30 个点，而之后的价格波幅并未达到 CME 自 1987 年 10 月 23 日起执行的 30 点涨跌幅限制），因此无法得知这种价格限制是否能够在"黑色星期一"当日和次日发挥显著的正面作用。

从负面的角度来看，首先，价格限制相当于是在参与者最需要对冲资产组合的时候关闭了市场，它剥夺了套保者利用期货市场规避价格风险的经济自由。其次，人为的价格限制可能会加速价格的变动，往边界波动这一过程本身可能也会促进价格到达边界。最后，需要评估价格限制是否只对一个市场有效而不会对其他市场产生影响。例如，在只有一个市场闭市的情况下，交易压力并不会消除，它只是转移到了其他公开市场并加大了这些市场的潜在压力。此外，关闭境内市场可能只会使市场交易流失到各境外金融中心。基于以上原因，如果要将价格限制作为一种长期措施是需要慎重考虑的。

第四节 股指期货市场的升贴水研究[①]

股指期货升贴水是反映股票期、现货市场价格关系的重要指标之一，受

---

① 本部分参考了《关于我国沪深 300 股指期货升贴水现象的报告》的主要内容，该文作者为尹小为、王夕阳、刘锋。

到市场广泛关注，但部分市场观点曲解了这一价格关系，尤其是错误地将贴水现象当作看空股市的标志，甚至指责是贴水导致了股市下跌。为此，本部分以沪深 300 股指期货升贴水为研究对象，剖析其影响因素，并与国际主要品种开展历史及当前时点对比，分析其运行有效情况。

一、期货理论定价及升贴水影响因素

期、现货价格关系与无风险利率、股息率、交易成本、投资者情绪等多种因素有关。

1. 理论定价因素——无风险利率与股息率

Cornel 和 French（1983）提出了基于无套利定价原理的持有成本模型，这被广泛用于计算股指期货理论价格。在持有成本模型下，假设期、现货市场都是完全吸收反映各种信息的无摩擦完美市场，并且不考虑期、现货交易费用，持有现货能够获得股息收益（股息率 d），但需要承担购买现货的资金成本（无风险利率 r）。因此，两者之差（$r-d$）就是持有现货的成本。如果现货价格＋持有成本＞期货价格，则交易者选择持有期货；如果现货价格＋持有成本＜期货价格，则交易者选择持有现货。因此，只有当期货理论价格＝现货价格＋资金成本－股息收益，期、现货价格才能达到无套利均衡。连续复利公式如下：

$$F(t, T) = S(t) e^{(r-d)(T-t)}$$

升贴水是股指期货与现货指数的价差。理论上，当利率（r）高于股息率（d），则期货表现为升水；当利率低于股息率，则期货贴水。由此公式可知，在完美市场条件下，由于现货和期货价格均已完全且充分地反映了各种信息，期货理论价格并不是对未来股指价格的估计，而只是对应当前时点的现货价格的成本收益加减项。基于期货理论定价公式可见，资金成本与股息率是决定升贴水的最基本因素。

2. 交易成本、期货定价偏差与无套利区间

现实中，买卖期、现货的交易成本（如佣金、手续费等）影响着现货价格及期货实际价格，进而影响期、现套利效率及效果。期、现货市场的交易成本越高、套利收益越低，交易者越不愿开展套利，越难促使期货升贴水恢复。

交易成本可分为佣金、手续费、税费等易于衡量的显性成本，以及一系列难以精确衡量的、影响套利效率的隐性成本。后者大多与市场机制有效性

及运行质量有关。包括但不限于以下几点：①市场流动性影响套利操作的期、现货市场冲击成本。当流动性更好时，套利活动更易开展，基差的均值回复速度更快；反之，套利者难以在期望价格上成交，套利成本随之升高。②融资融券等杠杆机制影响。融资融券是便利投资者以低成本开展期、现套利，从而促进升贴水恢复的重要手段，但现货卖空限制广泛存在，会使交易者在贴水状态下更难开展反向套利（买期卖现），基于多个市场的实证研究均证明了这一结论。③市场制度性限制。例如，Brennan 和 Schwartz（1990）认为应考虑期货持仓限额对套利成本的影响，因为限仓使套利新开仓成为稀缺资源，促使提前平仓，限制了潜在套利机会。又如，跟踪指数的一篮子股票执行难度较高，现货指数存在滞后性，也是推升股指期、现套利成本的问题之一。此外，极端情形下股指现货价格可能因大面积临时停牌等原因出现失真情况，拉大了升贴水幅度及价格偏差。

交易成本的存在使得期货实际价格水平会偏离理论价格。只有当期货理论价格 $[F_0(t, T) = S(t) e^{(r-d)(T-t)}]$ 与期货实际价格 $[F(t, T)]$ 之间的偏离程度（期货定价偏差）超出交易成本时，交易者才有动机开展期、现套利。公式如下所示：

$$|F(t, T) - S(t) e^{(r-d)(T-t)}| > b(t)$$

其中，$b(t)$ 表示交易成本在 t 日的现值。因此，存在着围绕期货理论价格 F_0、以交易成本为上下幅度的无套利区间（$F_0 - b \leq F \leq F_0 + b$），期货实际价格落在该区间时市场没有套利机会。无套利区间的价格变动由套保者与投机者的多空力量决定，在该区间的期货实际价格及其与现货价格、理论价格的偏离，都属于合理水平。

另外，根据基差定义，股指期货基差 = 现货价格 - 期货价格 = （现货价格 - 期货理论价格）+ （期货理论价格 - 期货市场价格），前者是受无风险利率、股息率影响下的基于理论定价模型的基差，后者则是期货定价偏差，因此对期货定价偏差的考量相当于在一定程度上从升贴水中剔除了无风险利率与股息率的影响。

3. 投资者情绪因素

除了理论定价因素、交易成本外，投资者情绪被视为影响期货升贴水的现实扰动因素。"追涨杀跌"的趋势投资（也称正反馈交易）在市场上涨时做多、下跌时做空，是因投资者情绪加深升贴水幅度的典型情况。此类非理性行为会使得期货实际价格出现更大的偏离。境内外多个市场研究表明，投资者情绪对股指期货价格存在影响，股指期货市场存在正反馈效应。进一步来讲，由于期货杠杆交易、成本较低，而现货下跌时通常存在做空限制，难以卖出现货，因此市场低迷下行阶段，期货市场"杀跌"效应更为强烈，低迷的投资者情绪更易引发较深的贴水现象。

4. 股指期货升贴水因素归纳

上述升贴水影响因素中，无风险利率与股息率属于基本因素；各项交易成本与市场机制及质量有关，都属于结构性因素；投资者情绪受市场行情影响，属于阶段性因素。由于市场结构优化、交易费用调整、业务机制完善等原因，各项结构性因素影响可能随阶段不同而显现放大或减弱、消失的情况。

这一分析有助于客观的认识股指期货升贴水的含义。第一，股指期货理论价格不是对到期时现货价格的发现，亦不是对未来现货价格的预测，与现货股指当下价格有关，期、现货价格的差异很大程度上与持有成本及收益有关。第二，存在升贴水不等于定价不合理，无套利区间内的升贴水是合理的。升贴水是股指期货与现货指数的价差，定价偏差是股指期货实际价格与理论价格的差异，两者既有联系又有不同；现实中因交易成本影响而产生无套利区间，该区间内的升贴水和定价偏差都属于合理现象。第三，期货升贴水综合反映资金成本、股市分红、交易成本、投资者情绪等多项影响因素，其中交易成本与市场结构及效率有关，优化市场机制建设，提升市场有效性，对缩小升贴水幅度及定价偏差具有积极影响。第四，期货升贴水不等于看多或看空股市，更不影响股市走势。由前所述，期货升贴水的各项影响因素与股市涨跌没有机理上的经济相关性，也不存在统计相关性，升贴水不代表看多或看空未来指数，而股市走势主要受宏观经济、资金成本、企业盈利等基础因素影响，不会简单因升贴水而改变。

二、股指期货升贴水情况国际比较

2015 年股市异常波动后，我国股指期货持续贴水现象引起了市场广泛关注。但与境外主要股指期货运行情况进行对比发现，无风险利率、股息率对股指期货升贴水状态的影响持续存在。尽管上市最初及异常波动后我国股指期货一度出现升贴水较宽的现象，但后期贴水逐渐收窄，从上市第 10 年与 2019 年同期两个维度比较，沪深 300 股指期货都处于同行业贴水品种中游水平。

1. 境内外主要股指期货上市最初 10 年升贴水比较

从可得数据看，成熟市场方面，迷你标普 500 股指期货、日经 225 迷你股指期货、富时 100 股指期货上市初期的无风险利率高于股息率水平，与受无风险利率及分红影响的持有成本模型相一致，股指期货上市最初 10 年都以升水为主，基差①为负；并且这些市场自 2008 年后都因政府大幅降低利率刺激经济，甚至使股息率反超利率水平，股指期货转为持续贴水状态。而德国 DAX 指数作为总收益指数，价格水平已体现分红派息的影响，因此期货定价仅由现货价格与资金成本决定，定价模型简化为 $F(t, T) = DAX(t) e^{r(T-t)}$，该情形下只要资金成本为正，股指期货都会表现为升水，DAX 股指期货上市后的持续升水表现与之相符。

新兴市场尽管在股指期货上市初期也存在无风险利率大于股息率的普遍现象，但 KOSPI 200、RTS、NIFTY 50② 期货等品种历年日均基差为正的情形略多于为负的情形，期货贴水天数占比都超过 50%。这可能是由新兴市场投资者成熟度相对较低，易出现"追涨杀跌"的正反馈效应，并且卖空机制推出较晚、跨期、现货的反向套利成本相对较高造成的。

沪深 300 股指期货上市初期无风险利率持续高于股息率，呈明显升水状态。但自 2015 年起，无风险利率大幅下降，股市异常波动后期货市场管制功能受限，并且投资者情绪持续低迷，股指期货转为以贴水为主，贴水幅度居同行前列，2015 年贴水达 1.23%，居 11 个股指期货之首。后期随交易限制放松，沪深 300 股指期货贴水天数及幅度改善，上市第 10 年的贴水天数及幅度由第 8 年及第 9 年的第 2 位下降至第 10 年的第 3 位（其中第 8 年贴水品种为 4 个、第 9 年及第 10 年为 5 个）。

2. 境内外主要股指期货上市最初 10 年定价偏差

由于升贴水受到无风险利率、股息率等外部因素影响，用以判断期货价格的定价水平不完全合理。通过计量股指期货实际价格相对于理论价格的偏离程度（期货定价偏差），能够剔除外部因素对期、现基差的影响，更准确地反映期货实际价格与理论价格的拟合程度，也集中体现套利交易成本、投资者情绪影响下的期货价格偏差水平（见表 6-3）。

---

① 基差 = 现货价格 - 期货价格，因此升水时基差为负，贴水时基差为正。

② 印度 NSE NIFTY 50 指数。

表 6 - 3　境内外主要股指期货上市最初 10 年利率、股息率、日均基差率①

周期（年）	SP500 r	SP500 d	SP500 基差	FTSE r	FTSE d	FTSE 基差	恒生 r	恒生 d	恒生 基差	NIKKEI r	NIKKEI d	NIKKEI 基差	DAX r	DAX d	DAX 基差
1	—	—	-0.37%	—	—	0.39%	—	—	-0.78%	4.99	—	-0.77%	8.81	—	-0.15%
2	—	—	-0.72%	—	—	-0.04%	—	—	-0.36%	5.12	—	-0.74%	8.43	—	-0.82%
3	12.56	4.60	-1.40%	—	—	-0.69%	—	—	-0.20%	7.03	—	-1.09%	7.77	—	-1.67%
4	10.59	4.17	-1.34%	—	—	-0.60%	—	—	-0.57%	6.36	—	-1.61%	6.44	—	-0.77%
5	7.65	3.43	-0.25%	—	—	-0.03%	—	—	0.32%	5.27	0.43	-0.47%	6.84	—	-0.59%
6	8.38	3.01	-0.26%	—	—	-0.76%	—	—	-0.08%	4.25	0.44	-0.36%	6.83	—	-0.47%
7	8.84	3.45	-0.41%	—	—	-1.16%	—	—	0.09%	4.40	0.41	-0.32%	6.22	—	-0.37%
8	8.49	3.21	-0.82%	9.54	—	-0.90%	—	—	-0.05%	3.39	0.47	-0.25%	5.67	—	-0.39%
9	8.54	3.54	-0.65%	9.08	2.61	-0.83%	—	—	-0.07%	3.11	0.40	-0.19%	4.57	—	-0.47%
10	7.85	3.20	-0.42%	7.40	2.61	-0.36%	7.98	2.28	-0.12%	2.34	0.49	0.00%	4.51	—	-0.36%

周期（年）	IBOV r	IBOV d	IBOV 基差	NIFTY r	NIFTY d	NIFTY 基差	KOSPI r	KOSPI d	KOSPI 基差	RTS r	RTS d	RTS 基差	HS300 r	HS300 d	HS300 基差
1	—	—	—	11.35	1.20	-0.43%	—	8.65	-0.29%	—	1.93	1.10%	3.44	1.17	-0.75%
2	—	—	—	9.53	1.55	0.33%	—	16.91	0.63%	—	1.54	-0.08%	3.86	1.33	-0.19%

① 表中均为对应年份日均水平。基差率 =（现货价格 - 期货价格）/ 现货价格；r 表示无风险利率，为横向可比，采用所在市场 10 年期国债收益率；d 表示股息率，采用标的指数历史 12 个月的累计股息率。

续表

周期（年）	IBOV			NIFTY			KOSPI			RTS			HS300		
	r	d	基差	r	d	基差	r	d	基差	r	d	基差	r	d	基差
3	—	—	—	7.26	1.81	-0.01%	—	1.64	0.52%	—	1.39	-0.32%	3.45	1.92	-0.26%
4	—	—	-1.58%	5.67	1.95	-0.02%	—	1.07	-0.94%	—	2.52	-0.07%	3.83	2.25	0.18%
5	—	—	-0.71%	5.85	2.06	0.27%	6.56	2.75	-0.19%	7.22	3.34	1.38%	4.16	2.46	-0.06%
6	—	7.11	-1.63%	6.95	1.81	0.32%	6.88	3.29	0.24%	7.55	1.83	0.31%	3.37	1.61	1.23%
7	—	7.11	-1.55%	7.63	1.46	0.26%	6.66	1.49	0.11%	8.18	2.30	0.98%	2.86	2.09	0.94%
8	—	3.26	-1.99%	7.94	1.21	0.14%	5.12	2.28	-0.03%	7.81	3.65	0.72%	3.58	1.93	0.35%
9	—	1.16	-1.58%	7.97	1.26	0.02%	4.72	2.32	0.07%	7.21	4.35	0.58%	3.63	2.15	0.28%
10	11.75	1.40	-0.93%	6.82	1.32	0.06%	4.95	2.26	-0.04%	9.37	4.14	1.21%	3.18	2.20	0.14%

资料来源：作者根据 Wind、Bloomberg 等数据库整理得来。

对比发现，沪深 300 股指期货定价偏差呈近年收窄特征，到上市第 10 年日均向下偏差为 0.35%，尽管较 0.33% 的日均贴水有所拓宽，但偏差幅度明显低于境外大部分品种，优于历史对比的贴水表现。通过这一调整，无论是标普 500、富时 100、日经 225 期货、DAX 期货等成熟市场的长期升水品种，还是 KOSPI 200、RTS、NIFTY50 期货等贴水情形较多的新兴市场品种，在剔除外部因素影响后，都在绝大多数年份呈现期货实际价格向下偏离理论价格的特征，体现出上市初期交易成本与投资者情绪因素易对实际价格水平产生向下影响（见表 6-4）。

表 6-4 上市最初 10 年实际价格与理论价格日均偏离（剔除利率与分红）[1]

年数	SP500	FTSE	恒生	NIKKEI	DAX	IBOV	NIFTY	KOSPI	RTS	A50	HS300
1	—	—	—	—	0.46%	—	0.09%	—	—	0.28%	-0.63%
2	—	—	—	—	0.26%	—	0.70%	—	—	0.12%	-0.07%
3	-0.02%	—	—	—	-0.06%	—	0.25%	—	—	0.14%	-0.19%
4	0.25%	—	—	—	0.04%	—	0.14%	—	—	0.07%	0.26%
5	0.35%	—	—	0.23%	0.26%	—	0.45%	0.28%	1.85%	-0.15%	0.02%
6	0.50%	—	—	0.16%	0.38%	—	0.57%	0.66%	0.99%	-0.09%	1.32%
7	0.36%	—	—	0.24%	0.40%	—	0.53%	0.73%	1.70%	-0.19%	0.98%
8	-0.05%	—	—	0.15%	0.32%	—	0.43%	0.31%	1.22%	0.07%	0.44%
9	0.08%	-0.04%	—	0.20%	0.12%	—	0.31%	0.36%	0.94%	0.11%	0.36%
10	0.26%	0.25%	0.14%	0.24%	0.20%	-0.05%	0.30%	0.30%	1.84%	1.18%	0.19%

资料来源：Bloomberg。

沪深 300 股指期货在上市最初 3 年里表现为向上偏离理论价格，第 4 年起转为向下偏离，并在第 6 年及第 7 年（2015 年及 2016 年）达到最大的 1.32% 和 0.98%，其后偏离幅度随交易管制放松、机构投资者参与度提升而逐年收窄，到第 10 年达到 0.19%，在 11 个对比品种中处于同时期较低水平，居第 9 位。从绝对偏离幅度[2]看，相比其他品种，沪深 300 股指期货在上市第 1 年、第 4 年、第 6 年及第 7 年偏离实际价格较大，但自 2017 年起期货实际价格相比理论价格的绝对偏差幅度下降到行业中游并逐年收窄，第 10 年绝对

---

① 理论价格计算中，无风险利率采用所在市场 10 年期国债收益率；股息率采用标的指数历史 12 个月的累计股息率。表中均为对应年份日均水平。定价偏差的计算方式：（理论价格-实际价格）/理论价格。

② 对每日定价偏差取绝对值（绝对偏离幅度），并计算年度日均水平。

偏差幅度为 0.31%，居于所有品种中的第 10 位，仅高于标普 500 股指期货，体现出同阶段对比我国期货理论价格与实际价格拟合度较好（见表 6-5）。

表 6-5　　　　　　　上市最初 10 年实际价格与理论价格日均绝对偏离

年数	SP500	FTSE	恒生	NIKKEI	DAX	IBOV	NIFTY	KOSPI	RTS	A50	HS300
1	—	—	—	—	0.57%	—	0.30%	—	—	0.34%	0.71%
2	—	—	—	—	0.40%	—	0.74%	—	—	0.46%	0.23%
3	0.46%	—	—	—	0.33%	—	0.40%	—	—	0.27%	0.35%
4	0.45%	—	—	—	0.42%	—	0.33%	—	—	0.09%	0.48%
5	0.45%	—	—	0.49%	0.55%	—	0.54%	0.89%	1.95%	0.30%	0.49%
6	0.57%	—	—	0.28%	0.40%	—	0.59%	0.79%	1.06%	0.29%	1.69%
7	0.40%	—	—	0.31%	0.54%	—	0.56%	0.78%	1.72%	0.50%	1.02%
8	0.15%	—	—	0.26%	0.71%	—	0.50%	0.47%	1.23%	0.46%	0.47%
9	0.20%	0.32%	—	0.27%	0.53%	—	0.43%	0.48%	0.95%	0.38%	0.43%
10	0.28%	0.33%	0.58%	0.32%	0.37%	0.40%	0.34%	0.39%	1.93%	1.30%	0.31%

资料来源：Bloomberg。

三、升贴水问题剖析

1. 升贴水现象的内在含义

我国股指期货升贴水现象长期以来受到广泛关注，尤其是 2015 年异常波动后市场频现贴水，引发了质疑与误解。有人将升贴水误读为对股票现货后市的看多与看空预测，甚至将股市出现下跌走势归咎于期货贴水。但实际上，股指期货升贴水与股息率、资金成本、交易费用、市场机制有效程度、投资者情绪等多重因素有关。

通过对境内外品种对比发现，资金成本与股息率对股指期货升贴水起到了长期且持续的影响。沪深 300 股指期货主要在 2015 年之后几年出现深度贴水特征，但贴水幅度逐年收窄，到 2019 年恢复到境内外贴水品种中游水平。

股指期货升贴水幅度不完全代表期货价格偏差的实际水平。剔除无风险利率及股息率影响，对比期货实际价格与理论价格的偏离幅度，沪深 300 股指期货定价偏差同样呈现出近年收窄特征，到上市第 10 年的偏差幅度已经明显低于同期境外品种，表现明显优于日均贴水对比情况。

进一步地，交易成本使得期货实际价格与理论价格间存在合理的偏离范围，即无套利区间。在不考虑融资融券成本的情况下，发现沪深 300 股指期货下穿区间多于上越情形，上越次数及回复时间有所减少，正向套利效率略有提升；而下穿区间的回复速度在异常波动后有所减慢，体现出反向套利难度增加。进一步将融资融券机制及冲击成本纳入考虑，发现期货实际价格在大部分时间都处于无套利区间之内，并且穿越上下界的不对称特征有所缓解。这表明当前市场机制条件下期货定价水平合理，而两融机制对期货价格回复存在影响。

2. 升贴水影响因素分析

上述三个角度分析都体现了我国股指期货上市以来的阶段性变化：上市初期，沪深 300 股指期货以升水及向上定价偏差为主，2015 年异常波动后转为持续贴水及向下偏差，其中由上方回复无套利区间的速度加快，而由下方向无套利区间的速度减慢，股指期货松绑后回复速度及偏差情况逐渐有所好转。在此过程中，以下因素产生了影响。

第一，基础因素影响始终存在，但套利交易机制、投资者情绪等非基础因素影响更加显著。由境内外对比结果可知，无风险利率与分红因素对股指期货升贴水持续发挥作用。自沪深 300 股指期货上市以来，尽管 2015 年出现异常波动后，无风险利率下降，与股息率之差收窄，使理论负基差出现收窄压力，但我国金融市场无风险利率始终高于股息率水平。然而，沪深 300 股指期货前期升水符合理论假设，而后期转为持续贴水，表明结构性因素及阶段性因素对我国股指期货升贴水起到了更大的作用。这一点也与境外主要新兴市场品种的普遍特点相符。

第二，剔除基础因素后，沪深 300 股指期货价格拟合度表现较好。沪深 300 股指期货上市 10 年间，尽管对比境外主要股指期货一度升贴水幅度较宽，且后期贴水幅度较深，到第 10 年仍处于贴水品种中游，但剔除无风险利率及股息率影响后，第 10 年绝对定价偏差相对较低，仅次于标普 500 股指期货，体现出我国股指期货定价效率不断提升，与同类产品同阶段对比处于较好水平。

第三，结构性因素作用相对明显，并因阶段不同呈动态变化。

首先是市场机制变动影响。期货市场方面，股指期货上市初期限制较多，后续逐步采取了放宽开仓持仓限制、降低手续费等措施，市场流动性逐步改善，定价偏差回复速度随之优化，但在 2015 年异常波动后受到严格管控，套利码不再接受集合信托客户以外的新开编码及额度审批、持仓下降，而交易码套利则面临日内开仓量限制、高昂平仓手续费或是对锁仓保证金，套利难度及成本明显升高。现货方面，首只沪深 300ETF 在 2012 年 5 月上市后，有效降低了一篮子股票买卖成本，但在 2015 年异常波动后可用于批量股票下单的程序化交易接口被暂停，融资最低保证金比例提高，融券还券被明确限定为 T + 1 日之后，[①] 机构套利成本大幅增加，阻碍了期、现套利纠正定价偏差。

其次是反向套利机制不够畅通。沪深 300 股指期货上市以来，我国融券业务券源少、费率高、规模小的问题始终存在，2015 年异常波动后受进一步收紧融券要求，融券年化利率达 10% 以上，加之利率下行、投资者情绪低迷的贴水压力显现，反向套利融券不畅的问题更加突出。ETF 是机构开展期、现高效套利的主要手段，以沪深 300 指数下融券规模最大的华泰柏瑞沪深 300ETF 为例，其每日融券卖出额由 2015 年 5 月逾 24 亿元的峰值在异常波动的 8 月以后骤降至 1 亿元以下。相比美国、日本等成熟市场低至 2 ~ 3 倍的融资融券比，我国异常波动期间融资融券比最高达到 600 倍以上，2019 年日均约为 90 倍。此外，融券卖空要求符合"提价原则"（up - tick rule），[②] 因此在行情下行阶段更难以找到卖出机会。上述原因使股指期货贴水比升水难以回复的现象更加严重（见图 6 - 2）。

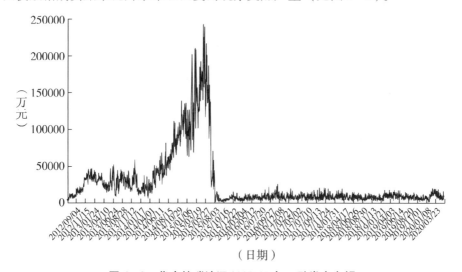

图 6 - 2　华泰柏瑞沪深 300ETF 每日融券卖出额

资料来源：Wind。

[①] 2015 年 8 月 3 日，沪深交易所修改融资融券规则，要求融券卖出后自次一交易日起方可还券；2015 年 11 月 13 日，沪深交易所修改融资融券规则，要求融资保证金比例由不低于 50% 提升到不得低于 100%。

[②] 即融券卖出申报价格不得低于该证券的最新成交价。

再次是投资者结构及参与者主体影响。股指期货上市初期投资者类型单一，个人投资者占比较高，许多套利者由于资格限制无法进场，市场套利力量不足，此后随公募基金、券商资管、保险资管、QFII/RQFII 等金融机构分批入市、投资者类别不断丰富，市场效率改善，套利力量增强。但是期货市场机构多头力量不足，依然导致了贴水比升水更难回复的现象。境外股指期货机构多空持仓均衡，如美国标普 500 迷你指数期货、罗素 2000 指数期货和印度 NSE 指数期货中机构多空持仓占比分别为 66.4% 与 64.1%、77.4% 与 74.8% 以及 55.9% 与 51.2%；而我国沪深 300 股指期货的机构多空持仓占比为 44.2% 与 66.3%，稳定的机构多头力量有待进一步增强。

最后是受投资者情绪的阶段性影响较大。如前所述，我国股指期货定价偏差受投资者情绪的影响明显，尤其是低迷情形下影响较大。个人投资者比例较高是投资者情绪集中显现的重要原因，尽管我国股指期货近年机构投资者占比不断提升，但机构交易活跃度相比境外成熟及新兴市场仍有一定差距，2019 年 12 月我国成交量中个人成交占比达到 65.86%，而个人投资者在印度 NSE 与我国香港地区股指衍生品上的交易占比仅为 41% 与 20%。

综上所述，一系列因素共同影响着套利行为及升贴水结果，但影响程度有所差异，从我国股指期货市场表现看，反向套利机制受阻、投资者情绪负面、多头力量不足等对下界回复影响较大的结构性及阶段性因素相对更为突出。

四、启示及建议

一是应当正确认识股指期货升贴水的含义及影响因素，股指期货体现的是当期现货价格，而非未来后市走向。股指期货升贴水受资金成本、分红、现实交易成本、投资者情绪等一系列因素综合影响，并且因现实交易成本而存在合理的偏差范围，认识不清可能会导致放大误解升贴水的经济含义。

二是应当进一步加强市场机制建设，提升市场套利机制有效性，避免错误定价持续存在。未来一方面应当优化期货市场自身机制，通过丰富产品体系，优化各项灵活交易方式，降低投资者交易成本，不断提升市场质量及有效性程度，实现套保、套利、投机三类市场力量的均衡关系；另一方面也要推进期、现货市场协力完善反向套利机制，进一步推动优化转融通机制、降低融券成本、促进融券供需平衡，从而缓解期货市场贴水压力。

三是持续优化投资者结构，培养市场稳定多头力量。通过推动更多策略稳健的大型长期多头资金入市，鼓励以稳定多头持仓为主的境内外财富管理机构积极参与市场，一方面，降低个人投资者比例，弱化投资者情绪对期指升贴水的影响；另一方面，通过增强维护价格稳定的多头力量，实现机构多空平衡，促进股指期货贴水收敛，进一步优化股指期货市场整体结构。

第五节　次贷危机影响下的股指期货市场

自 2008 年 9 月起，次贷危机的后续影响加剧，将华尔街、美国甚至全球卷入了一次巨大的金融海啸，全球股市遭受沉重打击，出现了历史罕见的大幅波动。但全球各主要证券期货交易所的股指期货则是相对平静的景象，与场外市场形成了鲜明对比。股指期货经受住了严峻考验，总体运行平稳，不但没有推波助澜，反而给市场提供了流动性，交易量翻倍增长，满足了投资者的避险需求，成为市场的避风港。

一、全球股市剧烈震荡，引发股指期货价格同步巨幅波动

1. 股市剧烈震荡，暴涨暴跌成为全球普遍现象

2008 年 9 月和 10 月，全球股票市场波动极其剧烈，成熟市场日涨跌幅多次接近 10%，新兴市场极端情况更是单日超过 20%。

美国首当其冲，从 9 月 2 日（9 月 1 日美国为非交易日）至 10 月 27 日（全球大部分股市的近期最低点都出现在 10 月 27 日），标普 500 指数下跌近 34%。2008 年 9 月 15 日，道琼斯工业指数与标普 500 指数，双双创下近 7 年来单日最大跌幅（超过 4%），17 日道琼斯工业指数又进一步创下自 2005 年 11 月 9 日以来的新低。而 18 日至 19 日，受美国救市措施的刺激，股市又大幅回升，其中标普指数两天的涨幅均超过 4%，为 1987 年以来之最。进入 10 月，市场进一步暴涨暴跌，轻松刷新 9 月纪录。标普 500 指数分别在 10 月 7 日、9 日、22 日达到了 5% 以上的跌幅，其中 9 日下跌幅度更是达到 7% 以上，10 月 15 日则暴跌 9.03%，创造了 21 年来最大单日跌幅；10 月 13 日暴涨 11.6%，创造了 75 年来最大单日涨幅，10 月 28 日再度暴涨 10.8%，为历史罕见（见表 6 - 6）。

表 6-6　　全球主要股指期货走势（2008 年 9 月 1 日—10 月 27 日）

市场及指数	现货市场			期货市场		
	期间累计跌幅	期间最大日涨幅	期间最大日跌幅	期间累计跌幅	期间最大日涨幅	期间最大日跌幅
美国 SP500	−33.55%	11.58%	−9.03%	−34.68%	14.11%	−9.88%
欧洲道琼斯 Euro Stoxx 50	−31.84%	11.00%	−7.88%	−32.87%	12.05%	−8.62%
英国富时 100	−31.46%	8.84%	−8.85%	−32.07%	8.83%	−9.24%
韩国 KOSPI 200	−30.86%	6.10%	−10.33%	−32.95%	5.79%	−10.00%
中国香港恒生	−47.65%	10.24%	−12.70%	−46.63%	9.66%	−10.82%
日本日经 225	−44.19%	14.15%	−11.41%	−43.98%	20.70%	−13.07%
中国台湾加权指数	−35.91%	5.82%	−5.76%	−40.32%	6.99%	−6.99%
印度 SP CNX NIFTY	−41.95%	6.43%	−12.20%	−42.06%	12.78%	−6.99%
巴西圣保罗 BOVESPA	−46.64%	14.66%	−11.39%	−46.09%	9.99%	−9.99%
俄罗斯 RTS	−67.03%	22.39%	−19.10%	−68.32%	42.42%	−24.10%

数据来源：Bloomberg。

世界成熟市场股指均出现了急挫。截至 10 月 27 日，英国富时 100 指数、巴黎 CAC40 指数、德国 DAX 指数、欧洲道琼斯 Euro Stoxx 50 指数均比 9 月 1 日下跌 30% 以上，日经 225 指数则下跌 44%，中国香港恒生指数同期跌幅也超过了 47%，从 9 月初的 21000 点以上跌至 11000 点左右。

新兴市场中，俄罗斯 RTS 股票指数 9 月 1 日至 10 月 24 日（10 月 27 日为非交易日）暴跌了 67%，在 9 月和 10 月共 42 个交易日中，有 8 个交易日出现 10% 以上的波动，另有 16 个交易日出现 4% 以上的波动，最大涨幅出现在 9 月 19 日，暴涨 22.39%，最大跌幅出现在 10 月 6 日，暴跌 19.10%。韩国 KOSPI 200 指数 10 月 27 日收盘价比 9 月 1 日下跌了 31%，而且中间数次出现 5% 以上的波动。中国台湾加权指数、印度 SP CNX NIFTY 指数、巴西圣保罗 BOVESPA 指数分别比 9 月 1 日下跌了 36%、42%、47%。可以说，全球市场正在经历 20 世纪 30 年代大萧条以来最严重的动荡。

2. 股指期货同步巨幅波动，期、现货价差比较合理，定价功能得以体现

随着全球股市大幅波动，股指期货也同步出现剧烈震荡走势。其中，个别指数期货合约涨跌幅极为惊人，如俄罗斯 RTS 指数期货在 9 月 19 日单

日暴涨 42.42%，又在 10 月 6 日单日暴跌 24.10%，均创历史之最。从全球市场情况看，股指期货基本与现货市场同步震荡，期、现货价差总体上比较合理，没有产生过大的偏差。偶然发生的开盘或收盘价基差加大，要么是交易结束时间不同导致的，要么是现货指数部分成分股停止交易导致的。而这一点也恰恰说明了股指期货在现货指数缺失的情况下发挥了积极的定价参考作用。

在此次金融危机中，信息瞬间万变，很多市场的股指期货采取 24 小时连续交易，在现货市场收盘后，仍然还可以为现货市场定价。例如，E - mini SP 500 股指期货是从芝加哥当地时间星期日 17：00 开始交易，而纽约证券交易所的交易则从纽约当地时间星期一 9：30 开盘，CME 的 E - mini SP 500 股指期货的交易时间领先现货 15 小时。因此，当雷曼兄弟与美林证券的坏消息在 2008 年 9 月 14 日（星期日）传出时，纽交所无交易，而 CME 的 E - mini SP 500 指数期货率先开始交易，开盘即大跌 3%，至纽交所开盘时，跌幅为 3.5%。纽交所星期一开盘后，因部分成分股开盘价延迟产生，SP 500 指数期、现货间的基差一度达到 3%。随后 20 分钟内，股票价格迅速向期货价格靠拢，基差收窄至 0.2% 以内，此后期、现货再度实现了高度契合的走势（见图 6 - 3）。

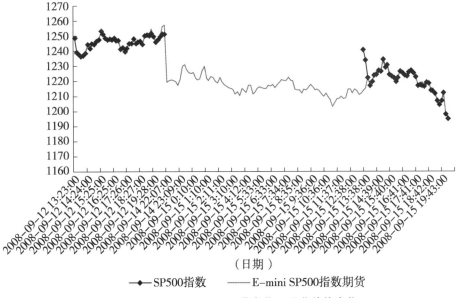

（日期）

◆ SP500 指数　　—— E-mini SP500 指数期货

图 6 - 3　美国 CME SP500 指数期、现货价格变化

资料来源：Bloomberg。

二、全球股指期货交易量显著放大，持仓量稳定增长，发挥了积极的避险功能

在金融危机加重期间，股指期货成为名副其实的现货避风港，大批投资者都积极通过股指期货交易等场内金融衍生品进行避险，解决了部分现货市场的流动性不足问题，现货市场空方压力得到一定程度释放，市场波动也得以缓和，具体表现在股指期货交易量和持仓量的大幅增长上。数据显示，多数交易所股指期货交易量和持仓量2008年9月都出现了大幅度上升，有的交易量环比增长了1倍以上，特别是在危机严重的2008年9月15日之后，有些成熟市场的股指期货日均交易量甚至比危机之前增长了2倍以上（见表6-7及表6-8）。

表6-7　　　　　　　　2008年全球主要股指期货交易量变化

市场及指数	8月日均交易量（张）	9月日均交易量（张）	10月日均交易量（张）	9月比8月日均成交量增幅	10月比8月日均成交量增幅
美国 E-mini SP 500	1733349	3652167	3663422	110.70%	111.35%
欧洲道琼斯 Euro Stoxx 50	1102322	2574078	2459690	133.51%	123.14%
英国富时100	97413	242075	220911	148.50%	126.78%
韩国 KOSPI 200	241848	308067	374502	27.38%	54.85%
中国香港恒生	95989	104694	105394	9.07%	9.80%
日本日经225	97848	125872	204705	28.64%	109.21%
中国台湾加权指数	69908	82333	87269	17.77%	24.83%
巴西圣保罗 BOVESPA	81995	88166	99752	7.53%	21.66%
印度 SP CNX NIFTY	637442	802734	953191	25.93%	49.53%
俄罗斯 RTS	412942	362289	273585	-12.27%	-33.75%

数据来源：Bloomberg。

表 6 – 8 2008 年全球主要股指期货持仓量变化

市场及指数	8 月日均持仓量（张）	9 月日均持仓量（张）	10 月日均持仓量（张）	9 月比 8 月日均持仓量增幅	10 月比 8 月日均持仓量增幅
美国 E – mini SP 500	2467186	2674630	2987585	8.41%	21.09%
欧洲道琼斯 Euro Stoxx 50	2982911	3189655	3242595	6.93%	8.71%
英国富时 100	520393	546010	640654	4.92%	23.11%
韩国 KOSPI 200	119928	123551	116734	3.02%	− 2.66%
中国香港恒生	113514	120760	103895	6.38%	− 8.47%
日本日经 225	432349	408665	411582	− 5.48%	− 4.80%
中国台湾加权指数	53364	58288	68649	9.23%	28.64%
巴西圣保罗 BOVESPA	187368	177023	150143	− 5.52%	− 19.87%
印度 SP CNX NIFTY	685512	701174	743369	2.28%	8.44%
俄罗斯 RTS	408114	386971	149447	− 5.18%	− 63.38%

数据来源：Bloomberg。

如表 6 – 7、表 6 – 8 所示，以最具代表性的美国 E – mini SP 500 指数期货为例，危机深化的 2008 年 9 月和 10 月，日均交易量和持仓量明显放大。2008 年 8 月，E – mini SP 500 指数期货日均交易量和持仓量分别为 173 万张和 247 万张。而 9 月和 10 月，日均交易量骤然增至 365 万张和 366 万张，均比 8 月增长了 110% 以上；日均持仓量则高达 267 万张与 299 万张，分别比 8 月增长 8% 和 21%。特别是雷曼兄弟突然宣布申请破产后的一周（9 月 15 日至 19 日），市场震荡最为剧烈，股指期货交易也最为活跃，日均交易量和持仓量高达 565 万张和 335 万张，比 8 月的日均水平激增了 226% 和 36%。[①]

欧洲最重要的股指期货——道琼斯 Euro Stoxx 50 指数期货的情况也与美国非常相似。9 月的日均交易量和持仓量比 8 月上涨了 134% 和 7%。9 月 15 日至 19 日，欧洲股市大幅震荡期间，日均交易量和持仓量比 8 月的日均水平

① 此处数据均做四舍五入处理。余同。

增长了 366% 和 20%。10 月日均交易量和持仓量也比 8 月的日均水平提高了 123% 和 9%。

英国富时 100 指数期货也有非常突出的表现，9 月日均交易量和持仓量比 8 月日均水平增长了 149% 和 5%。9 月 15 日至 19 日的日均交易量和持仓量比 8 月日均水平分别增长了 463% 和 16%。10 月日均交易量和持仓量分别比 8 月日均水平高出 127% 和 23%。

中国台湾地区的台指期货也体现了风险规避的功能。截至 10 月底，在中国台湾期货交易所净空方市值排序前 20 大交易者中，有 19 名都是避险性交易人，这表明在市场走势不确定的情况下，交易人纷纷借助股指期货取代现货市场卖出股票，不仅降低了持股风险，也缓解了现货市场的卖出压力，使期货市场成为现货市场的疏洪道。与之相应，9 月的日均交易量和持仓量比 8 月日均交易量和持仓量增加了 18% 和 9%，10 月日均交易量和持仓量则比 8 月日均交易量和持仓量增长了 25% 和 29%。

在韩国股市大幅下挫的过程中，股指期货市场发挥了避险功能，为证券公司、基金公司、保险公司等机构提供了保护。KOSPI 200 指数期货 9 月和 10 月日均交易量比 8 月的日均水平分别增长了 27% 和 55%，这主要是因为市场出现大跌时上述机构为避险纷纷卖出股指期货合约。按照合约面值计算，仅 10 月股指期货就为这些机构提供了 200 多亿元人民币股票的风险保护。

其他主要股指期货，如日本日经 225、中国香港恒生、印度 SP CNX NIF-TY、巴西圣保罗 BOVESPA 等指数期货的交易量也明显放大，持仓量则基本持平，说明其避险功能也有一定程度的发挥。俄罗斯的情况则比较特别，RTS 指数期货的交易量和持仓量在 9 月 4 日至 16 日出现了快速增加之后，随即出现了萎缩。这可能是其市场过度波动，政府数次关闭或暂停其股市、期市所致。停市有利于控制市场风险，但在一定程度上阻碍了市场功能的正常发挥，削弱了投资者的信心。

另外，值得一提的是期权产品。美国的个股期权和股指期权也发挥了其避险功能。自 2008 年 9 月 7 日"两房"被美国政府接管以后，个股期权和指数期权市场的交易量大增。根据美国期权协会（OIC）的统计，9 月期权交易总量为 3.75 亿张，比上年同期增长了 84.1%，比 7 月创造的纪录又提升了 2.3%。历史上前十大最繁忙的期权交易日中，9 月占了两个，9 月 18 日首次超过 3000 万张，刷新 9 月 17 日 2600 万张的纪录。其中，股权类的期权交易量在9月也创出了新纪录，达到3.41亿张，比2007年同期增长了86.7%。股指期权也在9月16日至18日市场大跌的时候连创历史新高，分别达到270.38万张、306.98万张、308.18万张，10月6日再次刷新纪录，达到329.69万张，反映出投资者利用期权避险的强烈需求（见图6-4、图6-5）。

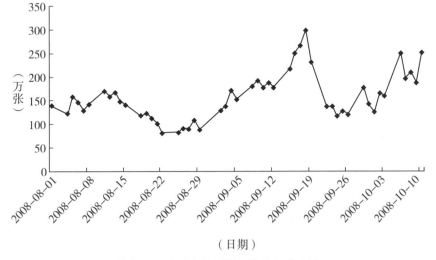

（日期）

图6-4　2008年美国期权产品日成交量

资料来源：Bloomberg。

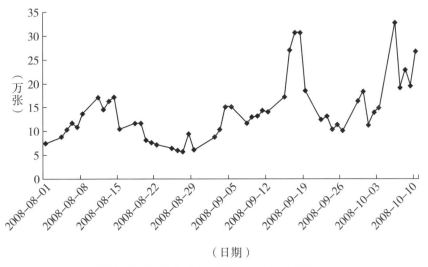

（日期）

图6-5　2008年美国股指期权产品日成交量

资料来源：Bloomberg。

全球最大的期权交易所CBOE的表现也为期权避险功能提供了最有力的

佐证。2008 年 9 月 CBOE 的交易量也创出了新纪录，达到 1. 272 亿张，比 2007 年同月增长了 89%，日均达到了 610 万张。其中，股票类期权交易量达 5800 万张，日均 280 万张。9 月 15 日至 19 日是 CBOE 历史上最忙碌的一周。从日交易量看，9 月 15 日为 673. 4257 万张，位于 CBOE 历史第 6 位；9 月 16 日交易量达 852. 9348 万张，是 CBOE 历史上日交易量的第 4 位。9 月 17 日创下了 974. 5622 万张的历史新纪录，但第二天（9 月 18 日），该纪录即被刷新，999. 8529 万张的交易量成为 CBOE 35 年来的最高纪录。

三、全球各交易所积极采取措施，确保全球股指期货市场正常运行，没有发生重大风险事件

此次危机中，股指期货价格波动剧烈，同时交易量、持仓量大幅增加，这些都给交易所带来了巨大的风险管理压力。但全球各主要交易所（结算所）没有进退失当、手忙脚乱，通过及时有效地采取风控措施，确保了全球股指期货市场的平稳运行，没有一个市场因股指期货及期权出现风险问题，没有一个交易所因为股指期货及期权出现结算会员大面积违约现象。总的来看，各交易所主要的风险控制措施有如下五项。

一是提高保证金水平，及时追缴保证金。例如，中国香港交易所为了应对此次风险，在 2008 年 9 月 19 日、9 月 25 日、10 月 2 日、10 月 15 日、10 月 20 日、10 月 21 日六次提高保证金，使得恒生指数期货、H 股指数期货的保证金水平在 10 月 21 日分别达到 21. 67% 和 30. 13% 的较高水平。在调整保证金收取标准的基础上，港交所还在 9 月 16 日至 19 日启动了 19 次盘中追保（见表 6 - 9），涉及金额由数千万港币到数十亿港币不等。俄罗斯期货交易所（FORTS）维持日涨跌幅两倍的保证金比例，一度最高达 45. 4%，这使得俄罗斯市场尽管有巨幅波动，但股指期货市场仍能正常运行，没有出现重大风险事件。

表 6 - 9　　中国香港交易所盘中追加保证金情况（2008 年 9 月 16 日至 19 日）

日期	期货结算所追保次数（次）	期权结算所追保次数（次）
9 月 16 日	1	2
9 月 17 日	3	2
9 月 18 日	3	3
9 月 19 日	3	2

资料来源：港交所官网。

二是暂停交易。此次危机中，包括俄罗斯、韩国、日本、比利时、巴西、泰国等市场在内的多个交易所，当市场出现大幅波动时，在部分时段甚至连续多天暂停市场交易，这既包括根据规则规定的技术停市，也包括基于市场现状而临时决定的紧急停市。例如，韩国 KOSPI 200 股指期货在 9 月 16 日上午 9 时 35 分下跌 5% 之时暂停了 5 分钟的交易。俄罗斯市场 9 月 17 日股市开盘再度暴跌，中午两家股票交易所临时停止当天的股票、债券和基金交易，FORTS 也随之发布停市公告。9 月 19 日，股票与股指期货市场恢复交易。10 月 14 日，大阪证券交易所（OSE）日经指数期货大涨 21%，一度暂停交易 15 分钟。

三是调整涨跌停板幅度。部分存在涨跌停板限制的市场还进一步调整了股指期货的涨跌停板幅度。例如，中国台湾市场将跌停板从 7% 降低到 3.5%，新加坡则在原来 10% 和 20% 的熔断点基础上增加了 15% 的熔断限制。缩小跌停板幅度，一方面限制了市场价格的迅速调整，不利于市场的有效出清；但在另一方面也降低了市场最大风险规模，提供了更多的风险应对时间。

四是妥善、果断处理风险会员相关事宜。2008 年 9 月 15 日当周市场暴涨暴跌的导火线便是雷曼兄弟的破产以及美国国际集团（AIG）的财务危机，而雷曼兄弟和 AIG 作为世界主要的金融机构，又都或多或少参与了全球的股指期货交易，因此为了防止雷曼兄弟及 AIG 的恶劣财务情况波及股指期货交易，世界各大交易所都在第一时间宣布了对雷曼兄弟及 AIG 的应急处理措施，基本思路是对客户的经纪仓位进行移仓，对自营仓位通过场外协议方式进行平仓，避免直接对场内市场造成冲击。

当然，不同交易所处理方式有所不同。例如，CME 在雷曼兄弟破产当天即对雷曼破产事件作出了回应，认为雷曼兄弟的子公司（Lehman Brothers Holdings Inc）并不会受到雷曼兄弟破产的影响，可以继续履行其结算会员的义务。2008 年 9 月 16 日，CME 又公告说明已通过场外协议大宗交易的方式，减少了 AIG 所持的仓位，降低了市场风险。

相对美国交易所尚属温和的反应，世界其他地区的交易所则采取了更为果断的应对举措。2008 年 9 月 15 日当天，伦敦金属交易所（London Metal Exchange）、伦敦国际金融期货期权交易所（LIFFE）和洲际交易所（ICE）均取消了雷曼兄弟欧洲公司的交易资格。2008 年 9 月 15 日，同在欧洲的伦敦清算所（LCH. Clearnet）宣布雷曼兄弟旗下的 Special Financing 和 International

Europe 为违约会员。9 月 16 日，大阪证券交易所（OSE）宣布将通过冲销交易方式或头寸移仓方式了结雷曼兄弟日本公司（Lehman Brothers Japan Inc.）所有的期货及期权头寸，到 10 月 2 日，大阪交易所宣布已成功完成处理。中国香港期交所也于 9 月 17 日收盘后暂停了雷曼兄弟亚洲公司期货交易资格，同时期货结算公司亦暂停了其结算资格。而此前的 9 月 16 日港交所已经暂停了雷曼兄弟亚洲公司在证券及股票期权市场的交易。相较于现货及股票期权市场，中国香港期交所先行处理雷曼兄弟的期货持仓和资金，接着延后一天取消雷曼兄弟期货交易资格的做法得到了市场更多的肯定。

五是其他风控措施。面对突如其来的剧烈市场波动，各大交易所（结算所）除了采取上述风控措施，还根据市场状况启动了其他类型的应对举措。例如，中国香港交易所也动态调高了担保金水平，以应对潜在的极端风险，强化市场信心。此外，中国香港交易所在市场波动最大的 9 月 16 日和 9 月 19 日分别通过公告的形式，向公众公布了当天的市场统计数据并提示相关风险。中国香港交易所还在 9 月 26 日宣布增加未能如期交收证券的罚款。

四、危机中股指期货几乎没有受到批评指责，并且国际市场出现了"场外交易场内化"的变化

在美国"87 股灾"、巴林银行倒闭和中国香港"98 年金融保卫战"等多次国际重大的市场风险事件中，股指期货都成为舆论攻击的焦点。"87 股灾"中有人指责股指期货诱发了"瀑布效应"，加剧了市场波动；巴林银行倒闭事件中，在股指期货和期权上的过度投机被认为是直接原因；"98 年金融保卫战"中，股指期货被认为是操纵市场的配套手段。但是，在次贷危机中，股指期货市场几乎没有遭到任何非议。在市场连篇累牍地声讨场外金融衍生品对美国金融市场的致命打击之时，我们没有发现任何针对股指期货的批评之声。究其原因，一是此次危机的焦点在次贷衍生出来的 CDO、CDS 等一系列场外产品上，与股指期货没有关联。二是股指期货市场风控处理得当，运行平稳，没有爆发继生性风险，没有给本已混乱的全球金融市场增添麻烦。三是经过多年的实践检验，股指期货已经能够被市场和社会以平常心所接受，其功能和作用得到了广泛认可，人们不会再戴着有色眼镜看待股指期货。

此次危机中，场外金融衍生品市场的失控与股指期货市场在危机中总体

表现平稳形成鲜明对比。两个市场的表现差别并非偶然，因为股指期货市场结构更为透明，监管更为到位，措施更为完善，风险更为可控。实际上，次贷危机前后国际市场已经出现了"场外市场场内化"的趋势，主要交易所纷纷为场外金融衍生产品提供中央清算或结算甚至交易服务，这方面的具体情况将在下一章详细阐述。

第七章 全球金融衍生品监管改革进展与趋势

2008 年的国际金融危机引发了全球范围内针对金融机构和金融市场的监管改革。金融市场方面，对金融衍生品的监管改革最为引人关注。本书前述部分已经论证造成系统性风险增加的主要是受监管程度较低的场外金融衍生品市场，而监管严格、信息高度透明、风险管理有效的场内金融衍生品市场（交易所市场）不但未出现严重问题，反而在危机期间发挥了重要作用。为此，2009 年 9 月的二十国集团（G20）匹兹堡峰会达成了关于加强场外金融衍生品监管的共识：所有标准化场外金融衍生品必须在交易所或者电子平台上交易，并通过中央对手方进行集中清算；所有场外金融衍生品交易需向交易报告库申报；对未实行集中清算的场外金融衍生品交易实施更严格的资本金要求。各国（地区）监管机构和国际金融监管组织在此共识下加大了对场外金融衍生品市场的监管力度。

同时，各国（地区）监管机构也对场内金融衍生品市场的监管规则进行了改革，主要是改革持仓规则体系和加强对高频交易的监管，前者主要是为了限制过度投机行为、保护有序的价格发现机制，后者主要是为了防范计算机系统错误给市场安全运行带来的危害。

第一节 场外金融衍生品监管改革

一、美国

1.《多德－弗兰克法案》中有关场外金融衍生品交易监管的内容

美国奥巴马政府执政初期就开始考虑实施全面的金融监管改革，并于

2009 年发布了最初的改革措施。受利益集团博弈影响，监管改革法案的制定过程并非一帆风顺。先是国会两院分别通过了各自版本的法案，其后为协调立法分歧，两院组成的联席委员会修改形成统一版本的法案。众议院和参议院先后通过法案的最终版本，并于 2010 年 7 月 15 日提交给总统。奥巴马在 2010 年 7 月 21 日签署了《多德－弗兰克华尔街改革与消费者保护法》（*Dodd－Frank Wall Street Reform and Consumer Protection Act*），使之正式成为法律。根据两院起草金融监管改革法案主要牵头人的姓氏，[①] 这个法案通常被称为《多德－弗兰克法案》。

《多德－弗兰克法案》是一个覆盖面极为广泛的金融监管改革法案，共包含 16 编。[②] 加强对场外金融衍生品市场的监管是法案的核心内容之一，主要内容出现在第七编《华尔街透明度与问责法》（*Title VII－Wall Street Transparency and Accountability*）和第八编《支付、清算和结算监管法》（*Title VIII－Payment，Clearing and Settlement Supervision*）。改革目标是尽可能地促进场外金融衍生品的标准化交易、集中清算和以中心化形式保管数据，从而提升市场透明度，确保监管者和市场参与者及时、完整、准确地掌握市场信息。

法案倡导所有的非豁免互换均实行集中清算和标准化交易，并将互换合约按照是否基于证券（Security－Based）进行分类。对于非基于证券的互换，要求其在经监管部门审核注册的指定合约市场（DCM）或互换执行设施（SEF）上交易，在衍生品清算组织（DCO）进行集中清算。对于基于证券的互换，要求其在全国性证券交易所或基于证券的互换执行设施上交易，在清算机构（Clearing Agency）进行集中清算。法案从提高市场透明度、控制风险的角度出发，规定了 DCM、SEF、DCO 等的资格准入、财务资源、信息报送、风控措施等核心原则。市场参与主体方面，方案定义了"互换交易商""主要互换参与者""基于证券的互换交易商"以及"主要的基于证券的互换参与者"，针对不同主体实行分类监管。除交易和清算环节外，法案在记录和报告环节也提出了强制性要求，其中对于互换数据存管机构（SDR）提出了注册要求和应履行的职责，并要求 CFTC 制定数据标准。在倡导集中清算和标准化

[①]　分别是时任参议院银行委员会主席克里斯·多德（Chris Dodd）和众议院金融服务委员会主席巴尼·弗兰克（Barney Frank）。

[②]　根据法律公司 Davis Polk & Wardwell LLP 统计，法案要求监管者制定 243 项规则，开展 67 项研究，发布 22 种定期报告。

交易的同时，法案提高了非集中清算互换的保证金要求，并要求互换交易双方仍需签订双边标准互换文件。

2. 沃尔克规则作为《多德－弗兰克法案》的核心条款，通过约束金融机构行为，对衍生品市场造成间接监管影响

沃尔克规则是《多德－弗兰克法案》的核心和较有争议的条款之一，其实质是禁止银行进行与客户金融服务无关的投机交易。美联储前主席保罗·沃尔克（Paul Volcker）认为，银行的投机行为是造成 2008 年金融危机的主因，同时金融机构的监管弱化是关键。虽然奥巴马政府上台后立即聘任沃尔克为白宫经济复苏顾问委员会主席，但最初的金融改革草案更加温和，并不包含沃尔克规则。由于意识到金融改革进展不足，奥巴马在 2010 年 1 月首次公开表态支持沃尔克规则。《多德－弗兰克法案》的第 619 条引入沃尔克规则，并要求联邦银行监管机构与美国证券交易委员会（SEC）、商品期货交易委员会（CFTC）等协调沃尔克规则的最终制定和执行。在各方利益的激烈博弈之下，沃尔克规则在 2013 年 12 月 10 日获得 5 家联邦监管机构①的批准，2017 年 7 月 21 日才得以全面实施。2019 年 7 月的修订将社区银行排除在规则适用范围之外，同年 10 月的修订简化了沃尔克规则。沃尔克规则未来仍可能面临着新的修改。②

沃尔克规则的主要内容可概括为两个方面，一是禁止银行类实体从事证券、衍生品、商品期货和期权的短期自营交易；二是禁止银行类实体拥有对冲基金或私有股权基金权益，成为这类基金的发起人，或与之有特定关系。③ 由于证券包销、做市、风险对冲等活动与自营交易在某些方面存在相似性，规则对这些活动规定了豁免条件。沃尔克规则不禁止非银行金融机构从事自营交易，但美联储可以要求这些机构增加资本金，并设定交易额度。

沃尔克规则并不直接针对金融衍生品市场，但是它在金融机构的传统业务和衍生品业务之间建立了更严格的防火墙，通过对金融机构投机交易业务

---

① 这 5 家联邦监管机构是货币监理署（OCC）、联邦储备委员会、联邦存款保险公司（FDIC）、证券交易委员会（SEC）和商品期货交易委员会（CFTC）。

② 例如，2020 年 1 月 30 日，制定沃尔克规则的联邦监管机构就修订关于对冲基金和私有股权基金的限制公开征求意见。

③ https：//www.federalreserve.gov/newsevents/pressreleases/files/bcreg20131210a3.pdf.

的约束，间接地对金融衍生品市场造成监管影响，促使金融衍生品市场更加透明。

二、欧盟

1. 欧盟的金融市场监管改革立法

欧盟在 2004 年 11 月正式实施的第一版《金融工具市场指令》(*Markets in Financial Instruments Directive*，MiFID) 秉承鼓励竞争的监管理念，为电子化新型交易场所的崛起提供了空间，也促进了欧洲衍生品市场的发展。然而，2008 年的金融危机暴露了欧盟内部监管分散、标准不统一等问题，以及场外金融衍生品市场、高频交易等监管薄弱环节，金融监管改革的要求愈发迫切。为此，欧盟先后进行了以下金融市场监管改革：2010 年 9 月，欧盟委员会发布了专门针对场外金融衍生品市场的《欧洲市场基础设施条例》(*European Market Infrastructure Regulation*，EMIR)，并于 2012 年 8 月生效（下面关于欧盟场外金融衍生品监管的小节将进一步介绍其内容）；2011 年，将原有的欧洲证券监管者委员会 (Committee European Securities Regulators，CESR) 升级为欧洲证券及市场监管局 (European Securities and Markets Authority，ESMA)，并由 ESMA 负责起草 MiFID 的修订版；2014 年 6 月，ESMA 发布 MiFID 修订版的最终稿，但是在各方利益博弈下，生效时间多次推迟，直至 2018 年 1 月才正式生效。

MiFID 的最终修订版包括《金融工具市场指令Ⅱ》(MiFIDⅡ) 和《金融工具市场条例》(*Markets in Financial Instruments Regulation*，MiFIR) 两个层级，MiFIDⅡ是要求成员国按照欧盟要求，结合本国市场情况和法律框架执行国内立法的指令，MiFIR 是在欧盟层面具有约束力的法规，两者相互联系和补充，共同构成欧盟金融工具市场监管框架。

其中，MiFIDⅡ主要对以下方面进行了修订。一是确保金融工具在受监管的平台上进行交易。二是引入对程序化交易和高频交易的监管。三是提升包括衍生品市场在内的金融工具市场透明度，推行法人实体识别码 (LEI)，实现穿透式监管。四是加强对商品衍生品市场的监管，包括建立覆盖欧盟的持仓规则体系。五是加强投资者保护，推行更加全面和严格的最佳执行要求、独立的投资建议服务等。六是加强国家级监管机构的权力，有权禁止或限制特定情况下某些产品的销售和交易等。

MiFIR 主要对以下方面做出了规定。一是向公众披露交易活动相关数据。二是向监管机构报告交易数据。三是衍生品必须在有组织的场所交易。四是消除交易场所与结算服务提供商之间的壁垒，鼓励横向竞争。五是关于金融工具和衍生品头寸的监管措施。

欧盟的金融市场监管改革立法并未终止。2020 年 2 月 17 日，欧盟委员会启动关于 MiFID Ⅱ/MiFIR 监管框架有效性的公开咨询，收集利益相关者关于 MiFID Ⅱ/MiFIR 是否提升了市场透明度、是否确保不同类型交易场所公平竞争等方面的看法和改革建议。① 2020 年 3 月 10 日，ESMA 启动了关于 MiFID Ⅱ/MiFIR 框架下非股权工具透明度体制和衍生品交易义务的评估报告意见征询。②

2. 根据 EMIR 和 MiFID II/MiFIR，欧盟对场外金融衍生品实施集中清算、报告和有组织的交易

根据 G20 峰会达成的场外金融衍生品监管共识，EMIR 以提升场外金融衍生品市场透明度和安全性，减少对手方信用风险和操作风险为目标，引入场外金融衍生品的报告义务、合格场外金融衍生品的集中清算义务、双边清算衍生品的对手方信用与操作风险减缓措施，以及中央对手方和交易报告库的一般性规定，从而弥补第一版 MiFID 对场外金融衍生品市场监管的不足。E-MIR 的适用主体既包括使用场外金融衍生品的金融机构，也包括在场外金融衍生品市场上持有较大头寸的非金融企业。不过，如果非金融企业使用场外金融衍生品是为了对冲主营核心业务风险（"商业对冲"，如管理汇率风险），则可以不受 EMIR 约束，不必通过中央对手方清算。

EMIR 关于场外金融衍生品的监管制度安排包括以下主要方面：一是确定场外金融衍生品的清算、报告和风险减缓义务。有自下而上和自上而下两种

---

① Public consultation on the review of the MiFID II/MiFIR regulatory framework，https：//ec. europa. eu/info/sites/info/files/business_ economy_ euro/banking_ and_ finance/documents/2020 – mifid – 2 – mifir – review – consultation – document_en. pdf. 本项征询意见原定截至 2020 年 4 月 20 日，因新型冠状病毒肺炎（COVID – 19）影响而延长至 5 月 18 日。

② Consultation Paper – MiFID II/ MiFIR review report on the transparency regime for non – equity instruments and the trading obligation for derivatives，https：//www. esma. europa. eu/sites/default/files/library/esma70 – 156 – 2189_ cp_ review_ report_ transparency_ non – equity_ tod. pdf. 本项征询意见原定截至 2020 年 4 月 19 日，因 COVID – 19 疫情影响而延长至 6 月 14 日。

途径确定需要集中清算的场外金融衍生品：①当某个中央对手方决定清算某类衍生品，并得到相关主管机关授权后，主管机关要立即报告给 ESMA，由 ESMA 决定是否将这类衍生品的集中清算义务适用于整个欧盟范围；②ESMA 联合欧洲系统性风险理事会（European Systemic Risk Board，ESRB）决定哪类场外金融衍生品应该通过中央对手方清算。二是建立对中央对手方的授权和监督体系。ESMA 在中央对手方监管中发挥核心作用，同时每个成员国要确定一个主管机关履行对中央对手方的授权和监督职责，并将情况及时报告给 ESMA。三是建立多个中央对手方进行跨系统交易的互操作性安排。互操作性安排有利于增进欧盟范围内市场间的有效协调，但也可能增加中央对手方的风险，因此中央对手方参与互操作性安排必须经主管机关批准。主管机关可以调整对申请互操作性安排的中央对手方的风险管理要求，并报告给 ESMA。四是明确交易报告库的登记和监管要求。所有场外金融衍生品的交易信息必须报告给交易报告库。ESMA 拥有对交易报告库进行登记和撤销的权力，并对其实施监管。

在实施有组织的交易方面，MiFID Ⅱ/MiFIR 要求合格的场外金融衍生品在电子平台上交易。第一版 MiFID 规定了受监管的交易所（Regulated Market，RM）、多边交易设施（Multilateral Trading Facility，MTF）和系统化内部撮合商（Systematic Internaliser，SI）3 类场内交易场所，没有把场外金融衍生品市场纳入监管范畴。场外金融衍生品市场在发展过程中出现了合约标准化程度提高、流动性加大等场内市场特征，对金融市场系统性风险的影响也在加大，MiFID 没有将这类交易纳入监管可能造成重大市场风险。为此，MiFID Ⅱ/MiFIR 定义了新的受监管交易场所"有组织的交易设施"（Organised Trading Facility，OTF），要求所有符合清算要求并具有足够流动性的衍生品（包括场外金融衍生品）必须在 RM、MTF 或 OTF 上交易。ESMA 负责评估和决定衍生品是否符合清算要求并具有足够流动性。

三、日本

早在 2008 年 9 月，日本证券清算公司（Japan Securities Clearing Corporation，JSCC）、东京证券交易所等机构就共同设立了"场外金融衍生品交易处理准备研究会"，启动关于场外金融衍生品市场改革的研究。2010 年 1 月开始，由日本金融厅牵头主持"金融资本市场有关制度修正"项目，旨在通过修正《金融商品交易法》等相关法律法规，提升场外金融衍生品交易清算的稳定性、透明度，并强化对证券公司的综合监管。2012 年 11 月，《金融商品交易法》关于场外金融衍生品交易清算部分的修正案生效，并成立了"场外金融衍生品监管复核小组"作为场外金融衍生品市场的监管机构。

根据 G20 匹兹堡峰会共识，修正案创设了场外金融衍生品交易强制集中清算制度，日本成为 G20 成员中最先实施强制集中清算的国家。[①] 首先纳入强制集中清算范围的是信用违约互换（CDS）中的 iTraxx Japan 产品（覆盖流动性最高的 50 家投资级日本实体）和以日元计价的、挂钩 LIBOR 的利率掉期（Interest Rate Swap，IRS）产品，之后逐步扩大到其他可以标准化的场外金融衍生品。实施初期，强制集中清算只适用于 JSCC 的会员。此外，为了强化国内清算机构的实力，修正案对金融商品交易清算机构制度也进行了改革，增加了最低资本金限制及大股东限制条款。在交易平台方面，场外金融衍生品监管复核小组提出在电子平台进行场外金融衍生品交易，但此项要求并非强制实施。在交易报告义务方面，修正案要求集中清算和非集中清算的场外金融衍生品均需向日本金融厅监管下的交易报告库报告。

四、国际金融监管组织

2008 年金融危机后，不仅各国（地区）金融监管机构根据 G20 匹兹堡峰会共识加强了场外金融衍生品监管，巴塞尔银行监管委员会（BCBS）、国际证监会组织（IOSCO）等国际金融监管组织也从资本金和保证金等方面，对参与非集中清算场外金融衍生品市场的商业银行及其他市场实体提出了更高的监管要求。

1. 对持有非集中清算场外金融衍生品合约的商业银行提出更高的资本金要求

BCBS 作为全球银行业审慎监管标准的主要制定者，在金融危机发生后启动了力度空前的银行业监管改革，经过 2010 年和 2017 年两个阶段的改革，于 2017 年 12 月发布了"巴塞尔协议Ⅲ"最终方案。[②] 其中，为落实 G20 匹

---

① 虽然美国和欧盟关于场外金融衍生品集中清算的立法早于日本，但是实际开始实施的时间晚于日本。

② Basel Ⅲ：Finalising post – crisis reforms，7 December 2017，https：//www.bis.org/bcbs/publ/d424.htm.

兹堡峰会关于非集中清算场外金融衍生品资本金要求的共识，BCBS 在 2010 年 12 月发布（2011 年 6 月修订）的"巴塞尔协议Ⅲ"文件《增强银行和银行体系稳健性的全球监管框架》① 中加强了双边结算场外金融衍生品的资本金要求。在与 IOSCO、国际支付结算体系委员会（CPSS）的共同努力下，BCBS 于 2014 年 4 月发布了《银行对中央对手方风险暴露的资本金要求》最终版本，② 规定了中央对手方集中清算场外金融衍生品的资本金要求。通过对集中清算和非集中清算的场外金融衍生品提出不同的资本金监管要求，激励银行通过中央对手方进行标准化场外金融衍生品的集中清算。

具体来看，是否采取集中清算对银行资本金要求有以下影响（见表 7 - 1）：一是在非集中清算的场外金融衍生品交易中，银行对于对手方信用风险（Counterparty Credit Risk，CCR）使用的风险权重系数通常大于 4% ；而在集中清算的场外金融衍生品交易中，银行对中央对手方的 CCR 风险权重系数约为 2% ，对非银行客户的 CCR 风险权重系数约为 4% 。二是在非集中清算的场外金融衍生品交易中，银行需要增加由于对手方信用估值调整（Credit Valuation Adjustment，CVA，即对手方信用状况恶化造成的衍生品损失风险）带来的额外风险资本要求；在集中清算的场外金融衍生品交易中，银行不需要对中央对手方计提 CVA 资本准备，只需要对非银行客户计提。三是集中清算情况下，存在银行向中央对手方缴纳的违约准备金不能完全覆盖银行损失的风险，因此要求银行预留违约金风险暴露产生的额外资本。综合来看，虽然集中清算带来了与违约金风险相关的额外资本要求，但是总体的资本要求可能更低，特别是在不涉及客户的交易（如衍生品市场做市行为）中，资本金的节约就更为明显。

---

① Basel Ⅲ: A global regulatory framework for more resilient banks and banking systems – revised version June 2011, Basel Committee on Banking Supervision, 1 June 2011, https://www. bis. org/publ/bcbs189. htm.

② Capital requirements for bank exposures to central counterparties, Basel Committee on Banking Supervision, 10 April 2014, https://www. bis. org/publ/bcbs282. htm. 最终版本于 2017 年 1 月 1 日生效，在此之前执行的是 2012 年发布的过渡版本。这个文件与 2011 年、2017 年的两个"巴塞尔协议Ⅲ"文件，以及 2019 年版《非集中清算衍生品保证金要求》都是经整合的"巴塞尔协议框架"（Basel Framework）的组成部分。

表 7 - 1   不同清算方式对银行资本金要求比较

	双边清算（非集中清算）	集中清算
CCR 风险权重系数	大于 4%	约 2%（对中央对手方）/ 约 4%（对非银行客户）
CVA 额外风险资本要求	需要	对非银行客户需要，对中央对手方不需要
违约金风险暴露产生的额外资本要求	不需要	需要

2. 关于非集中清算场外金融衍生品交易的保证金要求

同样是根据 G20 的要求，BCBS 和 IOSCO 于 2011 年开始起草关于非集中清算场外金融衍生品保证金要求的监管规则，并于 2013 年 9 月共同发布《非集中清算衍生品保证金要求》。此后这一文件又经历 3 次修订，最新版本发布于 2020 年 4 月 3 日。[①]

文件提出了关于非集中清算衍生品交易保证金的八条原则及相应具体要求。八条原则：①对所有未通过中央对手方集中清算的衍生品交易都应当实施恰当的保证金制度。②所有金融机构和具有系统重要性的非金融实体（统称为被涵盖实体）在进行非集中清算衍生品交易时，双方必须交换与对手方风险相对应的初始保证金和变动保证金。③保证金计算方法应当在被涵盖实体之间一致，应当反映非集中清算衍生品的未来潜在风险（初始保证金）和当前风险（变动保证金），并确保对手方风险暴露在较高置信度下被完全涵盖。④为了确保作为初始保证金和变动保证金的抵押资产能够在合理时间内变现，且产生的收益足以保护交易者免遭对手方违约带来的损失，这些资产应具有高度流动性，且能够在财务紧张的状况下保持价值。⑤初始保证金应当在交易双方之间交换，不能对各方应收金额进行轧差（采用总额保证金，而非净额保证金），并且其保管方式既要确保交易者在对手方违约时立即获得补偿，又要确保在一方进入破产程序时，另一方此前支付的保证金在法律范

---

① Margin requirements for non – centrally cleared derivatives, Basel Committee on Banking Supervision & Board of the International Organization of Securities Commissions, 3 April 2020, https：//www. bis. org/bcbs/publ/d499. pdf.

围内尽可能得到保护。⑥公司与其附属机构之间的交易应当与各自司法辖区的法律和监管框架相一致。⑦监管制度之间应当保持互动，从而在不同的司法辖区实施一致而又不重复的保证金监管要求。⑧应当分阶段实施保证金要求，确保向新框架转化产生的成本得到适当控制；监管者应当评估保证金标准的总体效果，并确保在不同司法辖区和监管方案之间的协调。

2015 年、2019 年和 2020 年 3 次修订的主要变化是推迟保证金要求的全部或部分阶段的实施期限① （见表 7-2）。对于持有不同名义金额的非集中清算衍生品的被涵盖实体，初始保证金的期限最早是 2016 年 9 月 1 日，最迟是 2022 年 9 月 1 日；变动保证金的期限最早是 2016 年 9 月 1 日，最迟是 2017 年 3 月 1 日。其中，初始保证金要求针对的只是新产生的合约，不针对实施期限前已存在的合约。

表 7-2　　　　　　非集中清算衍生品保证金实施期限的推迟情况

被涵盖实体持有非集中清算衍生品的月末平均名义金额（注）	2013 年 9 月框架	2015 年 3 月修订	2019 年 7 月修订	2020 年 4 月修订
初始保证金实施期限				
超过 3 万亿欧元	2015 年 12 月 1 日	2016 年 9 月 1 日	不变	不变
超过 2.25 万亿欧元	2016 年 12 月 1 日	2017 年 9 月 1 日	不变	不变
超过 1.5 万亿欧元	2017 年 12 月 1 日	2018 年 9 月 1 日	不变	不变
超过 0.75 万亿欧元	2018 年 12 月 1 日	2019 年 9 月 1 日	不变	不变
超过 500 亿欧元	无此档规定（实际为更低一档的，2019 年 12 月 1 日）	无此档规定（实际为更低一档的，2020 年 9 月 1 日）	2020 年 9 月 1 日（实际不变）	2021 年 9 月 1 日
超过 80 亿欧元	2019 年 12 月 1 日	2020 年 9 月 1 日	2021 年 9 月 1 日	2022 年 9 月 1 日

① 其中 2020 年 4 月的第 3 次推迟是受到新冠肺炎疫情在全球范围内蔓延的影响。

续表

被涵盖实体持有非集中清算衍生品的月末平均名义金额（注）	2013 年 9 月框架	2015 年 3 月修订	2019 年 7 月修订	2020 年 4 月修订
变动保证金实施期限				
超过 3 万亿欧元	2015 年 12 月 1 日	2016 年 9 月 1 日	不变	不变
其他	2015 年 12 月 1 日	2017 年 3 月 1 日	不变	不变

注：通常为实施期限之前 5 个月、4 个月、3 个月末的平均名义金额；例如，对于 2015 年 12 月 1 日起实施的情况，计算 2015 年 6 月、7 月、8 月的月末平均名义金额。

资料来源：国际清算银行（BIS）官方网站[1]。

第二节　场内金融衍生品监管改革

一、美国

1. CFTC 根据《多德－弗兰克法案》要求制定限制场内金融衍生品市场投机的持仓监管制度

以期货市场为代表的场内金融衍生品市场同样包含在《多德－弗兰克法案》的金融改革范畴之内。根据法案要求，CFTC 着手修订期货合约持仓限额与豁免、实际控制关系下的持仓合并计算，以及大户报告等制度，这一进程同样受到各方利益博弈的影响而一波三折。

为限制商品期货投机行为，CFTC 最初在 2011 年 10 月就通过了被称为史上最严厉的持仓规则。但是，衍生品行业组织很快提起诉讼，[2] 认为 CFTC 没有正确理解法案原意，华盛顿联邦法庭于 2012 年 9 月判决否定了 CFTC 初次

---

[1]　Summary of changes to the implementation of the margin requirements for non－centrally cleared derivatives，https：//www. bis. org/bcbs/publ/d317_summarytable. pdf&https：//www. bis. org/bcbs/publ/d475_summarytable. pdf；Margin requirements for non－centrally cleared derivatives，https：//www. bis. org/bcbs/publ/d499. pdf.

[2]　国际互换与衍生产品协会（ISDA）、美国证券业与金融市场协会（SIFMA）代表行业提起诉讼。

修订的持仓规则。此后，CFTC 重写相关规则，多次公布阶段性修订成果。为减小新规实施阻力，CFTC 将规则拆为两个部分：关于持仓合并计算的规则（Aggregation Regulations）争议较小，在 2016 年 12 月 5 日表决通过，2017 年 2 月 6 日正式生效；其他部分形成未表决的持仓限额规则新草案。截至目前，CFTC 对持仓限额规则的修订仍未终止，已于 2020 年 1 月 30 日提出最新修订草案并征询市场意见。[①]

（1）关于持仓限额与豁免规则。与最初修订相比，2020 年 1 月 30 日的最新草案在监管逻辑和方向上发生了部分变化，更加重视保持期货市场的价格发现能力。[②] 最新草案涵盖以下四个主要方面。

一是执行持仓限额的合约品种，包括 25 个实物交割的核心品种（核心参考期货合约，CRFCs）、与它们挂钩的现金交割期货和期货期权，以及在经济意义上的等价互换。与最初修订相比，核心品种数量少了 3 个。将挂钩的现金交割产品和经济上等价的互换纳入，要求市场参与者从场内和场外市场全局的角度进行持仓监控。

二是执行持仓限额的合约月份和关于轧差（netting）的规定。CFTC 负责制定 9 个传统农业合约的当月（spot months）和非当月合约、16 个其他核心品种的当月合约的持仓限额，[③] 其中当月合约持仓限额小于等于商品现货可交割供给的 25%。由于实物交割合约和现金交割合约作为两个不同类别分别实施持仓限额，所以轧差仅限于实物交割合约或现金交割合约类别内部，不能跨类别轧差。

三是关于持仓限额的豁免，重申持仓限额针对的是投机性的头寸，不会限制合格的"对冲性"交易。豁免情形包括真实意图的套保交易（包括列举的和没有明确列举的套保行为）、价差头寸（spread positions）、特定财务困境下的头寸、特定天然气合约寸头等，还对法令生效前既有的互换合约设置过渡期。草案扩展了合格套保行为的列表。与此同时，与此前版本相比，草案

---

① Position Limits for Derivatives（Proposed rule），https：//www.cftc.gov/sites/default/files/2020/02/2020 – 02320a. pdf. 本次征询意见原定截至 2020 年 4 月 29 日，因新冠肺炎疫情影响而延长至 2020 年 5 月 15 日。

② Reed Smith Client Alerts about CFTC's re – proposed position limits rule，12 February 2020.

③ 除联邦法案层面的持仓限额外，期货交易所还可能设置其他合约的持仓限额。

不再认可对真实意图套保以外的"风险管理"的豁免。

四是修订有关持仓限额管理流程。不再要求市场参与者提交关于持仓限制的"204 表格"报告，改为由交易所汇总后向 CFTC 提交报告。对于草案没有明确列举的真实意图套保，市场参与者需要向交易所提交豁免申请；如果 CFTC 没有在 10 个工作日内驳回申请，则豁免生效。

（2）关于持仓合并计算规则。CFTC 在 2016 年 12 月 5 日通过的联邦层面规则主要包括基本原则、豁免情形和豁免申请程序三个方面。① 基本原则包括实际控制权原则和财务投资原则，前者是指市场参与者对相关实体存在直接或间接的交易活动控制，或者以各种方式持有 10% 及以上权益的，则相关实体的全部持仓需要与参与者自身持仓合并计算；后者是指市场参与者以各种方式持有或获得"具有大致相同交易特征"的不同账户或商品池中的持仓，需要按照持有或获得比例将上述持仓与第一个原则下的持仓合并计算。上述第二个原则，针对的是市场参与者规避实际控制权红线，以持有或获得特定投资组合份额的方式间接扩大持仓的行为。考虑到现实中存在满足 10% 权益标准，但是不存在实质性的交易活动控制或协同行为的情形，CFTC 从交易活动独立性的本质出发，设定了若干豁免持仓合并计算的情形。绝大多数情况下，豁免合并计算需要事先提交申请，② CFTC 可以随时要求申请人补充信息。

（3）关于大户报告制度。CFTC 在 2013 年通过了《所有权及控制关系报告》（*Ownership & Control Reporting*，OCR）最终规则，并于 2014 年 2 月 18 日起生效。CFTC 主要从以下方面修订了大户报告制度：一是将场内期货市场的大户报告制度扩展到场外金融衍生品市场；二是引入成交大户概念，将持仓规模较小而成交规模较大的日内频繁交易客户纳入大户报告制度体系；三是扩展了大户实控关系报备信息范围，提高了对报备手段自动化程度与即时性的要求。这些修订有利于提高市场透明度，增强监管者对违规行为的侦测能力。由于新增报告义务及电子提交工作量较大，美国期货业协会（FIA）等行业组织多次请求暂缓实施部分要求，CFTC 通过发布针对 FIA 等请求的无异议

① 交易所可以在联邦规则基础上增加额外的信息报告要求和合并条件限制，也可以提出额外的豁免条件。

② 对于市场参与者新收购的相关实体 10% 及以上权益，考虑到开展尽职调查和准备文件的需要，申请豁免时可以给予 60 天的效力追溯期，即只要在收购 60 天内提交申请，该申请可视作在收购当天提出。

函（No Action Letters）的方式确认暂缓实施的期限。最近的一次延期是 CFTC 在 2017 年 9 月 25 日发布的无异议函，将部分要求的实施期限推迟到 2020 年 9 月 28 日。[①]

2. 对高频交易的监管改革

自 2008 年金融危机以来，美国证券期货市场上由于高频交易发生的错误，先后导致了 2010 年 5 月的闪电崩盘（Flash Crash）、2012 年 8 月的骑士资本（Knight Capital Group）事件，以及 2013 年 8 月的纳斯达克交易瘫痪等重大风险事件。在全面加强金融监管的背景下，美国监管机构在高频交易监管方面先后采取了以下措施。

（1）2009 年 9 月，SEC 提出禁止闪电指令（Flash Orders）。闪电指令让高频交易商比其他市场参与者提前数毫秒看到交易指令，损害市场公平。

（2）2010 年 1 月，SEC 提出禁止无审核通路（Naked Access）。无审核通路是指经纪商在不审查指令的情况下，将席位和高速链路通道租给交易者，增加了由于指令错误导致市场风险的可能性。

（3）2010 年 4 月，SEC 提出对高成交量交易者（High – Volume Traders）分配识别代码，要求经纪商在交易发生后次日将交易记录上报 SEC。

（4）2010 年 6 月，CFTC 发布关于托管服务（Co – Location）的监管提案，要求对所有愿意付费的合格投资者提供托管服务，并禁止为妨碍某些市场参与者进入而制定过高费用。

（5）2010 年的闪电崩盘发生后，SEC 颁布两项获取高频交易数据的规则，建立了两个数据收集系统：综合审计追踪系统（CATS），捕捉所有交易从订单生成到执行或取消的完整记录；市场信息数据分析系统（MIDAS），允许 SEC 获得全美 13 个证券交易所的所有买卖数据。

（6）2013 年 5 月，CFTC 根据《多德 – 弗兰克法案》第 747 条的要求，针对谎骗（Spoofing）等高频交易行为发布实施了《反市场扰乱操作指引》（*Antidisruptive Practices Authority*）。[②]

（7）2013 年 9 月，CFTC 发布了《自动化交易环境中风险控制和系统安

[①] https：//www.cftc.gov/sites/default/files/idc/groups/public/@ lrlettergeneral/documents/letter/17 –45.pdf.

[②] https：//www.govinfo.gov/content/pkg/FR – 2013 – 05 – 28/pdf/2013 – 12365.pdf.

全的概念公告》（*Concept Release on Risk Controls and System Safeguards for Automated Trading Environments*），公开征询关于交易平台和各类市场参与者保护措施的意见①。

（8）2015 年 11 月起，CFTC 要求交易公司在 CFTC 注册并遵守一系列风险管控措施，降低交易公司计算机系统发生破坏性故障的可能性，并抑制高频交易的自成交。具体措施包括交易前风险控制、算法实施前的测试、年度风险控制合规报告等。此外，行业自律方面，2013 年成立的美国 IEX 交易所创设了对抗高频交易策略的订单延时措施（俗称"减速带"，Speed Bump），缩小高频交易者与流动性提供者的速度差距，保护市场流动性。衍生品市场上，美国 ICE 交易所和欧洲期货交易所（Eurex）自 2019 年以来也在部分产品上试行"减速带"，但是初期仅限于部分流动性较低的产品。目前 CFTC 等监管机构没有对是否推广"减速带"机制表露明确的倾向。

（9）2020 年 6 月 25 日，美国商品期货交易委员会公布了全新的《电子交易风险管理原则》提案，同时宣布撤销 2015 年启动的《自动化交易监管规则》提案及其补充提案。《电子交易风险管理原则》以防范、监测和减少与电子交易相关的扰乱市场行为或系统异常情形为目标，明确了交易所应遵循"自建规则、前端风控、及时上报"三项原则，构建了以交易所自律监管为核心，现有风控措施为手段，范围覆盖电子交易平台上所有订单的总体监管思路。

二、欧盟

1. MiFID Ⅱ 建立了覆盖欧盟的衍生品持仓规则体系

为了抑制过度投机、保护有序的价格发现机制，MiFID Ⅱ 首次建立了覆盖整个欧盟的衍生品持仓限额、持仓豁免和持仓报告制度。相比美国 CFTC 的持仓规则，欧盟 MiFID Ⅱ 对单个品种的持仓限额较为宽松，但是在不同交易场所持仓总量、持仓限额豁免条件等方面更加严格。MiFID Ⅱ 下的持仓规则体系主要包括以下内容。

（1）关于持仓限额的设定，欧盟各成员国监管机构根据 ESMA 制定的监

---

① https：//www.govinfo.gov/content/pkg/FR－2014－01－24/pdf/2014－01372.pdf.

管技术标准和持仓限额计算方法设定每个品种的具体持仓限额，提交 ESMA 评估后再进行发布。

（2）关于持仓量的加总计算，投资者持有某衍生品的总净头寸应当包括在该交易场所的合约、其他交易场所的相同合约（一个交易场所的头寸可以用另一个交易场所的反向头寸平仓），以及与衍生品在经济上等价的场外合约；作为母公司的投资者，其净头寸应为自身净头寸与各子公司净头寸的总和。

（3）关于持仓限额豁免，适用于非金融主体持有的、被认定用于降低与该非金融主体商业活动直接相关风险的衍生品头寸。需要注意的是，金融类主体不能申请持仓限额豁免。

（4）关于持仓报告制度，包括交易场所和投资公司的报告义务：①交易场所需要向 ESMA 和注册地的国家监管机构提交周度和每日报告，周度报告包括各大类投资者的多头、空头持仓数目和占比，以及与上周相比出现的变化，每日报告包括所有持仓者的头寸明细；②投资公司需要向交易场所对应的监管机构报告其自身和客户（直至终端客户）在该交易场所以外交易的衍生品头寸、排放权（及其衍生品）场外合约头寸。

2. 对高频交易的监管改革

高频交易监管方面，德国在欧盟 MiFID Ⅱ/MiFIR 生效之前就已经进行了国内立法，并且影响了欧盟层面的立法。

（1）德国 2013 年《高频交易法》的内容要点。德国拥有欧洲大陆国家中最为发达的金融衍生品市场，处于行业第一集团的欧洲期货交易所（Eurex）是德意志交易所集团的成员公司。德国也是全球首个针对高频交易单独立法的国家。为加强对交易所和多边交易设施（MTF）内高频交易的风险控制，德国国会于 2013 年 3 月通过了由德国联邦金融管理局（BaFin）起草的高频交易监管法案。其后，BaFin 在 2013 年 5 月发布了关于高频交易法案中术语的定义，明确了高频交易的界定标准，包括使用自有账户交易，使用托管服务（Co‐Location）、专属线路（Direct Market Access）等追求延迟最小化的基础设施，处理大量的日内价格信息，在没有人为干预情况下由系统自动生成、传输并执行订单等。

德国《高频交易法》对高频交易提出了以下方面的监管要求：一是强制要求高频交易行为人在开展高频交易前必须向 BaFin 注册登记，取得相应资质。二是明确要求高频交易行为人建立有效风险防控制度，包括确保交易系统的可靠性和足够的容量；有效避免错单及系统瘫痪，并且在市场混乱时能够及时终止交易；确保交易系统不被用来从事违规事项，不得干扰市场正常交易秩序等。三是强化金融监管机构的监管权，赋予监管机构要求交易者提供程序化交易信息、交易使用的系统以及交易策略和参数的职权。四是界定利用高频交易操纵市场的各类行为。相比于通常以操纵价格为目标的市场操纵行为，高频交易中的市场操纵行为判定主要基于是否干扰或延迟了交易系统的正常运转，是否使得第三方在交易系统中较难作出买入或卖出的决定，是否对金融资产的供求关系造成误导等。

（2）MiFID Ⅱ/MiFIR 的高频交易监管要求。MiFID Ⅱ/MiFIR 采纳了与德国《高频交易法》相同的高频交易定义。MiFID Ⅱ/MiFIR 对高频交易的具体监管要求：一是要求市场参与者在将高频交易程序投入实际交易（生产环境）之前必须进行仿真测试。通常由交易所提供交易仿真测试环境，并对通过测试的高频交易程序进行认证。二是要求市场参与者在使用算法交易提交订单时，必须在订单中加入使用算法交易的标识。三是要求交易场所采用量化指标对非正常交易、过度波动、系统超载等风险状况进行严格的控制，在吸引指令流和保证系统安全之间寻求平衡。其中报单成交比是重要的监测指标，由 ESMA 负责制定报单成交比的计算方式和参考标准，由交易所确定单个金融工具的报单成交比上限。

三、其他国家或地区

1. 日本对高频交易的监管

与欧美国家相比，日本证券期货市场中的高频交易出现较晚，但是发展速度很快，从 2010 年到 2016 年，短短 6 年时间，东京证券交易所全部交易中利用托管服务（Co - Location）的下单数量占比从不到 10% 增长到超过 70%。[①] 为此日本也选择了强化高频交易监管的改革方向，在 2017 年 5 月修订的《金融商品交易法》中新增了对高频交易的规范。

根据修订后的法案，针对证券或衍生品的买卖、买卖委托以及政令规定不适用委托的其他买卖行为，如果交易行为满足"判断是基于电子信息处理

---

① 樊纪伟. 日本应对高频交易的规制及启示 [J]. 证券市场导报，2018（7）：65 - 70.

系统自动进行的、买卖信息通过通信技术向法律规定的主体传递且利用了内阁府令规定的缩短信息传递时间的方法"，则可界定为高频交易。

该法案对高频交易的规制主要有以下三个方面：一是建立高频交易行为人强制登记制度，并规定了拒绝登记申请的情形，涉及资金、业务、住所、人员、组织体制等方面不能保障高频交易业务适当开展或不能保证协助调查的情形。二是提出对高频交易业务管理体制的强制性要求，要求高频交易行为人制定内部规则并采取员工培训等措施确保内部规则得到遵守，采取充分措施管理与高频交易相关的电子信息系统，并禁止高频交易行为人将自己的名称出借他人以从事高频交易行为。三是加强对高频交易行为人的监管力度，明确了高频交易行为人的记录和报告义务，并赋予监管机构强制提交报告、现场检查等监督权力，从而执行业务改善命令、业务停止、吊销登记等监管措施。

2. 中国香港地区的持仓限额改革

中国香港地区在 1995 年引入衍生品持仓限额制度，① 但是没有建立与美国衍生品市场相似的套保豁免制度。2016 年 2 月，作为非政府咨询机构的中国香港金融发展局发布报告，建议推出套保豁免机制，同时检讨所有场内金融衍生品持仓限额是否合理。2016 年 9 月，中国香港证监会发布关于改进持仓限额制度和对相关规则、指引进行修订的咨询文件。② 2017 年 3 月，中国香港证监会发表持仓限额制度咨询总结，③ 表示经考虑市场回应后，决定实施咨询文件内的各项建议。经立法程序后，修改后的《证券及期货（合约限量及须申报的持仓量）规则》（以下简称《合约持仓量规则》）于 2017 年 6 月 1 日生效。

此次对《合约持仓量规则》的修改主要有以下三点内容，其中第一点

① 中国香港地区在 1995 年引入股票期权的持仓限额制度，1999 年引入股指期货持仓限额制度。

② 证券及期货事务监察委员会. 有关建议改进持仓限额制度和对《证券及期货（合约限量及须申报的持仓量）规则》及《持仓限额及大额未平仓合约的申报规定指引》作相应修订的咨询文件 [EB/OL]. http：//www. sfc. hk/edistributionWeb/gateway/TC/consultation/openFile？refNo＝16CP3.

③ https：//www. sfc. hk/edistributionWeb/gateway/TC/news－and－announcements/news/doc？refNo＝17PR38.

和第二点共同弥补了套保豁免制度的欠缺，第三点放松了股票期权的持仓限额。

一是将中国香港证监会可授权市场参与者持有或控制的"超逾限额持仓量"上限从50%上调到300%。原有《合约持仓量规则》规定，如果中国香港证监会相信市场参与者有相关业务需要，则可授权其持有或控制数目超过持仓限额（最高50%）的指定合约（恒生指数、恒生国企指数的期货及期权合约）。随着香港股指衍生品市场，特别是恒生国企指数市场的快速发展，很多市场参与者认为，与其业务规模相比，50%的超限额持仓量并不太高，因此没有强烈申请超限额持仓量的意愿，反而依靠场外金融衍生品市场对冲风险。但是市场参与者也表示希望使用更多的交易所买卖合约来满足业务需要，因为场内市场的价格更透明、运作和资本效益更高。在全球加强场外金融衍生品市场监管的大环境下，中国香港证监会为了鼓励在交易所市场进行更多交易，上调了超逾限额持仓量上限。

二是为指数套利活动、资产管理人和交易所买卖基金庄家（ETF做市商）设立超逾限额持仓量。原有《合约持仓量规则》规定，在交易所注册的庄家或流动性提供者，以及上市结构性产品的发行人可以申请持仓额度上浮，涵盖主体范围较窄。中国香港证监会认为，首先，指数套利活动可以使股指期货价格回归合理水平，有利于市场稳定；其次，ETF做市商利用流动性好且成本较低的期货合约对冲持仓，能够更有效履行职责；最后，《合约持仓量规则》规定，资产管理人管理的多个基金的期货及期权合约需要合并计算，导致原有持仓限额对资产管理人而言过于严苛。为此，修订后的规则将这三类主体纳入了可申请持仓额度上浮的范围。

三是将股票期权的法定持仓限额从5万张合约提高至15万张。从2006年开始的10年间，中国香港股票期权市场快速增长。中国香港交易所在2016年6月提出修订股票期权持仓限额模式的建议，以三级制（不同标的股票期权的持仓限额为5万张、10万张、15万张）取代原有的两级制（3万张、5万张），获得了多数市场参与者的赞同。中国香港证监会并未直接照搬中国香港交易所建议的三级制，而是将股票期权法定持仓限额统一提高到15万张，这样更有利于中国香港交易所在此限额以下按照需要设置新的级别（无须每次等待立法修订）。

第三节　金融危机后全球衍生品监管改革的趋势

一、加强场外金融衍生品市场监管的三大基石

正如 2009 年 G20 匹兹堡峰会共识所强调的，金融危机后加强场外金融衍生品市场监管的三大基石：①中央对手方集中清算，要求所有标准化场外金融衍生品通过中央对手方进行集中清算；②有组织的交易平台，要求所有标准化场外金融衍生品在交易所或者电子平台上交易；③交易报告库制度，要求所有场外金融衍生品交易向交易报告库申报。其中，前两点针对的是更加标准化的场外金融衍生品，第三点针对的是所有场外金融衍生品。实施上述三项改革有利于提升场外金融衍生品市场的透明度，有效降低交易中的对手方信用风险，从而降低系统性风险。

三大基石当中，中央对手方集中清算对防范场外市场系统性风险的作用最大，各国（地区）监管机构对这一点的重视程度最高。为推动将更多的场外金融衍生品纳入集中清算范畴，一是通过立法强制要求满足一定标准化程度的场外合约必须集中清算；二是在行业协会和交易所等市场自律组织的主导下，将更多的场外金融衍生品合约进行标准化，使之满足集中清算的要求；三是根据《巴塞尔协议Ⅲ》的要求，对非集中清算的场外金融衍生品交易收取更高的保证金，或对参与其中的银行提出更高的资本金要求。

表 7 - 3 对美国、欧盟和日本在金融危机后的场外金融衍生品市场监管改革情况进行了比较。3 个国家或地区都对标准化场外金融衍生品的集中清算进行了强制要求。日本在立法层面较晚生效，但是最先开始实施强制集中清算。欧盟和美国则存在确定集中清算产品和实施时间的过程，并且受到欧盟 ESMA 和美国 CFTC、SEC 之间的监管协调，以确定中央对手方监管互认方案的影响。此外，日本没有对交易平台提出强制性要求。

表 7 - 3　　美国、欧盟、日本场外金融衍生品市场监管改革比较

项目	美国	欧盟	日本
依据法律及生效时间	《多德 - 弗兰克法案》（2010 年 7 月）	EMIR（2012 年 8 月）、MiFID Ⅱ/MiFIR（2018 年 1 月）	《金融商品交易法》（2012 年 11 月修订）

续表

项目		美国	欧盟	日本
监管机构		CFTC 和 SEC	ESMA	日本金融厅、场外衍生品监管复核小组
集中清算	机构	衍生品清算组织（DCO）和"清算机构"（Clearing Agency）等中央对手方	中央对手方	获得特别许可或政府承认，具有在全国范围内开展清算业务资质的机构，但初期仅限于日本证券清算公司（JSCC）
	对象及实际开始实施时间	所有的非豁免互换交易；2013 年 3 月开始对部分标准的 IRS 和 CDS 产品强制实施集中清算	合格场外金融衍生品（自下而上和自上而下的两种途径确定）；2016 年 6 月开始对标准的 IRS 产品强制实施集中清算	标准化场外金融衍生品；2012 年 11 月开始对部分 CDS（iTraxx Japan）和 IRS 产品实施集中清算
有组织地交易	平台	非基于证券的互换，在指定合约市场（DCM）或互换执行设施（SEF）交易；基于证券的互换，在全国性证券交易所或基于证券的 SEF 上交易	传统交易所（RM）、多边交易设施（MTF）或有组织的交易设施（OTF）	电子交易平台（非强制实施）
	对象	所有的非豁免互换交易	符合清算要求并具有足够流动性的衍生品（由 ESMA 负责评估）	所有场外衍生品交易
交易报告库	机构	互换数据存管机构（SDR）和基于证券的 SDR	交易报告库	交易报告库
	对象	所有互换交易	所有场外衍生品交易	所有场外衍生品交易
对非集中清算衍生品的要求		提高保证金要求，并要求签订双边标准互换文件	—	—

资料来源：根据公开资料整理。

二、加强场内（交易所）衍生品市场监管的措施

一方面，要改革衍生品持仓规则体系，修订或建立持仓限额与豁免、实际控制关系下的持仓合并计算，以及大户报告等制度。以美国和欧盟的持仓规则改革为代表，总体改革趋势是加强对持仓和成交的监管，从而遏制衍生品市场的过度投机行为、保护有序的价格发现机制。不过，同一时期也存在中国香港根据市场发展的实际需求放松持仓规则的情况。同时，美国 CFTC 的持仓限额规则经过多次修订，与 2012 年遭到联邦法院否决的最严厉版本相比，也不再单纯强调遏制市场投机行为，而是更加重视期货市场的价格发现功能。欧盟 MiFID Ⅱ 首次建立了覆盖整个欧盟的衍生品持仓规则体系，与美国规则相比，对单个品种的持仓限额较为宽松，在不同交易场所持仓总量、持仓限额豁免条件等方面更加严格。美国修订后的大户报告制度呈现出扩大到场外金融衍生品市场、引入成交大户报告制度等值得其他地区监管机构借鉴的亮点。

另一方面，要加强对高频交易的监管，包括禁止某些交易行为、强制要求高频交易行为人注册、强化交易场所监察责任等措施。各国（地区）对高频交易加强监管主要是受到重大市场风险事件的推动，首先是禁止或限制事件中暴露出来的高风险交易行为（如无审核通路、谎骗、自成交等），其次在建立数据收集系统、规范低延迟交易服务、加强对高频交易商和交易场所的监管等方面完善监管体系。此外，美国 CFTC 将持仓规模较小而成交规模较大的日内频繁交易客户纳入大户报告制度体系，也与对高频交易的限制有关。

三、金融危机后的衍生品监管改革进程受到了金融监管"钟摆效应"的影响

金融监管的"钟摆效应"是指监管的侧重点在保障金融体系稳定（加强监管）和释放活力、促进发展（去监管）这两极之间调整和摇摆，世界各国在金融发展过程中都存在类似的循环往复现象。2008 年以后，各国从侧重金融发展转向侧重金融稳定，普遍加强了金融监管，其中要求衍生品市场，特别是场外金融衍生品市场接受空前严厉的监管。但是在金融监管部门将立法思想落地的过程中，市场机构对他们认定为严重遏制机构竞争力和经济活力的规则提出激烈反对，使得监管部门不得不在严厉收紧监管之后又有所放松，

最终在博弈之下形成各方都能接受的版本。

特别值得注意的是特朗普在 2016 年的美国总统竞选中就屡次抨击以《多德－弗兰克法案》为核心的金融监管改革，2017 年年初正式就任总统之后将放松金融监管作为其主要政策议程之一。2017 年 2 月 3 日，特朗普签署第 13772 号总统行政命令，① 提出美国金融体系监管新的七项核心原则，② 命令美国财政部长咨询金融稳定监督委员会（Financial Stability Oversight Council）其他成员，③ 梳理现存法律、条约、监管规则、指引等政策性文件是否支持核心原则以及应当如何调整，并将结果定期报告给总统。与 2008 年以后强调金融稳定的监管改革趋势相比，新的核心原则更加重视弱化非市场行为，激发市场参与者的主动性，从而提升企业竞争力，促进经济发展。

美国财政部围绕总统行政命令提出的核心原则研究了抑制金融发展的法律和监管问题，在 2017 年 10 月发布报告《创造经济机会的金融体系：资本市场》（*A Financial System That Creates Economic Opportunities：Capital Markets*），④ 针对美国股票、债券、衍生品等金融市场领域提出了监管改革建议。其中关于衍生品的章节系统性地提出了特朗普政府"金融去监管"理念下的衍生品市场监管改革思路，认为《多德－弗兰克法案》下的衍生品市场监管

---

① Presidential Executive Order 13772（Donald Trump，2017），https：//www. federal-register. gov/documents/2017/02/08/2017 － 02762/core － principles － for － regulating － the － u-nited － states － financial － system.

② 一是让美国人民在市场中作出独立财务决策和有信息支持的选择，为退休进行储蓄，并积累个人财富；二是避免实施由税金支持的救市；三是对系统性风险以及道德风险、信息不对称等市场失灵问题进行更加严格的监管影响分析，从而促进经济增长，提升金融市场活力；四是让美国公司在本土和海外市场上更有竞争力；五是在国际金融监管协商中促进美国利益；六是实施有效、高效、精准的监管；七是重建联邦金融监管机构的公众问责机制，让联邦金融监管框架更加合理。

③ 金融稳定监督委员会（Financial Stability Oversight Council）根据《多德－弗兰克法案》设立，由 10 位有投票权的成员和 5 位没有投票权的成员组成。有投票权的成员包括美国财政部长、美联储主席、SEC 主席、CFTC 主席、联邦存款保险公司（FDIC）主席、货币监理署（OCC）署长、金融消费者保护局（CFPB）局长、联邦住房金融管理局（FH-FA）局长、国家信用合作社管理局（NCUA）主席，以及一位由总统任命、参议院确认的保险专业独立成员（参考：https：//home. treasury. gov/policy － issues/financial － markets － financial － institutions － and － fiscal － service/fsoc/about － fsoc. ）。

④ https：//home. treasury. gov/system/files/136/A － Financial － System － Capital － Markets － FINAL － FINAL. pdf.

体系存在合规成本过高、监管步骤繁复等问题，削弱了美国机构的竞争力和经济活力，并且可能因此引发更大的整体性风险。为此，报告对美国衍生品市场的监管机构提出了以下几个方面的松绑改善建议：[①] 一是建议协调 CFTC 与 SEC、美联储的监管标准，避免本土市场进一步割裂；二是建议降低非集中清算保证金要求、强制清算豁免条件等高于国际标准的监管要求，以及保持互换交易商法定注册门槛在宽松水平，从而帮助美国机构重新获得国际竞争优势；三是建议简化监管流程，修订与保证金和资本金要求相关的计量方式，从而降低美国参与者的成本；四是为避免境外实体规避与美国机构开展交易，建议重新考虑境外实体注册义务、将境外交易纳入美国监管等"长臂管辖"行为的触发条件，降低境外交易对手的合规壁垒。

国会立法层面，共和党主导的众议院在 2017 年 6 月通过了体现"金融去监管"理念的《金融选择法案》（*Financial CHOICE Act*），但是这个法案过于激进（甚至要求废除沃尔克规则），因此未能在参议院获得通过。经过两党重新博弈，特朗普于 2018 年 5 月签署《经济增长、监管放松和消费者保护法案》（*Economic Growth, Regulatory Relief and Consumer Protection Act*），正式放松《多德－弗兰克法案》形成的金融监管体系。新监管法案的主要内容包括提高系统重要性金融机构的认定标准、放松沃尔克规则的适用范围、简化社区银行的资本监管要求、简化小型银行的信息报告要求、降低资本市场信息披露要求、扩大小额发行豁免注册的适用范围等。如前文关于沃尔克规则所述，2019 年的两次修订简化了沃尔克规则，并将社区银行排除出适用范围。这些针对银行体系和资本市场的监管放松多数不直接针对衍生品市场，但是通过降低金融机构的合规成本，间接促进了衍生品市场的活跃度提升。

第四节　推动我国金融衍生品市场健康平稳发展

一、我国场外金融衍生品市场改革发展情况与建议

我国的场外金融衍生品市场体系主要由两大部分组成：一是银行间场外

---

①　对美国财政部报告建议的归纳，参考尹小为《近期美国衍生品市场监管改革思路初探——基于美国财政部 2017 年资本市场报告》。

金融衍生品市场，该市场起步较早，相关制度和基础设施相比之下更加完备，规模更大，商业银行是该市场最活跃的参与机构；二是证券期货场外金融衍生品市场，主要参与机构是证券公司和期货风险管理子公司，近年来规模持续扩大，未来发展前景广阔。

（一）改革进展与存在的问题

在市场基础较弱、底子薄的不利前提下，我国在场外金融衍生品监管改革方面取得了一定的成绩，但也存在一些问题。

1. 立法进度稍显滞后，相关市场改革措施缺乏上位法的指导

从欧美和中国香港地区的情况来看，场外金融衍生品改革都有国家或地区层面的法律作为保障。美国场外金融衍生品监管改革方面的主要进展大都体现在《多德－弗兰克法案》当中。欧盟主要有两个法案对场外金融衍生品的改革进行了规定，分别是 EMIR 和 MiFIR，MiFIR 对平台交易进行了规定，EMIR 则对其他改革领域提出了一些要求。中国香港地区则是出台《证券及期货条例》，为场外金融衍生品监管改革提供了法律框架。

与欧美等不同，我国内地尚无场外金融衍生品相关的法律法规，目前执行的多为监管部门的通知以及各协会发布的自律监管制度。以证券公司场外金融衍生品业务为例，证券公司场外金融衍生品业务始于 2012 年，具体的监管职责最初由证监会机构部承担，后来由证券业协会实施自律管理。分析立法滞后的原因，这与我国场外金融衍生品市场不同于欧美等发达国家的发展路径有关。在 2008 年金融危机之前，我国的场外金融衍生品并没有经历由于缺乏监管所导致的过度发展。从国家的层面来看，当时还没有立法的迫切性。近年来，场外金融衍生品在我国已经颇具规模。2019 年，我国银行间场外金融衍生品共成交约 138.4 万亿元，证券期货市场开展的场外金融衍生品业务涉及名义本金约 3 万亿元。因此，相关立法的必要性有所加强。

2. 某些具体的改革领域，如具体规则制订、通用标准吸纳、交易平台数量等方面，与国际比相对落后，不利于国际国内两个市场的相互融合和促进

从国际上来看，欧盟、美国和中国香港地区都已经制订了具体的保证金监管规则和实施时间表。交易信息库的数据标准统一方面，国际组织规定的需要报告的关键数据元素包括独立交易代码（UTI）和独立产品代码（UPI）。金融稳定委员会（Financial Stability Board，FSB）在 2019 年 5 月成立了衍生

品服务局，负责 UPI 的及时发放和系统的维护。CPMI 和 IOSCO 在 2019 年 10 月发布了交易信息库关键数据元素（CDE）的最终执行计划。目前，欧盟、美国和中国香港地区都已经将 LEI 作为标准的交易对手方识别代码，欧盟和美国也已经开始将 UTI 和 UPI 作为数据报告元素。此外，监管部门注册或认可的交易平台类型多样，且数量众多。例如，美国在 CFTC 注册的 SEF 共有 19 家，在欧盟成员国注册且在 ESMA 备案的交易平台达到 432 家。此外，主要的利率类和信用类场外金融衍生品都已受到欧美监管部门制订的平台交易要求的约束。然而，我国还未制订关于场外金融衍生品保证金的监管规则或标准；交易信息库的关键数据元素的标准性还有待提高；平台交易方面，受到监管部门认可实际运行的场外金融衍生品交易平台的数量比较少，受到平台交易要求约束的产品范围较窄。例如，已经受到强制清算要求约束的人民币利率互换交易还未受到平台交易要求的约束。这些短板或不足制约我国场外金融衍生品市场的进一步发展，也不利于国内市场与国际市场的融合和相互促进。

3. 监管改革方案的评估和分析框架有待完善，监管协调有待加强

首先，国际层面，IOSCO 等国际组织已经开始对场外金融衍生品改革对市场结构的影响、是否有助于提高金融市场的韧性等进行评估。欧盟、美国推出某一项具体的监管改革政策时，也会对改革的成本收益进行评估，改革推出之后还会对改革的效果做进一步评估。我国的政策制定，一般来说都会有较为全面的征求意见的过程，但是在具体改革方案的出台方面没有统一的评估框架，对改革举措的推出时机以及时间表安排的制订缺乏科学的定量分析，这都制约了改革举措的科学性和有效性。其次，从国际上来看，监管部门互相之间都会考虑监管标准的一致性，具体的安排既可以是在各自的规则中考虑监管重叠时的规则互认，也可以在更高的立法层面做出统一规定。最后，从我国情况来看，监管部门在制定场外金融衍生品资本金、平台交易、CCP 等的监管标准时，需要加强协调。

（二）政策建议

1. 完善法律法规，加强监管部门职责界定的科学性和具体监管标准的统一性

一方面，建议借助期货法的立法契机，在立法层面对监管部门所承担的具体职责进行明确界定。目前，两大场外金融衍生品市场分属两个监管部门承担具体监管职责。实际执行中，基本是按照机构类型来划分监管职责的。而从欧美国家的经验来看，监管职责和牌照的发放基本是按照基础资产的类型来划分的。随着我国场外金融衍生品业务的不断发展，不同类型机构开展同类型场外金融衍生品业务的可能性在提高。例如，证券期货市场也存在对利率类和外汇类场外金融衍生品交易的需求。如何既能满足这些需求，又能对这些需求进行更好的监管，需要各监管部门在立法层面进行统一协调。另一方面，要在立法层面加强监管标准的统一。监管标准不统一有可能导致监管套利的出现，因此未来有必要在立法层面加强监管标准，包括交易信息库数据报送标准、CCP 监管标准、平台交易监管标准的统一。

2. 加快补短板进度，制定适合我国国情的具体监管规则，吸纳国际通用标准，促进交易平台发展

第一，我国可以参考 BCBS – IOSCO 框架设定具有梯度执行特征的保证金监管规则，并在总体执行框架中设定若干豁免或补充条款。此外，资本金规则的制定既要学习国际经验，也要考虑我国国情。随着我国场外金融衍生品规模的不断扩大，保证金监管规则的制定也应跟随国际市场的步伐提上议事日程。执行步骤上，可以学习 BCBS – IOSCO 框架，先将交易规模大的机构纳入保证金约束范围。从防范系统性风险角度来讲，这种做法具有一定的科学性。此外，阈值的设定也要符合我国市场的实际情况。我国场外金融衍生品市场的集中度特征与欧美并不相同，阈值的确定需要在分析市场数据之后审慎做出判断。第二，我国可以积极响应国际组织关于数据标准统一以及关键数据元素方面的倡议，完善法人机构代码（LEI）、独立交易代码（UTI）和独立产品代码（UPI）等关键数据元素的要求。第三，应当鼓励市场参与者，特别是期货交易所和交易商开发多样性的交易设施，为场外金融衍生品的交易便利化助力，促进其更好发展。交易平台之间的竞争可以提高场外金融衍生品价格的透明度和定价效率。

3. 进一步完善监管改革方案的评估和分析框架，加强各监管部门的监管协调

首先，我国可以尝试在分析场外金融衍生品交易数据的基础之上，对开展某些类别的场外金融衍生品的强制清算或交易要求的时机进行研究，以便把握好强制要求的推出时机和梯度规定，更好地促进场外金融衍生品市场的发展。根据国外的经验，符合集中清算和平台交易要求的场外金融衍生品具有流动性充裕、标准化程度高等特征。而且，考虑到不同市场参与者的具体情况，监管规定有时会对不同规模的市场参与者适用不同的最后期限规定。其次，具体的改革措施开始执行一段时间以后，还需要对改革的效果进行及时评估和总结，为后续产品的纳入和监管标准的完善提供帮助和依据。最后，从我国情况来看，证券期货市场也存在对利率类和外汇类场外金融衍生品交易的需求。如何既能满足这些需求，又能对这些需求进行更好的监管，除了法规建设之外，也需要各监管部门的相互协调。

4. 发挥期货交易所在场外金融衍生品服务方面的主流作用，促进场内外衍生品协调发展

期货交易所开展场外服务，一方面具有较强的资金优势，另一方面具有在场内交易、清算结算、数据分析和技术开发方面的运营优势。通过开展场外服务，境外期货交易达到了拓展业务范围、实现多元发展、巩固场内业务和增强客户服务能力的战略目标。从国际上来看，CME、Eurex 和 ICE 等境外期货交易所积极应对场外市场的结构性变化，通过自主建设和收购整合相结合的方式，在场外电子交易、集中清算、非集中清算保证金、交易报告库等诸多监管改革领域提供服务。此外，期货交易所还会将产生的数据加以整理分析，利用这些场外数据和其他来源的市场数据（包括场内数据与第三方数据），以及特有的数据发掘和估值模型，为客户提供各种数据分析的增值服务。其中，ICE 在数据分析服务方面表现最为出色，2019 年数据部门收入超过了场内外交易清算收入之和，定价和分析的收入更是占到数据部门收入的 40%。

期货交易所开展场外服务，还有利于场内外衍生品市场的协同发展。通过整合场内期货平台与场外电子交易平台，交易所帮助各类机构投资者整合场内外信息，发现交易信号，以更便利的方式执行套保套利策略。通过整合场内清算和场外交易后的处理设施，可以为场内外交易提供统一的直通式处理，帮助客户提高运营效率、降低合规成本。通过场内外协同，交易所还可为客户量身定制多套"场外场内化"解决方案，如使用场内替代产品、利用集中清算和场内外组合保证金、使用交易所的双边保证金优化服务等。此外，通过对场内外数据整合加工，转变原有简单的数据分发模式，为客户提供交易前市场机会分析、最佳执行成本分析、对手方信用风险分析，以及交易后的估值定价、投资组合和风险管理、风险优化策略等一整套解决方案。我国期货交易所也应借鉴境外交易所的成功经验，积极推动业务创新，开展场外相关服务，促进场内外协同发展，增强自身核心竞争力。

二、以资产证券化为基础的信用类衍生品监管思路

在次贷危机的升级和扩散过程中，以资产证券化为基础的信用类衍生品扮演了十分重要的角色。围绕证券化产品，形成了一个由各类机构和个人组成的利益关系复杂、环节过长的链条，但风险监管却未能很好地与之匹配。金融监管模式和手段滞后于金融创新的发展水平，对次级抵押贷款产品的风险认识不够、控制不当、监管不严，对此次危机的爆发及扩散负有不可推卸的责任。因此，借鉴宏观审慎监管思路，必须加强对各个环节和相关机构的监管，消除监管空白和监管套利。

1. 加强对基础资产质量的监管

资产证券化市场呈现典型的倒金字塔结构：最低层是贷款市场，然后是以此为基础形成的多层复杂的衍生品市场，层级越高证券化程度越深。但无论其结构如何复杂，产品收益归根结底在于贷款的还款资金，因此，贷款的质量在很大程度上决定了整个结构的稳定性。然而，由于证券化能使贷款风险在很大程度上转移给其他金融机构，贷款人的激励结构会发生非常明显的变化，他们对放款标准也缺乏监督激励。可见，在资产证券化中，投资者自利动机所产生的相互监管激励并不足以保证贷款资产的质量。从美国住房抵押贷款来看，在经济繁荣时期房价不断上涨，银行的风险意识不足，具有强烈的放贷冲动，不断降低贷款标准，并使大量低质贷款被证券化。为保证高度依赖证券化的资本市场稳定运行，必须加强对基础资产质量的监管以从源头防范风险。首先，监管机构必须审查商业银行的贷款标准，设置不同情景严格测算还款流，从根本上保证基础资产的质量。其次，对以次级贷款为基础的金融衍生品进行深度监管，包括对此类产品的规模做出必要的限制以及信用评分低于某一标准的贷款不能进入资产池等。最后，对某些标准过低的贷款（如无收入证明、无信用评级和无还款来源的贷款），要求贷款出售者和资产支持证券的发行人中至少应当有一方保留第一损失承担者的地位，严格限制其通过出售贷款完全转移风险。

2. 加强对资产证券化运作模式的监管

次贷危机在微观层面最直接、最根本的原因，是资产证券化中的"发

起—分销"模式。这一模式带来的负面效应主要体现在以下两个方面：一是根据巴塞尔协议，商业银行的资本金与风险加权资产之比不得低于8%。通过证券化银行将大量表内信贷资产移出资产负债表，从而减少了资本占用，使得其既有动力也有能力持续扩张信贷资产，加剧资产泡沫。二是在资产证券化的"真实销售"机制下，银行并不对其发放的已被证券化的贷款承担责任，因此可能放松贷款审查，无形中降低了信贷资产的质量。为解决这些负面效应产生的问题，采取的措施包括如下三点。

第一，对银行出售的贷款设定"保质期"。在此期限内，作为债券发行担保的房贷等资产仍保留在银行的资产负债表上。超过期限后，"真实销售"机制发挥作用，资产移至银行表外并由 SPV 接管。这一方法削弱了银行单纯为打包出售而放贷的冲动，促使其更加关注贷款质量。

第二，对已出售的"保质期"内贷款仍保留一定的资本金。巴塞尔新资本协议规定，对于商业银行真实出售的资产没有资本金要求，但从次贷危机来看，此规定仅仅是从防范银行业风险的角度设计，而没有考虑对整个金融体系以及经济运行的影响。既然要对银行出售的贷款设定"保质期"，那么在此期间内就仍有必要根据贷款的风险权重保留资本金，即使今后贷款转移出去了，为了金融系统整体稳健的需要也必须留有一定的风险准备。

第三，要求银行必须持有一定数量的自身发行的次级债券以及相关衍生品。以次贷为基础发行的次级债券是危机后受到广泛诟病的产品，由于经过多次分解打包，其内部结构极其复杂，一般投资者很难了解风险收益的真实情况，从而做出错误的投资决策。而对这类产品质量最了解的莫过于发放次贷的银行。因此，要求银行必须持有以自身发放的次贷打包形成的证券化产品，以此构建约束机制，进一步激发银行提高信贷质量的动力。

3. 加强对评级机构的监管

现代经济社会中存在着大量的市场机会，投资者在决定是否投资于某一项目时，需要考虑众多影响投资回报的因素和相关的风险，而收集这种风险的信息成本巨大同时具有很大的不确定性，因此投资者可以利用市场上信用评级机构提供的不同信息来甄别投资的风险与评估盈利的可能性。对于普通的投资者而言，弄懂那些异常复杂的证券化产品的含义和结构已属不易，而对各类产品的风险和收益作出判断几乎就是不可能完成的任务，因此，市场上销售的证券化产品完全依赖外部信用评级。长期以来，在各类金融机构和投资者眼中，信用评级机构实际上取得了"受托监督人"的地位。然而，正如政府提供私人物品会导致市场效率损失一样，由追求自身利益最大化的私人企业提供金融监管这样的公共服务也会产生市场失灵。其中最主要的表现在于评级机构的独立性不足，评级过程存在利益冲突，道德风险严重。

在完全竞争的市场经济状态，竞争是达到资源优化配置的最佳手段，但在评级机构业务中却缺少竞争，如美国的评级业务主要被三大机构所控制。如果没有竞争，就必须加强对评级机构的监管，通过声誉机制促使其提供更客观、中立的评级服务。监管机构应敦促其加强信息披露、提高评级透明度，向投资者提供有关评级局限性以及评级结果对风险因素变化的敏感性的详细说明；对证券化产品，评级机构应使用有别于一般公司债券的评级符号，还应提示这些产品在基础资产质量恶化时被大幅度降级的可能性，以使投资者更好地理解这些产品的潜在风险。此外，监管机构还应该进行定期或不定期的直接检查，对那些管理利益冲突很差的评级机构实行市场禁入。

4. 建立有效的信息披露制度

资本金约束、监管当局的监督检查和市场纪律约束是巴塞尔新资本协议的三大支柱，其中市场纪律约束主要是指银行需要建立一定的信息披露制度，以便投资者充分估计银行的风险管理水平和债务清偿能力。次贷危机的产生与场外衍生品缺乏透明度有着直接的关联。如果说 MBS 的构成原理还相对容易理解，CDO 的概念对于普通投资者则是犹如天书。巴菲特曾经谈到，"如果你想弄懂某个 CDO 产品，不得不看大约 1.5 万页的材料。如果再从这个 CDO 产品中取出低层级与其他 50 个同类的 CDO 共同组成一个 CDO 平方就要阅读超过 75 万页的材料——这显然是无法想象的。当规模巨大的资产证券化产品在市场交易时，几乎没有人知道这些产品到底是什么。"不仅如此，次级贷款是一种非标准化贷款品种，每笔贷款的条件千差万别，因此很难准确衡量违约概率、违约损失率等风险指标，而基于其之上的证券化产品通过将贷款切割组合再次打包使这些贷款早已失去原来特征，整个产品成为一个黑箱，投资者根本无从判断其定价是否合理。

面对这一现实，必须建立有效的信息披露制度，全面揭示风险，帮助投资者权衡利弊。

一是建立完备的信息报告制度。将信息报告作为所有证券化产品发行时的制度要求之一，确保所有发行者在发行产品时提供完整信息。同时，通过统一渠道公开这类信息，使各类金融工具发行者能够通过此渠道公布或更新产品相关信息，投资者也可以通过该渠道获取信息。

二是消除产品的黑箱特征。场外信用类衍生品的基础资产以及定价模型应适当公开，监管部门应组织专家对其中过于复杂和专业的部分进行注释和说明，以帮助投资者根据自己的假设和观点来评价产品的表现，增加市场透明度。

三是现金流分配简单化和标准化。对标的产品现金流来源以及分配的规则应简单化和标准化，降低投资者的理解难度，增加投资者的投资意愿。

四是加强对风险的披露。对于传统的 MBS 类产品，不仅要披露与风险相关的描述性信息和数量信息，还要披露信用风险、流动风险、市场风险等方面的信息，提高该类业务的透明度；对于 CDS 类的证券化衍生品，必须通过表内确认和表外披露相结合的方式充分揭示其风险。评级机构要把内部评级和外部评级综合起来考虑，证券化产品评价的基本标准、依据与方法要向投资者公开，使投资者能对产品的风险进行充分评估。

5. 改进金融危机预警系统

历史上每次金融危机均会经历一个萌发过程，对金融危机的早期预警是规避危机或将危机程度降至最低的关键环节。要做到早期预警，关键是通过指标体系对危机因素的早期发现和确定。目前，国际上预测金融危机的方法多种多样，但基本的思路都是将金融危机按照特点分为货币危机、银行危机、债务危机和国际收支危机等，针对不同的危机类型设置一系列的指标体系，当某一个指标超过临界值时，它就会发出一个危机信号，将不同变量发出的信号汇总会形成对于危机发生概率的综合度量。但是，现有的危机预警系统在次贷危机发生前并没有发出足够的警报，这与危机发生前美国的经济背景以及本次危机的性质有关。

首先，在这次危机之前，美国一直处于高增长、低通胀、低失业率的良性发展态势中。从 1991 年 3 月到 2001 年 3 月，GDP 的持续增长几乎让美国人忘了什么叫"衰退"。1992—2000 年，美国的实际 GDP 年增长率始终保持在 2.5%～4.5%，在 1997 年和 1999 年更是达到 4.5%，是这一扩张期的峰值。而后，由于股票市场的理性回归和信息产业的部分泡沫破灭，2001 年美国经济经历了 8 个月的短暂下滑。但在美国政府宏观经济政策和美联储的金融调控下，仍然在当年取得了 0.8% 的 GDP 增长率，并在随后的 5 年中分别增长了 1.9%、3.0%、4.4%、3.5% 和 3.3%，顺利地开始了其下一轮的经济扩张。然而，实际通货膨胀率在这一轮创纪录的经济增长中，却出人意料地连续下降，从 1991 年 3 月开始至 1995 年，年平均增长幅度仅为 2.98%，1996年为 3.0%，1997 年为 2.3%，而到了 1998 年则下降到 1.6%，是此前 30 多年来的最低值。进入 21 世纪，美国的通胀率仍然保持在较低的水平，2001 年至 2006 年分别为 2.8%、1.6%、2.3%、2.7%、2.7% 和 2.4%。与此同时，失业率也在逐年下降。在扩张期开始的第一年（1991 年）美国失业率为 6.8%，1996 年降为 5.4%，1997 年又降为 4.9%，至 1999 年下降到 4.2%。2000 年 9月则降到了最低点的 4.0%。而后，由于政府宏观经济政策的变动，失业率又有所上升，从 2001 年的 4.7% 上升到 2003 年的 6.0%，但 2004 年这一数字又开始下降为 5.5%，到 2006 年时降至 4.4%，低于 1970 年以来的平均水平。从众多经济指标来看，美国经济的发展相当健康，现有的危机预警系统几乎不可能察觉到风险的存在。

其次，从危机的触发机制来看，银行危机常常由于挤兑而触发；货币危机常常由于外资大规模撤离、抛售本币所触发；债务危机由于负债水平超过偿还能力而触发。而次贷危机是在流动性过剩的宏观背景下因资产证券化产品滥用所触发，也可以说是虚拟经济和实体经济发展不匹配所引发的危机。金融衍生品本质是用来分散风险的，但也会带来新的风险，这一风险在过去被认为是局部的非系统性风险。而这次，恰恰是金融创新造成了系统性风险，这是以往危机中所没有的。

因此，考察次贷危机可以发现，随着金融市场日益发展和各类金融工具的不断涌现，金融危机预警系统需要进一步改进，以反映宏观审慎的监管思想。

第一，随着金融结构的演进，市场相关指标在危机预测和衡量中的重要性日益增强。20 世纪 90 年代以前银行在金融市场中占主导地位，金融危机更多表现在银行危机，危机预测指标以银行挤兑和破产为主。近年来资本市场的作用日益增强，系统性风险和金融危机更多地源于非银行的市场因素，特别是资产证券化的出现使银行有了向资本市场转移风险更方便的工具，因此仅以传统的银行资产负债表状况作为危机预测的指标已远远不够，需要将金融衍生品、市场发育情况等市场相关指标更多地纳入预警系统。

第二，银行流动性管理模式发生重大变化，市场流动性风险指标作用凸显。银行曾是经济增长中流动性的主要提供者，但在资本市场日益发达后，特别是证券化操作促使银行信贷资产市场化，银行自身也越来越多地需要通过市场获得流动性，从而更加依赖金融市场，因此市场流动性风险指标也越来越重要。相应地，市场流动性瞬间紧缩，即市场不再接受各种资产的风险取代，机构破产风险成为更突出的系统性风险，这表明即使银行并未发生大量挤兑和倒闭也可能发生金融危机。

第三，资产证券化及其信用衍生品的运作使危机传导机制发生了变化。次贷危机通过资产证券化产品传导扩散至整个金融体系，越来越多的金融机构参与资产证券化市场使得危机的传导速度和力度大大提高，传导链条更加复杂、传导路径更加多样化。在此背景下，危机传导及市场间相关性成为危机预测的重要指标。

第四，系统性风险并非个别机构风险的简单加总，在系统性风险评估中个别银行资产负债表及风险状态已不宜作为分析要素。由于市场流动性风险是金融机构之间在市场上相互作用产生的，个别机构的这类风险便具有系统性特征，在银行更多涉及资本市场的背景下，这一点更加突出。因此，个别机构合理的避险手段反而可能强化系统性风险并引发危机。次贷危机转化为全球性金融危机的一个重要原因正是个别机构采用保留现金、抛售证券化产品、紧缩信贷等避险手段所致。此时，市场整体资产负债状况成为更重要的危机预测指标，而且危机的预测更需要超出传统的财务指标，包含更多证券化、信用风险转移、表外资产等方面的因素。

三、我国场内金融衍生品市场发展建议

1. 平稳推进交易所衍生品市场，特别是金融衍生品市场的发展

目前我国场内金融衍生品市场发展水平与北美、西欧等成熟资本市场相比还有很大差距，甚至落后于巴西、印度、韩国等新兴市场国家。首先，境内交易所的金融衍生品体系不完备，种类不丰富。权益衍生品方面，股指期货、期权产品种类很少，新兴市场上较为发达的个股期权产品也还没有推出，不能充分满足风险管理需求；利率衍生品方面，尚未上市最长期国债期货和一年以内的短期利率衍生品，不能完整覆盖利率曲线结构；汇率衍生品方面仍是空白。其次，场内金融衍生品市场的对内开放滞后于各类金融机构的蓬勃发展，对外开放滞后于我国金融市场的整体开放程度。国际经验表明，包

括境外投资者在内的各类机构投资者参与金融衍生品市场，不仅能够为市场提供流动性，更重要的是引入多元化的风险管理需求，促进市场各方力量平衡，有利于市场长期稳定健康发展。最后，现有场内金融衍生品的成交、持仓水平相对于现货市场规模仍显不足，作用发挥不充分。相对于我国日益增长的股票市场市值、债券市场规模、资产管理规模等，现有股指和国债衍生品的成交量、持仓量所占比例，与发达资本市场还有较大差距。综合以上几点，我国场内金融衍生品市场仍要在保持安全稳定运行的基础上加快发展。

2. 完善交易所衍生品市场的持仓限额和豁免、大户报告等规则体系，促进衍生品市场充分发挥管理风险、发现价格的功能

持仓限额规则和限额豁免规则相辅相成，在遏制过度投机、维护市场稳定的同时，应当为各类套保者、套利交易者提供充足的交易便利，为此需要适当提高持仓限额和豁免制度的灵活度和监管弹性。对套保和套利交易的认定应当从列举方式扩展到判断交易行为的经济合理性：对于套保交易，要判断其是否符合市场主体真实的风险管理需求；对于套利交易，要判断交易各个组成部分在经济意义和价格运动等方面的相关性。同时，有关套保套利违规的处理要更加透明，促进市场主体主动规范交易行为。除此之外，还应借鉴美国和欧盟的监管改革经验，探索建立同时覆盖场内和场外金融衍生品的持仓管理体系，把持仓规模较小而成交规模较大的日内频繁交易客户纳入大户报告制度。随着场外金融衍生品合约日趋标准化和更多采用集中清算，监管机构应当把与场内金融衍生品具有经济等价性的场外合约纳入统一的持仓管理体系，从而更准确地衡量市场参与者的总体风险水平。将成交大户纳入大户报告制度，既是为了应对日内交易越发频繁的市场趋势，也是将较为成熟的持仓管理制度体系应用于高频交易规制等新监管课题的有益实践。

3. 优化完善对高频交易和程序化交易的监管

高频交易和程序化交易是相互关联又有所区别的概念，其强调的是自动化交易从不同角度表现出的特征。这类交易在境外市场使用较为普遍，近年来在境内证券期货市场也在快速发展；就其市场影响而言，一方面表现出改善市场流动性、提高价格发现效率的积极作用，另一方面也产生了放大市场波动、影响市场公平性、增加技术系统压力等消极因素。为此，境外监管机构近年来普遍加大了对高频交易和程序化交易的监管力度，我国证券期货市场监管机构也在研究如何对这类交易严格管理、趋利避害。借鉴境外经验，我国要建立高频交易和程序化交易行为人的强制注册登记制度（如申报审核管理），提高对行为人相关业务管理水平的要求（如接入管理、指令审核、风险防控、内部控制等），加强对行为人的监管力度（如禁止部分行为、加强实时监控、强化法律责任等），还要深入研究如何判定高频交易和程序化交易中的市场操纵行为，在提升市场效率的同时，维护市场公平，保证市场稳定运行。

四、关注美国金融监管松绑趋势对全球衍生品市场的影响

美国 2018 年的新监管法案标志着美国政府"金融去监管"行动正式开始，但并没有就此结束。特朗普在签署新法案时表示，大银行仍然处在不利的位置，因此未来美国金融监管政策进一步放松的可能性较大。美国放松金融监管对全球金融监管框架带来外溢效应，可能诱发各国（地区）竞相降低监管标准，从而加大全球金融体系的不确定性。此外，放松金融监管使美国居民继续保持低储蓄、高消费生活模式，不利于美国贸易平衡，为美国政府推行贸易保护政策提供借口，进一步冲击全球金融体系。鉴于以上情况，在积极发展我国金融衍生品市场的同时，应做好应对外部金融风险冲击的准备。

同时，我国还要坚定把握金融监管改革应当适应和服务实体经济发展的原则，合理推进金融衍生品市场规则体系建设，减轻"钟摆效应"对市场稳定和市场效率两方面造成的不利影响。"钟摆效应"常常让金融监管机构陷入两难境地，必须在维护金融稳定和保持市场效率之间小心平衡，政策力度一旦过度就会对某一边造成损害。建议我国在建设金融衍生品市场规则体系的过程中，既要向着规则体系的完备性努力，又要为政策执行的灵活性留足空间。此外，建议在理论层面加强对监管机构和市场"激励相容"问题的研究，即在尊重市场机构盈利动机的同时，达到提高金融体系稳健性的监管目标。

参考文献

中文文献

[1] 安毅. 衍生品市场发展与宏观调控研究 [M]. 北京：中国市场出版社，2007.

[2] 白钦先，禹钟华. 对虚拟经济内涵的再探讨 [J]. 西南金融，2007 (11)：6-10.

[3] 白钦先，蔡庆丰. 金融虚拟化的道德风险及其市场影响：次贷危机的深层反思 [J]. 经济学家，2009 (5)：34-40.

[4] 巴曙松，牛播坤. 巴塞尔资本协议中资产证券化监管框架的演变 [J]. 证券市场导报，2004 (9)：12-16，79.

[5] 成思危. 虚拟经济的基本理论及研究方法 [J]. 管理评论，2009，21 (1)：3-18.

[6] 陈晓东. 近年国内学术界关于资产证券化问题的研究综述——资产证券化问题研究之一 [J]. 生产力研究，2004 (2)：189-191.

[7] 陈华，赵俊燕. 美国金融危机传导过程、机制与路径研究 [J]. 经济与管理研究，2009 (2)：102-109.

[8] 陈荣湘，陈辛润. 资产证券化及其在我国的运用 [J]. 现代管理科学，2004 (9)：104-105.

[9] 陈文达，李阿乙，廖咸兴. 资产证券化：理论与实务 [M]. 北京：中国人民大学出版社，2004.

[10] 陈兵，万阳松. 基于信用链接的银行网络风险传染研究述评 [J]. 上海金融，2008 (2)：26-30.

[11] 陈晗. 金融衍生品：演进路径与监管措施 [M]. 北京：中国金融

出版社，2008.

［12］曹红辉．美国信用危机：成因、风险传导与制度变革［J］．经济学动态，2008（10）：4-10.

［13］曹小武．美国次债危机对我国资产证券化创新的启示与对策研究［J］.湖北经济学院学报，2008（3）：60-64.

［14］操巍．资产证券化在中国实施的前景分析［J］．工业技术经济，2009，28（1）：145-148.

［15］丹尼尔·格罗斯，等．美国房地产泡沫成因［J］.魏平，吴海荣，译．科学与财富，2008（4）：82-87.

［16］邓伟利．资产证券化：国际经验与中国实践［M］．上海：上海人民出版社，2003.

［17］邓瑛，朱新蓉．金融危机对传统政府宏观调控方式的质疑：美国的启示［J］．上海金融，2009（7）：56-60.

［18］董小君．金融风险预警机制研究［M］．北京：经济管理出版社，2004.

［19］丁俭，朱幂．美国次级抵押贷款危机旋涡中心的信用衍生品［EB/OL］．https：//www. docin. com/p-61452228. html&endPro=true.

［20］杜亚斌，顾海宁．影子银行体系与金融危机［J］．审计与经济研究，2010，25（1）：82-87.

［21］付同青，汪锦丽．金融资产证券化风险与防范［J］．投资研究，2005（3）：43-45.

［22］付敏．我国资产证券化问题讨论综述［J］．经济理论与经济管理，2006（4）：75-79.

［23］巩勋洲，张明．透视CDS：功能，市场与危机［J］．国际经济评论，2009（1）：45-49.

［24］耿明斋，郑一帆．有关我国信贷资产证券化的思考［J］．经济学动态，2002（7）：45-49.

［25］高保中．资产证券化：解决中小企业融资困难的一条新途径［J］．经济经纬，2004（5）：124-127.

［26］管同伟．美国商业银行资产证券化的创新发展［J］．新金融，2007（6）：55-57.

［27］葛爽．金融危机中影子银行的作用机制及风险防范［J］．金融与经济，2010（7）：22 - 25.

［28］何小锋，等．资产证券化：中国的模式［M］．北京：北京大学出版社，2002.

［29］洪艳蓉．国内资产证券化实践述评与未来发展［J］．证券市场导报，2004（9）：4 - 11，79.

［30］扈企平．资产证券化理论与实务［M］．李健，译．北京：中国人民大学出版社，2007.

［31］胡滨，任炳翼．韩国资产证券化制度研究［J］．财贸经济，2005（1）：87 - 92.

［32］黄益平．勿误读次贷危机教训［J］．财经，2008（10）：70.

［33］何德旭，郑联盛．影子银行体系与金融体系稳定性［J］．经济管理，2009，31（11）：20 - 25.

［34］林治海．银行资产证券化：借鉴 创新［D］．大连：东北财经大学，2004.

［35］林声强．金融资产证券化的运行模式与风险聚集——以美国次贷危机为例［J］．福建论坛（人文社会科学版），2008（9）：15 - 19.

［36］卢锋，刘鎏．格林斯潘做错了什么？——美联储货币政策与次贷危机关系［J］．国际经济评论，2009（1）：38 - 44.

［37］蒋志芬．美国次贷危机与我国金融衍生品市场发展战略选择［J］．经济学动态，2008（1）：39 - 42.

［38］简夏．论中国证券化的选择——是资产证券化还是融资证券化［J］．广东财经职业学院学报，2003（5）：45 - 49.

［39］金俐．美国次级抵押贷款证券化过程中的激励问题探析［J］．黑龙江对外经贸，2008（8）：128 - 130.

［40］金俐．资产证券化与美国次级抵押贷款市场的演变及危机［J］．南方金融，2008（3）：57 - 59，45.

［41］荆海龙，胡小芳．信贷资产证券化的风险控制与发展模式［J］．青海金融，2007（5）：18 - 21.

［42］龙毅，王向楠．信用衍生产品与美国次贷危机［J］．北方经济，2008（19）：87 - 89.

［43］李成，王建军. 解读信贷推动下的美国房地产泡沫与金融危机——基于 2000—2008 年月度数据的理论分析与实证检验［J］. 金融论坛，2009，14（2）：49－54.

［44］雷蒙德·W. 戈德史密斯. 金融结构与发展［M］. 浦寿海，毛晓微，王巍，译. 北京：中国社会科学出版社，1993.

［45］李量. 现代金融结构导论［M］. 北京：经济科学出版社，2001.

［46］李春华，闵士丽. 从《资本论》中的虚拟资本到发展虚拟经济［J］. 全国商情（经济理论研究），2007（8）：115－116.

［47］李明伟. 金融创新工具缺陷与风险控制缺失——美国次贷危机成因再透视［J］. 北方经济，2008（16）：6－7.

［48］李建华. 金融资产证券化是金融体制改革的催化剂［J］. 中国改革，2005（8）：43－44.

［49］李伟，王涛. 新巴塞尔协议对资产证券化的影响［J］. 西南金融，2008（3）：59－60.

［50］李征. 美国次债危机与中国资产证券理性［J］. 经济管理，2008（5）：6－11.

［51］李婧. 后危机时代美国货币政策的走势——兼论资产价格与货币政策操作规则［J］. 世界经济研究，2010（6）：28－33，87－88.

［52］刘向东. 资产证券化的信托模式研究［M］. 北京：中国财政经济出版社，2007.

［53］刘艳玲. 资产证券化风险预警系统的构建［J］. 河北科技大学学报，2008（3）：260－265.

［54］罗良清，龚颖安. 虚拟经济的本质及影响实体经济的机理［J］. 江西财经大学学报，2009（2）：5－9.

［55］梁志峰. 资产证券化的金融创新理论研究综述［J］. 南华大学学报（社会科学版），2006（3）：21－24.

［56］吕川，吴建环. 资产证券化对货币政策的影响分析［J］. 投资研究，2006（10）：34－37.

［57］陆蓉. 资本市场的货币政策效应［M］. 上海：上海财经大学出版社，2003.

［58］穆蕾，刘西. 巴塞尔新资本协议下资产证券化风险监管［J］. 经

济导刊，2008（Z1）：56–58.

[59] 慕刘伟，张晓怡. 资本约束条件下中国银行业证券化资产的选择 [J]. 金融研究，2005（12）：107–117.

[60] 冒艳玲，梁志峰. 银行信贷资产证券化的信用制度风险 [J]. 系统工程，2007（11）：36–40.

[61] 孟艳. 金融危机、资产证券化与中国的选择 [J]. 经济研究参考，2009（7）：31–35.

[62] 孟祥林. 资本市场、货币市场互动与我国的货币政策选择 [J]. 金融教学与研究，2004（5）：35–38.

[63] 彭惠. 不良资产证券化的现实意义及实施设想 [J]. 金融论坛，2004（3）：33–38，63.

[64] 曲智超. 信息不对称下金融衍生工具的风险成因 [J]. 财经科学，2005（4）：36–40.

[65] 史晨昱. 中国信贷资产证券化市场发展现状及展望 [J]. 金融论坛，2009，14（4）：5–9.

[66] 史健忠. CDO 对美国次贷危机影响分析 [J]. 上海财经大学学报，2008（3）：64–70.

[67] 邵诗利. 资产证券化：中国的经验与前瞻 [J]. 财经问题研究，2006（11）：61–64.

[68] 孙奉军. 资产证券化效率分析 [M]. 上海：上海财经大学出版社，2004.

[69] 孙念北，陈剑辉，胡继元. 美国次贷危机对中国资产证券化业务的影响及建议 [J]. 中国货币市场，2008（8）：39–43.

[70] 孙宁华. 金融衍生工具风险形成及防范 [M]. 南京：南京大学出版社，2004.

[71] 宋海燕. 金融渠道的危机传染及其防范机制 [J]. 南开经济研究，2003（4）：59–64.

[72] 唐旭. 金融理论前沿课题（第二辑） [M]. 北京：中国金融出版社，2003.

[73] 汤在新，吴超林. 宏观调控：理论基础与政策分析 [M]. 广州：广东经济出版社，2001.

[74] 劳埃德·B. 托马斯. 货币、银行与金融市场[M]. 马晓萍，等译. 北京：机械工业出版社，1999.

[75] 王春丽. 新巴塞尔协议与我国商业银行资本充足率研究 [J]. 经济师，2009（4）：187–188，191.

[76] 王晓，李佳. 从美国次贷危机看资产证券化的基本功能 [J]. 金融论坛，2010，15（1）：67–71.

[77] 王开国，等. 资产证券化论 [M]. 上海：上海财经大学出版社，1999.

[78] 王小莉. 信贷资产证券化法律制度 [M]. 北京：法律出版社，2007.

[79] 王心如. 资产证券化的经济学本质：马克思经济理论的视角 [J]. 学术交流，2009（7）：75–78.

[80] 王秀芳. 新巴塞尔资本协议下资产证券化风险转移的确认 [J]. 外国经济与管理，2006（4）：53–56.

[81] 王天龙，黄修权，车宏利. 有关美国次贷危机成因的研究综述[J]. 农村经济与科技，2009，20（2）：10–11.

[82] 王松. 次贷危机背景下中国宏观调控政策选择的理论探讨 [J]. 武汉金融，2008（11）：12–14.

[83] 王玮，张霞，张蕴. 分业体制下货币市场与资本市场的对接机制 [J]. 山西财经大学学报，2006（1）：121–124.

[84] 汪小亚. 货币市场与资本市场资金融通问题研究 [J]. 金融纵横，2003（5）：15–20.

[85] 吴利军. 证券市场风险监管——信息不对称条件下的监管问题研究 [M]. 南京：江苏人民出版社，2002.

[86] 吴培新. 美联储应对次贷危机的货币政策工具 [J]. 中国货币市场，2008（9）：40–45.

[87] 吴培新. 次贷危机的形成机理及其对货币政策框架的涵义 [J]. 国际金融研究，2008（10）：61–67.

[88] 宣昌能，王信. 金融创新与金融稳定：欧美资产证券化模式的比较分析 [J]. 金融研究，2009（5）：35–46.

[89] 辛乔利，孙兆东. 次贷危机 [M]. 北京：中国经济出版社，2008.

［90］熊凌.美国资产证券化的发展及中国的借鉴［J］.国际经贸探索，2009，25（1）：14－19.

［91］徐杰.信息不对称与金融市场脆弱性［J］.中央财经大学学报，2004（4）：30－34.

［92］徐亚平，张瑞.证券化、流动性与货币政策——基于美国金融危机的反思［J］.财经科学，2009（7）：18－25.

［93］肖继五，李沂.金融危机的货币政策反应［J］.财经科学，2009（7）：1－9.

［94］解川波.货币政策与金融监管［M］.成都：西南财经大学出版社，2009.

［95］于凤坤.资产证券化：理论与实务［M］.北京：北京大学出版社，2002.

［96］余永定.美国次贷危机：背景、原因与发展［J］.中国信用卡，2009（2）：65－73.

［97］余玲铮.FED应对次贷危机的货币政策及其走向［J］.福州党校学报，2009（2）：37－42.

［98］鄢斗，李亚培.透视资产证券化系统风险——后次贷危机时期的反思［J］.河南金融管理干部学院学报，2008（5）：103－107.

［99］易宪容."影子银行体系"信贷危机的金融分析［J］.江海学刊，2009（3）：70－76，238.

［100］杨璐.资产证券化的风险与防范［J］.电子财会，2005（3）：35－39.

［101］杨荣海.金融危机预警理论述评［J］.昆明大学学报，2008（3）：48－52.

［102］杨新松，龙革生.分业经营下资本市场与货币市场之间的联结分析［J］.财经论丛（浙江财经学院学报），2006（2）：72－78.

［103］岳意定，李伯政.我国货币市场与资本市场连通机制问题研究［J］.财经理论与实践，2005（3）：54－57.

［104］于静.资产证券化对银行稳定性的影响研究［J］.武汉理工大学学报（信息与管理工程版），2008，30（6）：952－954，981.

［105］甄炳禧.透视美国次贷危机及对我国的启示［J］.经济与管理研

究，2007（11）：9 – 16.

［106］周军，李泽广．证券化金融创新与"次级债"危机的道德风险机制［J］．现代财经（天津财经大学学报），2008（1）：42 – 46.

［107］周丹，王恩裕．资产证券化对我国货币政策的影响初探［J］．金融理论与实践，2007（4）：37 – 39.

［108］周好文，倪志凌．金融创新影响金融稳定的微观机理分析——对美国次级债危机的深层思考［J］．学术交流，2008（10）：42 – 46.

［109］郑联盛．美国金融危机的制度反思［EB/OL］．https：//wenku.baidu.com/view/79f60d52f01dc281e53af036.html.

［110］张波．信用违约互换市场风险及其监管：由 AIG 事件谈起［J］．农村金融研究，2008（12）：14 – 17.

［111］张超英．资产证券化的本质和效应［M］．北京：经济科学出版社，2004.

［112］张志波，齐中英．基于 VAR 模型的金融危机传染效应检验方法与实证分析［J］．管理工程学报，2005（3）：115 – 120.

［113］张志英．金融风险传导的路径研究［J］．企业经济，2008（3）：144 – 146.

［114］张桥云，韩煦，陈跃军．贷款证券化、道德风险与监管缺失［J］．财经科学，2009（7）：10 – 17.

［115］张筱峰，刘甜，钟晓华．次贷证券化下金融机构的道德风险及危机传导［J］．长沙理工大学学报（社会科学版），2009，24（1）：22 – 26，108.

［116］张晓晶．符号经济与实体经济［M］．上海：上海人民出版社，2002.

［117］张维迎．博弈论与信息经济学［M］．上海：上海三联书店、上海人民出版社，1996.

［118］赵胜来，陈俊芳．资产证券化的风险及定价研究［J］．价格理论与实践，2005（6）：55 – 56.

［119］赵磊．对美国次贷危机根源的反思［J］．经济学动态，2008（11）：41 – 46.

［120］宗军，吴方伟．我国资产支持证券的特征及其发展建议［J］．中国金融，2006（2）：18 – 20.

［121］中国人民银行金融市场司．中国资产证券化：从理论走向实践

［M］.北京：中国金融出版社，2006.

［122］朱华培.资产证券化对美国货币政策信用传导渠道的影响研究［J］.亚太经济，2008（1）：36－41.

［123］朱乃萧.资产经营——中国企业的新增长点［M］.北京：企业管理出版社，1999.

［124］刘玄.资产证券化条件下的货币政策有效性研究——基于次贷危机背景的分析［J］.南方金融，2011（11）：11－16.

［125］刘玄.资产证券化对信贷市场逆向选择影响的研究——基于次贷危机的分析［J］.金融监管研究，2012（7）：60－74.

［126］刘玄.金融衍生品功能的理论分析［J］.中国金融，2016（4）：65－66.

［127］刘玄，张黎.利率衍生品与货币政策传导的关系［J］.债券，2019（2）：40－45.

［128］中国期货业协会.场外衍生品［M］.北京：中国财政经济出版社，2013.

［129］中国期货业协会.股指期货［M］.北京：中国财政经济出版社，2013.

［130］中国期货业协会.国债期货［M］.北京：中国财政经济出版社，2013.

［131］中国期货业协会.外汇期货［M］.北京：中国财政经济出版社，2013.

［132］中国期货业协会.金融期权［M］.北京：中国财政经济出版社，2013.

［133］吴长凤.股指期货的市场作用——1987年10月美国股灾核心研究报告比较［J］.中国证券期货，2019（1）：30－34.

英文文献

［1］ASHCRAFT A B，SCHUERMANN T（2008）. Understanding the Securitization of Subprime Mortgage Credit［J］. Federal Reserve Bank of New York, Staff Report No. 318.

［2］BHATTAHARYA A K，FABOZZI F J（2005）. Asset Backed Securitization〔M〕. New York: McGraw Hill.

〔3〕 MIAN A, SUFI A (2008). The Consequences of Mortgage Credit Expansion: Evidence from the 2007 Mortgage Default Crisis〔J〕. University of Chicago Graduate School of Business, Working Paper No. 15.

〔4〕 HOBIJN B, RAVENNA F, MONTRÉAL H (2009). Loan Securitization and theMonetary Transmission Mechanism〔J〕. Federal Reserve Board of San Francisco, Working Paper, No. 129.

〔5〕 BERNANKE B S, GERTLER M (1995). Inside The Black Box: The Credit Channel Of Monetary Policy Tranmission〔J〕. Journal of Economic Perspectives, 9 (4): 27 – 48.

〔6〕 EICHENGREEN B, MODY A, NEDELJKOVIC M, et al. (2009). How the Subprime Crisis Went Global: Evidence from Bank Credit Default Swap Spreads〔EB/OL〕. https://www. nber. org/system/files/working – papers/w/4904. pdf.

〔7〕 MAYER C J, PENCE K (2008). Subprime Mortgages: What, Where, and to Whom?〔EB/OL〕. https://core. ac. uk/display/6715976.

〔8〕 MAYER C J, PENCE K M, SHERLUND S M (2008). The Rise in Mortgage Defaults〔EB/OL〕. https://www. federalreserve. gov/pubs/feds/2008/200 859/200859pap. pdf.

〔9〕 PARLOUR C A, PLANTIN G (2008). Loan Sales and Relationship Banking〔J〕. The Journal of Finance, 63 (3): 1291 – 1314.

〔10〕 REINHART C M, ROGOFF K S (2008). This Time is Different: A Panoramic View of Eight Centuries of Financial Crises〔EB/OL〕. https://www. nber. org/system/files/working – papers/w/3882/W/3882. pdf.

〔11〕 MULLIGAN C, THREINEN L (2008). Market Responses to the Panic of 2008〔EB/OL〕. https://www. docin. com/p – 90793548. html. com/P – 90793548.

〔12〕 DUFFIE D (2007). Innovations in Credit Risk Transfer: Implications for Financial Stability〔J〕. BIS Working Paper, No. 255. Working paper, No. 255.

〔13〕 ESTRELLA A (2002). Securitization and the Efficacy of Monetary Policy〔EB/OL〕. https://www. newyorkfed. org/medialibrary/media/research/epr/02v0 8n1/0205estrpdf. pdf.

〔14〕 FABOZZI F J (1998). Issure Perspective on Securitization〔M〕. New

York: McGraw Hill.

[15] FABOZZI F J (2001). Accessing Capital Markets through Securitization [M]. New York: McGraw Hill.

[16] FRANKLIN A, DOUGLAS G (2007). Understanding Financial Crises [M]. New York: Oxford University Press.

[17] MISHKIN F S (2009). Is Monetary Policy Effective During Financial Crises? [EB/OL]. http://citeseerx.ist.psu.edu/viewdoc/download? doi = 10.1.1.472.4764&rep = rep1&type = pdf.

[18] MISHKIN F S (1999). Global Financial Instability: Framework, Events, Issues [J]. Journal of Economic Perspectives, 13 (4): 3 – 20.

[19] PORTILLA D L (2010). Enhancing Financial Stability and Resilience: Macroprudential Policy, Tools, and Systems for the Future [EB/OL]. https://www.debevoise.com/insights/publications/2010/10/enhancing – financial – stability – and – resilience – mac_.

[20] GOLDFAJN I, VALDÉS R O. Are Currency Crises Predictable? [J]. European Economic Review, 1998 (42): 873 – 885.

[21] CALVO G A, MENDOZA E G (1997). Rational Herd Behavior and the Globalization of Securities Markets [EB/OL]. https://www.minneapolisfed.org/research/DP/DP120.pdf.

[22] GORTON G (2008). The Subprime Panic [EB/OL]. http://citeseerx.ist.psu.edu/viewdoc/download; jsessionid = CF80ee0579550A6725CF1E8C12A735F8? doi = 10.1.1.409.1747&rep = rep1&type = pdf.

[23] GORTON G (2009). Information, Liquidity, and the (Ongoing) Panic of 2007 [EB/OL]. https://www.nber.org/system/files/working_papers/w146 49/w14649.pdf.

[24] GIOVANNI DELL' ARICCIA, DENIZ IGAN, LUC LAEVEN (2008). Credit Booms and Lending Standards: Evidence from the Subprime Mortgage Market [EB/OL]. http://www.afi.es/EO/L%20CreditBoomsSubprime%2008.pdf.

[25] KAMINSKY G L (2008). Crisesand Sudden Stops: Evidence from International Bond and Syndicated – Loan Markets [J]. Imes Discussion Paper, 107 – 130.

［26］ TRAN H Q, ROLDOS J（2003）. Asian Bond Markets: The Role of Securitization and Credit Guarantees ［EB/OL］. https: //www. docin. com/p - 788878 363. html.

［27］ TONG H, WEI S J（2008）. Real Effects of the Subprime Mortgage Crisis: Is it a Demand or a Finance Shock? ［J］. IMF Working Paper, No. 186.

［28］ SHIN H S（2009）. Securitisation and Financial Stability ［J］. Economic Journal, 119（536）: 309 - 332.

［29］ LELAND H E, PYLE D H（1977）. Informational Asymmetries, Financial Structure, and Financial Intermediation ［J］. The Journal of Finance, 32（2）: 371 - 387.

［30］ KIFF J, KISSER M（2010）. Asset Securitization and Optimal Retention ［EB/OL］. https: //www. imf. org/external/pubs/ft/wp/2010/wp1074. pdf.

［31］ KIFF J, ELLIOTT J, KAZARIAN E, et al.（2009）. Credit Derivatives: Systemic Risks and Policy Options? ［J］. IMF Working Paper, 9（254）: 1 - 35.

［32］ COVAL J, JUREK J, STAFFORD E（2009）. The Economics of Structured Finance ［J］. Journal of Economic Perspectives, 23（1）: 3 - 25.

［33］ KAMINSKY G L, REINHART C M（2000）. On crises, Contagion, and Confusion ［J］. Journal of International Economics, 51（1）: 145 - 168.

［34］ GERARDI KS, LEHNERT A, SHERLUND S M, et al.（2009）. Making Sense of the Subprime Crisis ［EB/OL］. https: //www. elonstor. eu/bitstream/10419/70608/1/593853210. pdf.

［35］ LUPICA L R（1998）. Asset Securitization: The unsecured creditor's perspective ［J］. Texas Law Review, 76（3）: 595 - 660.

［36］ KENDALL L T, FISHMAN M J（2000）. A Primer on Securitization ［M］. Massachusetts: The MIT Press.

［37］ CORDELL L, DYNAN K, LEHNERT A, et al.（2008）. The incentives of mortgage servicers: myths and realities ［EB/OL］. https: //www. federalreserve. gov/pubs/peds/2008/200846/200846pap. pdf.

［38］ ELLIS L（2008）. The housing meltdown: Why did it happen in theUnited States? ［J］. BIS Working Paper, 13（259）: 351 - 394.

［39］ HELLWIG M F（2009）. Systemic Risk in the Financial Sector: An Analysis of the Subprime – Mortgage Financial Crisis [J]. De Economist, 157 (2): 129 – 207.

[40] BRUNNERMEIER M K (2009). Deciphering the liquidity and credit crunch 2007 – 08 [EB/OL]. http://www. nber. org/papers/w14612.

[41] MCCARTHY J, PEACH R W (2002). Monetary policy transmission to residential investment [J]. Economic Policy Review, 8 (1): 139 – 158.

[42] GOSWAMI M, JOBST A, LONG X (2009). An Investigation of Some Macro – Financial Linkages of Securitization [J]. IMF Working Paper, 9 (26): 1 – 48.

[43] SINGH M, SPACKMAN C (2009). The Use (and Abuse) of CDS Spreads During Distress [J]. IMF Working Paper, 9 (62): 1 – 13.

[44] BORDO M D (2008). An Historical Perspective on the Crisis of 2007 – 2008 [EB/OL]. https://www. doc88. com/P – 996291503199. html.

[45] NIKITIN M, SMITH R T (2008). Information Acquisition, Coordination, and Fundamentalsin A Financial Crisis [J]. Journal of Banking & Finance, 32 (6): 907 – 914.

[46] BLANCHARD O (2009). The Crisis: Basic Mechanisms and Appropriate Policies [J]. IMF Working Paper, No. 80.

[47] FEENEY P W (1995). Securitization: Redefine the Bank [M]. New York: St. Martin's Press Ltd.

[48] MASSON P R (1998). Contagion – Monsoonal Effects, Spillovers, and Jumps Between Multiple Equilibria [J]. IMF Working Paper, No. 142.

[49] CABALLERO R J, KRISHNAMURTHY A (2009). Global Imbalances and Financial Fragility [J]. The American Economic Review, 99 (2): 584 – 588.

[50] ROZA HAZLI ZAKARIA, ABDUL GHAFAR ISMAIL (2008). Does Islamic Banks' Securitization Involvement Restraint their Financing Activity [J]. Humanomics, 24 (2): 95 – 109.

[51] GLICK R, ROSE A K (1998). Contagion and trade: Why are currency crises regional? [EB/OL]. https://www. docin. com/P – 636446477. html.

[52] GERLACH S, SMETS F (1995). Contagious Speculative Attacks [J]. European Journal of Political Economy, 11 (1): 45 – 63.

［53］ SHERLUND S M （2008）. The Past, Present, and Future of Subprime Mortgages ［J］. Finance and Economics Discussiou Serie, 63: 1 – 35.

［54］ CECCHETTI S G （2008）. Crisesand Responses: TheFederal Reserve and The Financial Crisis of 2007 – 2008 ［R］. NBER Working Paper 14134.

［55］ GEHRIG T, KOTZ H – H （2009）. Securitization and Liquidity Creation ［J］. WB Working Paper 1458.

［56］ RIDDIOUGH J （1997）. Optimal Design and Governance of Asset – Backed Securities ［J］. Journal of Financial Intermediation, 6 （2）: 121 – 152.

［57］ NADAULD T D, SHERLUND S M （2009）. The Role of the Securitization Process in the Expansion of Subprime Credit ［EB/OL］. https: // www. docin. com/P – 379620388. html.

［58］ TYMOIGNE E （2009）. Securitization, Deregulation, Economic Stability, And Financial Crisis, Part II – Deregulation, the Financial Crisis, and Policy Implications ［EB/OL］. https: //www. econstor. eu/bitstream/10419/57019/ 1/621543624. pdf.

［59］ RAJAN U, SERU A, VIG V （2015）. The Failure of Models that Predict Failure: Distance, Incentives, and Defaults ［J］. Journal of Financial Economics, 115 （2）: 237 – 260.

后 记

这本书从构思到最终完成，用了整整十年。

2007 年 9 月，我进入南京大学商学院攻读经济学博士学位，那一年次贷危机开始席卷全球金融市场，在导师的指导下，决定将这次危机作为我博士论文的研究对象，切入点便是资产证券化及其衍生品。当时，我正在央行从事金融稳定工作，理论研究和实践工作的需要都推动着我在这个领域进行持续跟踪分析。2010 年受南京大学推荐，有幸赴美国得克萨斯州立大学奥斯汀分校访问学习，近距离观察和了解美国学界对次贷危机的看法，期间收集的数据和资料成为我完成博士论文的关键因素。博士论文的撰写使我有机会开始关注金融衍生品。2011 年我博士毕业之后便离开央行进入我国唯一一所专门上市金融期货产品的交易所——中国金融期货交易所工作。

博士期间研究的是场外衍生品，之后的工作内容又是场内衍生品，接触这个行业越久，越发现有些问题急需通过研究去澄清。

首先是一系列针对金融衍生品的无端指责与批评。美国"87 股灾"之后，不少人认为股市崩盘主要是股指期货造成的，股指期货成为"87 股灾"的"替罪羊"。1987 年至 1989 年，美国政府对期货交易所进行调查，许多交易商被指控参与了欺诈客户、操纵市场、欺诈等犯罪。更为神奇的是，FBI 竟然还在 CME 和 CBOT 的交易大厅使用了联邦密探，进行 FBI 历史上最为艰巨的金融秘密行动（FBI 对 CME 的调查代号为"篱笆修剪器行动"，对 CBOT 的调查代号为"酸麦芽汁"）。这些密探记录下交易商们在交易席位上、酒吧、餐馆、健身房甚至在家中的谈话。但所有这些联邦当局和媒体所暗示的在期货交易中的那些骗局，最后都被证明是毫无根据的。2007 年的次贷危机再次将金融衍生品推到前台，包括金融圈在内的不少人又开始指责金融衍生品，但观察下来，很多指责者连和次贷危机相关的金融衍生品到底是哪些都没弄清楚。

其次是对金融衍生品功能的认识。和所有其他金融市场的发展一样，金融衍生品市场的成功发展最终取决于市场参与者如何认识和使用衍生产品。衍生品市场的出现源于人类对于风险规避或管理的动机，其发展依赖于风险计量技术的进步，但其能够存在并壮大的根本原因还在于市场存在着大量对于风险具有不同认识的交易者：风险规避者努力降低风险寻求平均收益，风险偏好者则勇于承担风险寻求超额收益。从这个角度出发，对市场参与者而言衍生品客观上具备着管理或者转移风险的基本功能。尽管对衍生品的这一认识并无不妥，但依旧是属于微观层面的，单个交易者的确可以通过转移或者接纳风险实现交易目的，但此说法未能充分揭示衍生品市场存在的宏观意义。单纯的转移既无法消除风险，也无法产生额外的正向溢出，难免会引发衍生品只是简单零和游戏甚至是赌博的质疑。如果我们从物质资料市场和金融市场的基本功能出发，回归经济学研究问题的本原，从宏观上看，金融衍生品市场也承担着资源配置的重任，而这一资源便是风险资源！现代金融理论已经表明，风险也是重要的经济资源，风险意味着获取利润、创造价值的机会。通过衍生品交易，风险资源在整个经济体系中得到合理配置，而这一过程也是帕累托优化的过程，这将有利于增强整个金融体系运行的稳定性。

最后是如何合理有效地监管金融衍生品。归根结底金融衍生品只是一种工具，并不自带价值判断，是否存在风险，完全依赖于机制设计。要想在稳健运行的条件下充分发挥积极作用，必须针对不同产品的特点设计出有效的监管政策。次贷危机之后，针对场外衍生品的监管改革，各个国际金融组织和主要国家的金融管理部门已经做出了大量卓有成效的努力并取得了积极的成果和共识，在此背景下，如何推动我国金融衍生品市场健康发展迫在眉睫。

对以上问题的思考成为我撰写本书的初衷。自 2011 年以来我从各个角度撰写了多篇论文，其中大多已经发表在核心期刊上，最后再用一个通畅的逻辑将这十年的成果组织、丰富并完善后便是呈现在读者面前的这本专著。当然，本书肯定还存在许多不足之处，还望广大读者多多包涵，并不吝指正。研究无止境，认识需深化，书中的观点只代表本人的意见，和所在的单位无关。

本书的出版得到了许多领导、同事及朋友们的关心和支持。我的博士生导师，著名经济学家、南京大学原党委书记洪银兴教授为本书倾情作序。洪老师严谨的治学态度、深厚的学术造诣和勤奋的工作精神使我受益匪浅，极具亲和力的人格魅力以及大气磅礴的做人、做事风格也使我终生感怀，在此，我谨向洪老师表示最诚挚的谢意！感谢中国证监会原主席助理张慎峰，中国金融期货交易所原董事长胡政，原总经理戎志平，现任党委书记、董事长何庆文，监事会主席叶春和，证监会期货监管部副主任张晓刚等领导的关怀和指点。感谢中金所李慕春、王玮、姚远、袁绍锋、张黎，原北京金融衍生品研究院崔文迁、郭孟阳、吴长凤、鲍思晨等同事给予的支持，文中的一些内容是在与他们的合作中完成的。感谢周诚君、袁国良、姚文平、刘晓艳、陈雯、路瑶、陈继明、张涛、王非、叶蓁、王剑等师兄、师姐和同学在我前行的道路上给予的帮助及指引。此外，感谢中国财富出版社王波社长和李彩琴主编的悉心工作，使此书得以顺利出版。感谢家人一直以来的理解和对我工作的支持。

最后，我想把这本书献给我的外公。我在他身边度过了自己的青少年时期，他对我的影响深入骨髓，尽管外公已经去世25年了，但在我心目中的形象却愈发清晰。外公是民国时期的大学生，身世坎坷、才华横溢，诗词歌赋信手拈来，有着那个年代知识分子的风骨与执着，虽历经沧桑而不改报国济民之志，可谓潇洒无尘，耿介绝俗，崎岖历尽，书生面目。他曾经用《左传》中的"太上有立德，其次有立功，其次有立言，虽久不废，此之谓不朽"来教育我要做个有格局、有追求的人，这本书的出版当是对外公最好的纪念。

光阴似箭，回首在央行和中金所工作的19年岁月，忙碌而又充实，正是这两段工作经历促成了本书的诞生。而我此刻正坐在家乡的办公室里开启另一段人生，拭去夏日的辛劳，远眺窗外，风景依旧美丽。

刘玄
2022年9月于安庆